위대한 **백년 18세기**

위대한 **백년 18세기**

**초판 제1쇄 발행** 2007년 5월 21일  **초판 제2쇄 발행** 2007년 8월 31일
**엮은이** 한국18세기학회
**펴낸이** 지현구 **펴낸곳** 태학사 **등록** 제406-2006-00008호
**주소** 경기도 파주시 교하읍 문발리 파주출판도시 498-8
**전화** 마케팅부 (031) 955-7580~2 편집부 (031) 955-7584~90 **전송** (031) 955-0910
**홈페이지** www.thaehaksa.com **전자우편** thaehak4@chol.com
**인쇄 · 제본** 상지사피앤비

ⓒ 한국18세기학회, 2007
**값** 16,000원

ISBN 978-89-5966-146-6  04900
ISBN 978-89-7626-545-6  (세트)

# 위대한 백년
# 18세기

한국18세기학회 엮음

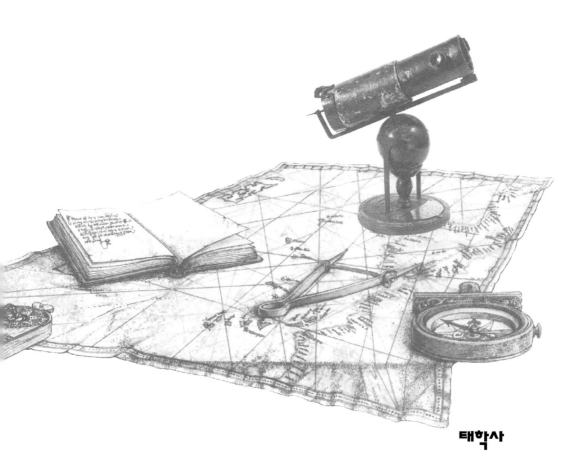

태학사

# 서문

동서양을 막론하고 18세기는 자부의 세기다. 계몽사상, 절대왕정, 부르주아지 등 근대성의 핵심 사항들, 그것들에 의해 펼쳐지는 미국독립혁명, 프랑스대혁명 등으로 점철되는 서양의 18세기는 그들이 자부하는 역사일뿐더러, 동양인들이 부러움을 금치 못하는 대목이다. 20세기의 세계 지성을 휘어잡다시피 한 이른바 근대주의(modernism)란 사고가 바로 이러한 역사적 사실에 근거해 형성되었음은 재언을 요하지 않는다. 중국 · 일본 · 한국 등 동아시아의 여러 나라들도 18세기 역사에서 자기들의 자랑거리를 찾는 것이 적지 않을 것이다. 이 시기에 중국은 강희제 · 건륭제의 체제 아래 경제적 번영을 누리는 가운데 문운이 크게 흥기했던 평화의 시대였고, 일본도 도쿠가와 바쿠후의 '통일국가' 체제 아래 농업 · 상업 · 수공업이 가장 번성한 시대였다. 한국의 18세기는 각종 역사책에 '조선 후기의 상공업의 발달'이란 타이틀로 장식되고, 영조 · 정조의 탕평군주들에 의해 정치가 안정되고 '문예부흥'이 이루어진 시대로 서술되었다.

그런데 이런 자부의 역사들은 제각기 자랑거리로 서로 떨어져 있었지 하나의 역사로 묶여진 적이 없다. 18세기 이래 세계사의 도도한 흐름이었던 국민국가 만들기 속에 민족 단위 국가 중심의 사고가 자리 잡으면서 그 만남, 묶임의 기회를 만들지 못하게 했던 것 같다. 국가 간의 키 재기의 역사, 그것은 20세기 역사의 한 특징이기도 했다. 저 18세기란 특정한 시기에, 세계 곳곳에서 제각기 자부할 만한 역사가 만들어졌다면, 왜 그렇게 되었던가에 대한 호기심은 절로 생겨야 했을 것이다.

18세기학회는 그 물음의 시작점이라고 해도 좋다. 이 학회가 유럽에서 영국·프랑스 학자들 사이에 18세기의 대표적 지성 볼테르 연구에서 시작했다고 하더라도, 거기에는 국제적 관계의 중요성에 대한 인식이 자리 잡고 있었다. 유럽의 프로토(元) 18세기학회는 당초 서양의 18세기에 대한 세계적 이해를 원하면서 발족하였고, 지금도 그것을 바라고 있을지도 모른다. 그러나 20세기에 서양 근대주의에 자극을 받아 근대적 학문을 발달시킨 '동양'의 여러 나라도 자신의 18세기를 새롭게 발견하고 평가하기 시작했다. 그래서 서양의 근대사상 이전에 공유했던 '전통적 지식'의 재발견에 대한 노력이 대두할 정도가 된 것이다.

1996년 11월 3일에 창립한 한국18세기학회는 한국 18세기의 재발견을 목적으로 출범한 것은 아니었다. 18세기를 공부하는 학자들이 각자의 영역이 서양이든, 동양이든 서로 함께 만나 생각을 나누어 보자는 것이 목적이었다. 그런 나눔 속에 세계의 18세기를 새롭게 발견해 보려는 것이 취지요, 목적이었다. 3년여의 세월이 지나 2000년의 새 천년을 맞이하면서 학회는 그 '세계'의 18세기를 발견하기 위해 좌담회를 개최했다. 첫 번째에는 "18세기 동아시아, 무엇이 일어났던가?"를 물었고(2000년 4

월 28일 개최, 『18세기 연구』 제2호 게재), 두 번째는 "18세기 서양, 어디로 가고 있었던가?"(2000년 12월 12일 개최, 제3호 게재), 세 번째는 "18세기 동서양의 변화, 무엇이 달랐던가?"(2001년 8월 30일 개최, 제4호 게재)를 각각 물었다. 역사·철학·문학 등 전공을 서로 달리 하는 사람들의 만남은 기대 이상으로 유익했다는 것이 참석자 모두의 소감이었다. 소기의 성과를 거둔 것은 아니었지만, 이렇게 자리를 거듭하다 보면, 많은 시너지 효과로 '세계'의 18세기에 대한 우리 나름대로의 성격 규정이 불가능하지 않다는 확신도 얻었다. 이런 과정 속에 서양의 18세기는 더 이상 동양의 콤플렉스로 남아 있지 않게 될 것이란 확신도 섰다. 이 소중한 경험을 학보의 게재물로만 남겨두는 것이 아까웠다. 좌담 기록을 단행본으로 묶는 작업은 근래 한국 출판계에서 보기 드문 일이다.

2000년부터 학회지 『18세기 연구』를 출간해 주고 있는 태학사가 고맙게도 이 단행본 출간까지 기꺼이 수락했다. 지현구 사장께 고맙다는 말밖에 할 말이 없다. 학계에 보탬이 되면 무슨 일이든 포기하지 않는 변선웅 이사가 이번에도 많은 수고를 아끼지 않았다. 여기저기 꼭 들어가야 할 사진까지 챙겨주었다. 좌담회 기록을 어색하지 않게 다듬어 모양새 좋은 책으로 탄생시켜 준 편집부 여러분에게도 다시 한 번 감사의 말을 전한다.

2004년 5월
이태진

# 제1장
# 18세기 동아시아,
# 무엇이 일어났던가?

2000년 4월 28일, 서울대학교 호암교수회관에서 이태진(서울대 국사학과)의 사회로 금장태(서울대, 종교학과), 박경수(강릉대, 일본학과), 임형택(성균관대, 한문교육과), 조병한(서강대, 사학과)이 좌담회를 가졌다. 이 좌담회는 허태구(서울대 국사학과 박사과정)가 녹취하고 정리하였다.

**이태진** 우리 학회는 특이하게 18세기란 역사적 시간을 중심으로 만들어졌는데, 이 점은 장점도 되고 단점도 되는 것 같습니다. 18세기에 관련된 공부를 하고 계신 분들이 모두 참여하시니까 종합적인 연구가 가능하다는 장점이 있는 반면에, 학문 분야 간의 연계관계가 특별하게 의도하지 않으면, 학회로서의 정체성이 떨어지는 단점이 생길 수도 있습니다. 그래서 본 학회에서는 서로 다른 분야를 공부하고 있는 분들끼리 함께 모여 18세기라는 시대를 좀 더 잘 이해하기 위해서 좌담회를 가져보는 것이 어떨까라는 제안이 있어 이를 채택해 오늘 이 자리를 마련하였습니다.

첫 번째는 동아시아의 18세기, 두 번째는 유럽·서양 쪽을, 그 다음에는 동·서양 비교, 이런 식으로 앞으로 세 차례 정도 좌담을 해 볼까 합니다. 오늘은 '18세기 동아시아, 무엇이 일어났던가'를 주제로 네 분 선생님들을 초청해 평소에 갖고 계신 고견(高見)들을 듣고자 합니다. 한국학에서는 국문학·한문학·사상사를 망라하고 계신 임형택 선생님, 철학·종교·사상사 쪽의 금장태 선생님, 중국사 쪽은 조병한 선생님, 일본사 쪽은 박경수 선생님 이렇게 네 분을 모셨습니다. 사회를 보는 저는 한국사 쪽 얘기에 참여하겠습니다.

먼저 제가 18세기라는 시대 분위기에 대해 개설적으로 짚어 본 다음에, 선생님들께서 '18세기에 과연 무엇이 가장 중요한 문제'인지 각자 전공 영역의 관점에서 말씀해 주시기 바랍니다. 동아시아 삼국의 중요한 사건은 각 선생님들께서 말씀해 주시는 걸로 하고, 앞으로 동·서양 비교를 위해 서양 쪽의 사정을 잠깐 살펴보겠습니다.

유럽의 국제정치적인 상황은 19세기에 소위 열강이 되는 나라들의 쟁패전이 심하게 일어났던 시기라고 할 수 있습니다. 잘 아시듯이 이 시기는 상업자본주의가 발달하고, 이것이 해외로 진출하면서 식민지 확보 전쟁이 일어나고, 그 와중에 각국이 연대해서 왕위계승문제를 둘러싼 전쟁이 빈발하던 때입니다. 스페인 왕위계승전쟁(17면 참조)이라든가 오스트리아 왕위계승전쟁, 신대륙에 대한 패권 경쟁이 그 예라고 할 수 있습니다. 한편 국내정치적으로는 봉건체제가 무너지고 절대왕정체제가 확립돼 나가고 있었습니다. 물론 사회경제적으로는 부르주아 계층이 형성되고, 그런 가운데 사상사 쪽으로는 과학의 발달, 특히 뉴턴의 자연과학체계가 대개 17세기 후반에서 18세기 초반까지 이루어진 걸로 확인됩니다. 뉴턴 광학이 연표상 1704년에 이루어진 것으로 되어 있습니다. 그리고 1730년대에 프랑스의 계몽사상이 구체화되기 시작하고, 1751년부터 프랑스 백과사전이 편찬되고, 유명한 루소의 『사회계약론』이 1760년대에 발표되었습니다. 한편 영국 쪽은 1765년에 와트의 증기기관이 발명되고, 이것이 토대가 되어 1770년대에 산업혁명이 시작되었습니다. 그 사이에 대영백과사전 편집이 이루어지고, 1776년에 아담 스미스의 『국부론(國富論)』이 나오고, 같은 해에 미국독립선언이, 1789년에 프랑스대혁명이 일어났습니다. 한 마디로 이 시기 유럽은 격동의 시대였습니다.

## 스페인 왕위계승전쟁

합스부르크 가문 출신의 마지막 스페인 왕 카를로스 2세가 후사 없이 죽은 뒤 스페인 왕위계승문제를 둘러싸고 일어난 전쟁(1701~1714).

1700년 스페인 왕 카를로스 2세가 죽었는데 후사가 없었으므로 프랑스 왕 루이 14세의 손자인 필리프 앙주공(公)이 펠리페 5세로 즉위하였다. 이에 프랑스와 스페인의 제휴에 반대하는 영국·네덜란드 및 스페인 왕위계승권을 주장하는 오스트리아 3국은 반(反)프랑스 동맹을 맺고 대항하여 선전포고를 하였다.

개전 당초에는 프랑스가 우세하였으나, 오스트리아의 오이겐 공과 영국의 말버러 공의 탁월한 지도력에 힘입어 반프랑스 동맹은 1704~1709년 프랑스와의 전쟁에서 잇따라 승리를 거두었다.

이와 같은 동맹군의 우세를 보고 루이 14세도 강화를 맺기로 결의했으나, 그 조건에 관하여 타협이 이루어지지 않았기 때문에 회담은 결렬되고 전쟁은 속행되었다.

그러나 동맹 제국의 국내 정세 변화에 따라 전쟁 종결론의 기운이 감돌아, 1711년 영국과 프랑스의 교섭을 계기로 1713년 위트레흐트 조약이 체결되었다. 이 조약과 그 후에 체결된 라슈타트 조약과 바덴 조약은 카를로스 2세의 유언장을 무시했고 그의 상속지는 열강들이 분할·점거했다. 루이 14세의 손자는 스페인 왕위를 계속 유지했지만 위트레흐트 조약으로 프랑스와 스페인은 식민지 영토를 잃고 세력이 위축된 데 비해 영국은 식민지 제국을 건설해 세력을 확장하는 계기를 마련했다.

## 잦아지는 국가 간의 분쟁

거기에 비해 동아시아의 역동성은 훨씬 덜했습니다. 그러나 변화가 아주 없었던 건 아니었습니다. 앞으로 사상사 측면의 변화를 얘기하겠습니다만, 이 시기 동아시아에서 국가 간의 경쟁이나 접촉은, 해외진출의 강도가 약해서 그런지 몰라도 별로 없습니다. 그러나 17세기 후반 1660년에 명이 완전히 멸망한 후, 1690년부터 근 80년간 준가르부 몽고족과 청조와의 전쟁이 장기적으로 계속되었다던가, 17세기 말 1699년에 청나라가 영국의 광동(廣東) 무역을 허가해 준 사실 등이 중요한 것으로 확인됩니다. 물론 그 전에 일본에서는 포르투갈 상인이나 네덜란드 상인들의 진출이 있었습니다.

우리나라 경우 국가의 영역적인 문제랄까요, 국가의 정체와 관련된 몇 가지 유의해 볼 만한 현상들이 있었습니다. 1696년에 울릉도·독도문제를 둘러싼 안용복 사건(19면 참조)이 있었는데, 이것은 아마도 일본과 한국 어민들의 어로(漁撈) 작업이 활발해지면서 나타난 일이 아닌가 싶습니다. 몇 년 동안 계속된 이 사건은 작지만 종래에는 보기 어렵던 국제적 충돌의 양상을 띤 것이었으며, 북쪽 백두산에 정계비가 세워진 것은 십여 년 뒤인 1712년입니다. 이것도 이 시기에 조·청(朝淸) 간의 국경 문제를 확인할 어떤 새로운 필요성이 생겼다는 것을 의미하는 것으로 중요시됩니다. 그리고 임진왜란 때 무너졌던 도성을 수축하는 사업이 1704년에 이루어지고 이를 연장해 1711년에 북한산성을

## 안용복 사건

　　1693년(숙종 19) 안용복은 울릉도에서 고기잡이를 하던 중 일본 어민이 울릉도에 침입하자 이를 막다가 부하 박어둔과 함께 일본으로 끌려갔다. 이때에 바쿠후[江戶幕府]에게 울릉도가 조선 땅임을 주장하여 바쿠후로부터 울릉도가 조선 영토임을 확인하는 서계를 받았으나 귀국 도중 나가사키[長崎]에서 쓰시마도주[對馬島主]에게 서계를 빼앗겼다. 같은 해 9월 쓰시마도주는 예조에 서계를 보내 울릉도에서 조선 어민의 고기잡이를 금지할 것을 요청했다. 이에 조선 정부는 울릉도가 조선의 영토임을 분명히 밝히고 외딴 섬에 왕래를 금지하는 공도정책에 일본도 협조할 것을 요청한 예조복서를 보냈다. 1696년 안용복은 울릉도에서 고기잡이를 하던 중 다시 일본 어선을 발견하고 마쓰시마[松島]까지 추격하여 영토 침입을 꾸짖었으며 스스로 울릉우산양도감세관(鬱陵于山兩島監稅官)이라 칭하고 하쿠슈[伯州] 태수로부터 영토 침입에 대한 사과를 받고 귀국했다. 1697년 쓰시마도주가 울릉도가 조선 땅임을 확인하는 서계를 보냄으로써 조선과 일본 간의 울릉도를 둘러싼 분쟁은 일단락되었다.

수축한 것은, 준가르부와 청의 장기전과 어떤 맥락을 같이 하는 것 같습니다. 도성 중심의 군사시설 정비는 국내적으로 왕권을 강화하려는 이른바 탕평정책의 의지도 작용한 것으로 보고 있습니다.

국제정치관계는 앞으로의 논의에서 특별히 언급할 기회가 없을 것 같아서 시대 분위기에 대한 인식을 위해 제가 산단히 정리해 보았습니다. 그런데 정리를 하다 보니 강도의 차이는 있지만 조선에서도 왕정체제 강화와 국가의 영역을 확인하는 작업이 등장하고 있었다는 사실이 확인되었는데, 그렇다면 이것은 동서를 막론한 18세기의 세계사적인 공통 현상으로 간주될 여지도 없지 않겠다는 생각이 듭니다. 이런 측면은 또 사상사적, 문화사적인 면에서의 변화와도 무관하지 않을 것 같습니다. 참고하시기 바랍니다.

그러면 우선 차례대로 각자 전공하고 계신 분야의 관점에서 18세기에 일어난 변화 중 가장 중요하다고 생각하는 것을 말씀해 주시기 바랍니다. 두 가지 정도, 세 개 이상은 진행상의 문제가 있으니까 나누어 얘기해 주시면 좋겠습니다. 먼저 중국 쪽에 대해 조 선생님께서 말씀해 주십시오.

**조병한** 청제국이 대체로 완성되는 것은, 1644년부터 1661년까지 명조의 저항이 사라지고, 1683년 대만이 병합되는 17세기 말까지입니다만, 18세기에 들어가서야 한족(漢族)이 청조 정권에 대거 참여하게 됩니다. 그 전에는 주로 팔기(八旗)가 지배했는데, 팔기군 가운데는 만주팔기, 몽고팔기, 한군(漢軍)팔기 등

『사고전서』 편찬
1773년(건륭 38) 편수에 착
수, 1782년(건륭 47)에 완성
된 중국의 종합 총서로, 만
주족의 정복국가인 청조가
중국왕조로서 정립되는 만
한융합체제의 문화적 표현
으로 이루어졌다. 그러므로
이 총서의 편찬은 정치적 통
제 수단에 머무르지 않고,
세계사에 유례가 없는 문화
통제 사례라고 할 수 있다.

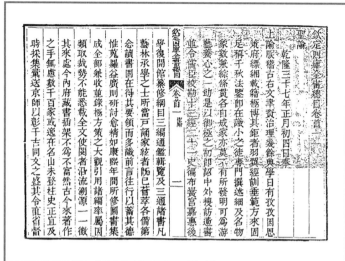

이 있었습니다만, 그때의 한군팔기는 주로 요동·요서 지방 사람들이었습니다. 18세기 한군팔기가 위축된 것은, 만한(滿漢)융합체제가 돼가면서였습니다. 그때 일어난 문자옥(文字獄) 같은 것도, 이전의 문자옥이 주로 한족이 만주족을 비난하는 것에 대한 통제로 일어난 것이었다면, 이후의 것은 그런 성격이 남아 있으면서도 주로 군신관계를 강화하기 위한 것입니다. 즉, 군주에 대한 충성을 확보해 황제의 전제권을 확립하려는 틀 안에서 만한민족문제도 다루어지는 것입니다. 『사고전서(四庫全書)』의 편찬이 바로 그런 것을 상징하는 것입니다. 만주족의 정복국가인 청조가 중국 왕조로서 정립되는 만한융합체제의 문화적 표현이라고 볼 수 있습니다.

# 대몰락을 예상키 어려웠던 번성

한 가지를 더 말씀드리자면, 명말 16세기부터 서양 사람들이 중국에 들이닥쳐 연해 무역이라든가 밀무역, 해적 행위를 계속했는데 18세기는 그것이 일단락된 시기였습니다. 건륭제(乾隆帝) 때 1757년에 모든 서양 사람들은 광둥성[廣東省]의 광저우(廣州)에서만 무역이 허락됩니다. 이렇게 광동무역체제(24면 참조)가 성립되면서 청조는 서양과의 무역을 완전한 통제 하에 두게 됩니다. 17세기 말 서부몽고 준가르부 정벌을 통해 강희제(康熙帝)가 외몽고를 병합했는데, 준가르부를 완전히 정복한 것이 건륭제 때인 1750년대입니다. 약 70만 명 중에서 무려 60만 명이나 학살했다고 합니다. 그러면서 몽고족 대신에 러시아와 접경하는 나라가 되는데, 네르친스크 조약으로 러시아의 남하를 동결시켰지요. 불과 1세기 내지 1세기 반 후 대몰락을 전혀 예상치 못할 정도로 아주 성대한 제국을 청조는 국내외적으로 확립한 것입니다.

**박경수** 18세기 일본사의 변화, 그 중심은 막번(幕藩)체제라고 할 수 있습니다. 16, 17세기에 막번체제가 정비되어 장기간에 걸친 평화가 지속되면서, 일본은 사회경제적으로 17세기에 이미 상당한 발전을 하게 되고, 18세기에는 그런 발전이 거의 계승됩니다. 18세기에는 우선 도시를 중심으로 한 상인자본이 상당히 번성해, 일본 나름의 근대화가 시작된다고 봅니다. 사상적인 면에서는 여러 사상들이 다양하게 나타납니다만, 그 중에

**18세기 광저우(廣州)의 모습**
광저우에서는 외국인 상인들의 물건 선적과 양륙이 허가되었으므로 유럽식 건물이 들어서기 시작하였다.

서 한 가지 특징적인 것이 배타적인 국가주의 사상의 등장입니다. 국학(國學) 같은 것이 대표적입니다. 18세기 후반이 되면 대내외적인 위기가 겹쳐져 러시아의 남하(南下)에 대한 논의가 많이 나오고, 조정과 막부권력의 역전 현상이 나타나고 있습니다. 자세한 말씀은 나중에 드리지요.

**임형택** 저는 먼저 18세기를 우리가 어떻게 봐야 할 것인가라는 시각적인 면에서 말씀을 드리고, 제가 생각하는 18세기의 중요한 변화는 과연 무엇인가 이야기하겠습니다. 동아시아의 18세기를 생각할 때, 아무래도 그 앞인 17세기 그 다음인 19세기, 이 시간대를 하나의 역사 단위로 묶어서 생각할 필요가 있습니다. 그러니까 17세기부터 19세기 사이에 동아시아는 공통의 역사과정을 겪게 되는데, 일본에서도 막번체제로의 변화가

## 광동무역체제

　　중국 청나라 때 광저우[廣州]에서 서양인이 공식적인 허가를 받은 상인조합인 공행(公行)을 통해서만 무역할 수 있도록 한 제도. 공행은 본래 가격결정을 위한 연합을 뜻하며, 민간에서는 양행(洋行)이라고도 하였다. 1760년대에 결성하였으며, 이 조합의 상인들을 행상(行商)이라고 하였다. 이러한 상인집단이 13개라고 하여 13행이라고 하였으나 실제로는 4개 정도였다. 명나라 때부터는 공행과 외국 상인들이 거주하는 지역을 광둥십삼행[廣東十三行]이라고 하였다. 이들은 정부로부터 외국 상인들과의 무역을 독점할 수 있는 권한을 받아, 수출품인 차와 비단, 수입품인 면화와 모직물 등을 거래하였다. 그 대신 정부에 큰 금액의 수수료를 내고 관세를 부과하였으며, 외국 상인들의 행동을 관리, 감독하였다. 광저우에 들어오는 모든 배들은 공행의 보증을 얻어야 하였는데, 이러한 책임을 맡은 공행을 보상(保商) 또는 보행(保行)이라고 하였다. 외국 상인들은 보행과만 접촉하고 광둥십삼행 안에서만 거주하도록 하였으며, 관청에 진정할 때도 품(稟)이라는 서식으로 이들을 통해서 하도록 하였다. 이 체제는 1842년 아편전쟁 뒤 체결한 난징조약으로 폐지되었다.

**원명원(圓明園) 동판화**

이탈리아 선교사 화가인 카스틸리오네가 설계한 건물과 뜰의 모습을 새긴 동판화. 건륭제는 이들 건물을 늘어나는 유럽제 소장품을 보관하는 장소로 사용하였다. 원 건물은 1860년에 영국군과 프랑스군에 의해 소실되었다.

있었고 중국도 명청(明淸) 교체라는 큰 변화가 성립하여 대체로 19세기까지 이어져 갑니다. 우리가 논의할 18세기는, 17세기라는 동아시아의 새로운 질서가 형성된 시점, 19세기라는 서양 제국주의와 부딪치면서 동아시아의 대변혁이 일어나는 시점, 바로 그 중간에 위치하고 있습니다. 그런 점에서 우리는 17세기에서 18세기의 역사의 연속성 문제, 그 다음에 18세기와 19세기의 차이, 동아시아의 변혁에 주목할 필요가 있겠습니다. 19세기 후반 동아시아 삼국은 각자 다른 운명의 길을 걷게 되는데, 개항이라는 세계사적 전환과정에서 중국과 한국의 좌절을 18세기와 19세기의 비교를 통해 볼 필요도 있다고 생각합니다.

한국의 18세기는 좀 수사적 표현 같습니다만 '위대한 시대다' 이렇게 말하고 싶고, 우리가 '위대한 시대'라고 표현했을 때 그것은 무엇보다도 문화 창조 능력의 위대성 때문이라고 생각합니다. 학문·문학·예술 분야 등 모든 방면에서 가장 창조적인 시대였으며, 그렇게 볼 때 우리 역사상 앞 시기에서 창조적인 시대를 찾는다면 15세기가 될 것 같고, 15세기에 창조적인 전통이 18세기에 와서 다시 폭 넓게 피어났다는 느낌입니다.

## 도전과 '위대한' 대응의 시대

**금장태** 저는 18세기를 이번 기회에 다시 생각해 보게 됐습니다. 유교사상사에서 보면 17세기부터 주자의 학풍에 대한 도전이 시작되었고, 18세기에 그 도전이 거세지자 그 대응태도도 강화되고, 반면에 도전한 세력의 이론적 입장도 확고해졌습니다. 예를 들면 17세기에는 서계(西溪) 박세당(朴世堂)이나 백호(白湖) 윤휴(尹鑴)가 주자의 경전 해석에 대한 이론(異論)을 제기하는 중요한 도전이 일어났는데, 18세기에는 그 차원을 넘어 주자학 자체에서도 분화 현상이 일어났습니다. 예를 들면 18세기에 기호(畿湖)성리학에서는 인물성론(人物性論)의 논쟁이 본격적으로 전개되어서, 인물성론뿐만 아니라 기호성리학 자체도 이원화되어 정착이 되고, 또 영남학과 안에서도 퇴계를 해석하는 두 가지 입장이 완전히 방향을 달리하게 됩니다. 예를 들면 퇴계의 주리설(主理說)에 대해 이를 달리 분개설(分開說)이라고 해서 사단(四端)과 칠정(七情)을(28면 참조) 대립해 보려고 하는 청대(淸臺) 권상일(權相一) 같은 이가 있고, 반면에 퇴계학 정통 안에서도 대산(大山) 이상정(李象靖) 같은 사람은 사단과 칠정의 양면이 다 있다는 주장을 합니다. 즉 순수성의 추구와 포용성의 추구가 영남학파 안에서도 갈라져 정립이 된다는 얘기인데, 이것은 단순히 다원화된 차원을 넘어 사상의 심화(深化)를 의미합니다. 그리고 16세기에 화담(花潭) 서경덕(徐敬德) 같은 기(氣) 철학자도 있었지만, 주로 이(理) 중심의 입장에서 퇴계학파의 논의가 전개되었고 율곡학파 쪽에서도 이를 높인다는 전통이 확고했는데, 18세기에는 임성주(任聖周)처럼 기 철학으로 완전히 새로운 해석을 하려는 시도가 등장합니다.

또 하나는 서학(西學)이 중국에서 16세기 말에 시작돼 17세기 초에 마테오 리치(利瑪竇)를 비롯한 예수회 선교사들이 활동하는데, 이 서학지식을 이수광(李睟光)이 처음 국내에 소개하였습니다. 18세기에 들어와 이 서학이 성호(星湖) 이익(李瀷)이나 북학파(北學派)의 홍대용(洪大容) 같은 이를 매개로 본격적으로 우리 시대의 사상 속에 침투하여 자리 잡았던 것을 볼 수 있습니다. 그런 면에서 사상사에서도 상당히 중요하고 다양한 현상들이 화산처럼 분출되는 때라고 생각합니다. 이 서학이 다음 시기에 신앙활동으로 전개되어 사회적 갈등을 일으켰을 뿐 사상적 수용이 지속적으로 심화되고 확장되지 못한 것은 문제가 있지만, 어쩌면 이 시기에 그 다음 시대의 문제를 거의 다 제기했던 상황이 아니었나 하는 생각이 듭니다.

## 사단 칠정

단(端)은 선(善)이 발생할 가능성을 가진 시초로, 사단은 측은지심(惻隱之心)·수오지심(羞惡之心)·사양지심(辭讓之心)·시비지심(是非之心)의 네 가지 마음(감정)으로서 각각 인(仁)·의(義)·예(禮)·지(智)의 착한 본성[德]에서 발로되어 나오는 감정이다. 칠정은 희(喜)·노(怒)·애(哀)·구(懼)·애(愛)·오(惡)·욕(欲)의 일곱 가지 감정이다. 결국 칠정은 인간심리의 숨김없는 현실 태를 총칭한 것이다. 이렇게 사단과 칠정은 별도로 주장된 것인데, 송대에 성리학이 성립되면서 이른바 사서(四書) 중심의 학풍으로 바뀌자 맹자의 사단설이 중시되고, 아울러 사단에 대립되는 개념인 칠정을 논의하게 되었다. 그러나 주자에 있어서는 사단과 칠정을 조선조 성리학에서처럼 첨예하게 대립시켜 상세하게 논의하지는 않았다.

우리나라에서는 이황(李滉)과 기대승(奇大升) 간의 논쟁 이후로 성혼(成渾)과 이이(李珥)의 논쟁을 거쳐 한말에 이르기까지 조선조 주자학자로서 이 사단칠정에 대해 한마디 하지 않은 자가 거의 없을 정도로 한국 성리학 논쟁의 중요 쟁점이 되었다.

이태진 예, 고맙습니다. 지금 하신 말씀들을 정리하면 크게 보아 하나는 국제질서를 포함한 정치적인 측면과 또 하나는 사상적인 측면에서 일어난 변화를 지적하신 것이라고 할 수 있습니다. 먼저 정치·경제적인 문제를 논의하고 다음에 사상·문화적인 문제로 옮겨가겠습니다.

먼저 정치적인 면에서 아까 임 선생님하고 조 선생님이 국제관계의 중요성을 언급하셨는데, 구체적으로 18세기는 중국·조선·일본이 모두 중화주의(中華主義)를 표방한 시기라고 말씀드릴 수 있습니다. 국내외적인 정치의식을 중화주의와 함께 토론해 주시면 좋겠습니다. 먼저 중국 쪽의 옹정제(雍正帝)였던가요, 중화(中華)를 새로 해석하고 만한(滿漢)융합문제를 매듭지었다고 하던데요, 조 선생님께서 먼저 말씀해 주십시오.


## 종족적 중화(中華)에서 문화적 중화로

조병한 중화주의는 두 가지 측면이 있다고 곧잘 얘기합니다. 예를 들어서 주자학이 남송(南宋)에서 일어날 때는 화이(華夷)를 엄격히 구별해 국수적(國粹的)인 한족(漢族) 문화 중심적 성향이 강했는데, 18세기 청대의 중화주의는 그와 정반대였습니다. 청대의 중화주의가 서양이나 러시아같이 신흥 세력에 대해서는 폐쇄적인 중국 문화 중심적 경향으로 남지만 적어도 동아시아에 있어서는 만주족과 한족, 몽고족 같은 여러 민족을 아우르는 제국(帝國)의 포용적 논리를 많이 담고 있었습니다. 말하자면 '한족만이 중화가 아니고, 종족적인 것보다 문화적인 측면이 더 중요하므로 만주족도 한족과 더불어 같이 중화가 될 수 있다'는 논리가 나오게 되는 것입니다.

아까 말씀드린 것처럼 만한관계를 가지고 사상적 문화 탄압을 하는 것보다는, 오히려 청조의 정통성을 기정사실화해놓고 중화와 오랑캐를 문화적 논리로서 구별합니다. 한족 중심의 논리로 청조에 저항하는 사람들에 대해 옹정제(雍正帝)가 말했다시피 '청조가 중국 문화를 다 수용했는데 군신의 윤리를 모르는

그 사람들이 오히려 오랑캐가 아닌가'라는 논리를 써서 다민족 제국체제를 정당화합니다. 이제 이 중화주의가 과거 청과 대항하던 서북지역, 또 신강성(新疆省)에서 티베트까지 걸치는 새롭게 넓어진 청제국의 판도를 포괄하는 좀 더 큰 규모의 중화주의로 된 것입니다. 그래서 조공(朝貢)을 하지 않는 서양 사람들에 대해서는 광동무역체제를 적용하고, 나머지 국가에 대해서는 조공체제를 안정시키게 됩니다.

**옹정제(재위 1722~1736)**
만주 귀족의 군사력을 억제하고 문민관료제에 대한 중앙 통제를 강화한 그는, 국가 재정의 기초를 건전하게 하는 데 특별한 노력을 기울여 명으로부터 계승된 잡다한 세비를 새로운 공공과세로 대체, 제국의 굳건한 기초를 다졌다.

**이태진** 결과적으로는 청조의 문화라는 것이 이민족, 소수민족들을 포용한다는 측면도 있지만, 대외 팽창적인 면도 갖고 있다고 볼 수 있지 않을까요?

**조병한** 그러니까 중화주의란 것이 팽창적인 측면하고 방어적인 측면, 양면을 갖고 있는 것 같습니다. 그래서 중국이 아주 열세에 처해 있을 때는 아주 방어적이고 배타적으로 나타나곤 하는데, 당나라같이 중국 한족이 우세할 경우에는 매우 팽창적이고 포용적입니다. 청나라는 한족이 아니고 북방민족이기에 중국에 들어와서는 그 포용의 논리를 역으로 이용하고 있습니다.

**임형택** 그게 바로 만한일가(滿漢一家)의 논리입니다. 주변부 민족이 중심부를 점령해서 통치할 때 사용한 논리로 자기합리화의 성격이 강하다고 보입니다. 금방 말씀하신 것 같은데, 이미 18세기로 들어오면 청조(淸朝)는 러시아와 충돌하고, 남쪽에서는 광동에서 서양 제국과 현실적으로 교역을 하고 있습니다. 그런 세계사적인 변화에 대응하려는 취지는 그 논리 속에서 찾아볼 수가 없습니까?

**조병한** 원래 이민족(異民族)이 중국의 영토를 정복해서 제국을 세웠을 경우에, 지금 현대 중국에서는 국민국가 논리를 이용해서 민족은 다르지만 하나의 국가를 형성한 것으로 설명하죠. 그러나 옛날에는 국민국가 개념이 없었습니다. 그래서 여러 민족 단위로 구성된 하나의 세계국가로서 제국 개념이 더 가깝기 때문에, 그때는 천조(天朝)라는 것이 더 적합한 용어라고 생각합니다. 근대에 들어와서 서양을 상대로 중국이 절박하게 생존을 추구해야 했던 민족주의 운동이 일어났을 때, 옛날 청나라의 판도를 그냥 유지하려는 노력 때문에 18세기 당시의 청제국이라는 전통적 복합국가 형태의 기본적인 성격이 완전히 왜곡된 상태로 이해되었는데, 그것이 지금까지 지속된 것 같습니다. 만약 서양의 침입이 없었다고 한다면, 청이 망할 때 그러한 민족 단위들이 함께 다시 하나의 천조(天朝)국가 내지 제국을 구성하는 단위로 결합을 한다는 보장은 전혀 없었을 것입니다. 이 상태에서 19세기부터 20세기에 국민국가 논리를 도입함으로써 청제국의 국가 성격이 완전히 바뀐 것 같습니다.

청조가 18세기에 중국을 정복했을 때 임 선생님 말씀대로 이민족 및 북방민족으로서 중국을 통치하는 그런 노력으로 중화주의를 해석하는 쪽도 있습니다만, 한편으로는 처음에 청조가 들어갔을 때 중국인의 반항이 심하지 않았습니까. 그런데 18세기에는 중국인들이 거의 그 반항을 포기할 뿐만 아니라 상당 부분 능동적으로 협력하는 단계에 들어간다고 볼 수 있습니다. 그 이유는 다들 말하는 바와 같이 청조가 전통문화에서 정통성을 구해 가지고 만주족과 한족의 정치적·문화적 융합이 이뤄진 탓도 있고, 다른 하나는 그 전까지만 하더라도 중국이 해결할 수 없는 문제가 북방민족과 한족의 대결이었는데, 그 둘을 아우르는 하나의 체제를 만들면서 대평화가 보장되었기 때문인 것 같습니다. 제가 일일이 그 방면의 사료를 본 것은 아니지만 19세기 초의 개혁사상가이자 위원(魏源)의 친구로 공자진

(龔自珍)이라는 사람이 있는데요, 그 사람의 글을 보면 '만리장성 변방에 가서 몽고족과 같이 놀면서 이 북방이 다 전쟁 없는 시대가 된 것, 내가 몽고사람하고 같이 말 타고 놀 수 있으니 이게 바로 성대(聖代)다'라고 합니다. 대평화가 있었던 것입니다. 『열하일기(熱河日記)』에 대한 어느 논문을 보면, 조선 사신들이 중국 선비들을 만나 '만주족 오랑캐 밑에서 어떻게 견디느냐' 하는 식의 질문을 했을 때 그 사람들이 별 반응을 보이지 않은 데 대해서, 조선인들이 만주인에 대한 중국 한족의 숨겨진 저항감, 그 아픈 곳을 꼬집어서 얼마나 괴로울까 그런 느낌을 받았거든요. 그런데 한편으로는 그런 것만은 아니로구나라는 생각이 들 때가 많습니다.


## 각국 중화주의 속의 평화, 공존

**이태진** 지금 말씀하신 평화의 논리가 재미있는 얘기 같은데 동서를 비교하면 서양은 사실 절대왕정을 추구하면서 세계 식민지 확보를 위한 전쟁의 연속인데, 이쪽 동아시아에서는 적어도 중국이 만·한의 융합 및 이민족의 포용, 이런 걸 통해 평화적인 통일체의 확립을 지향했다고 볼 수 있고, 한편 우리 쪽도 17세기에는 청과 격돌하는 시대였기 때문에 북벌론(北伐論) 같은 복수의 논리가 나왔지만, 18세기에는 북학파 쪽의 새로운 화이론(華夷論)이 북벌론을 억제하는 쪽으로 전개됩니다. 따라서 일본에 특별한 사정이 없다면 각국 중화주의의 논리가 국내적인 안정을 도모하면서 국제적으로는 평화 공존을 가져오는 양상이, 비록 의도된 것은 아니더라도 공통적으로 나타난다고 지적할 수 있겠습니다. 일본 쪽의 사정은 아까 배타적인 국가관을 말씀하셨는데, 사실은 일본도 중화를 내세운 것이 아닙니까. 보통 우리가 도쿠가와 시대, 특히 18세기가 일본 역사상 가장 중앙집권적인 통제력이 강하게 발휘된 때라고 알고 있는데, 국내의 통치제제 안정과 결부해 일본의 중화문제를 말씀해 주시면 좋겠습니다.

**박경수** 중화주의라는 게 중국 중심의 세계질서이고 그것을 동아시아 각국에서 나름대로 소화해서 여러 가지 변형이 나타난다고 생각을 합니다마는 자민족 중심주의라는 관점에서 본다면 굳이 18세기, 또는 그 인접한 시기가 아니더라도 이미 고대부터 원형적으로는 존재하고 있다는 생각이 듭니다. 중국은 말할 것도 없겠고, 일본의 경우에도 8세기 초반에 간행된 『고사기(古事記)』라든지 『일본서기(日本書記)』의 경우를 보면 신국(神國)·천황 중심의 질서라는 것을 이야기하고 있고, 중국에 외교문서를 보내면서도 '일본의 천자(天子)가 중국의 천자에게 보낸다'라는 식으로 서술하고 있습니다. 최근에 국내에서 나온 연구를 보면 고려 초에 이미 고려의 국왕을 천자라고 부르기도 하고 또 국왕의 뜻을 성은(聖恩)이라고 표현하기도 하면서 나름대로 고려적인 중화라고나 할까 비슷한 의식이 나타나는 것 같습니다.

## 중화주의와 각국 중화주의

중화주의는 전근대에서 중국이 자국 중심의 국제질서를 위해 발휘한 여러 가지 정치적, 문화적 성향을 뜻한다. 중국의 이러한 의지는 주변국과의 관계 정립에서 책봉조공의 체제를 통해 관철되었다. 책봉은 한나라가 36군 외에 남쪽 오(粵)의 땅을 얻어 남월왕을 새로 봉한 것이 효시로, 이 제도는 특히 '외정외교(外征外交)'를 많이 한 한·당·명·청에서 두드러졌다.

책봉제도는 조공제도를 동반했다. 즉 책봉된 제후나 주변국은 중국 왕조의 천자에게 정기적으로 사신을 보내어 공물을 바쳤다. 예물로서의 공물에 대해서는 으레 하사 명목의 답례물이 따르게 마련이었는데 이 관계는 국가 사이의 공식적 물물교환을 의미하는 공무역의 성격으로 발전하였다.

중화주의는 청조에 이르러 주변국의 성숙한 문화 자부심과 국제정치적 조건으로 각국 중화주의의 도전을 받았다. 청나라 자체에서 한족 중심의 전통적인 중화주의를 만주족의 입장에서 재해석할 필요가 있었다. 옹정제(雍正帝, 재위 1723~1735)가 만·몽·한의 제국을 표방하면서 한족의 문덕(文德), 만주족의 무공(武功)을 함께 실현하는 것이 진정한 중화라는 새로운 해석을 내놓았다. 일본의 도쿠가와 막부는 '만세일계(萬世一系)'의 천황가를 가진 일본이야말로 신국(神國)이요 화(華)라고 해석하였다. 조선은 중화의 요체는 곧 유교문화라는 전제 아래 명이 멸망한 후 중화의 진정한 계승은 조선에서 이루어지고 있다고 하여 조선 중화론을 내세웠다. 유교문화권에 속하는 월남도 19세기 초에 중화를 내세워 주변국으로부터 조공을 받았다.

이후에도 자국 중심의 사상은 각국의 역사에 내재하는데, 아무래도 분출의 계기가 된 것은 17세기 중엽의 명청(明淸) 교체가 되겠죠. 명청 교체 이후에 조선이든지 일본이든지 나름대로의 독자적인 중화주의나 화이관이 나타나는 것 같습니다. 일본의 경우에는 고래(古來)부터 유지해 왔던 신국(神國)사상과 일본적인 화이관이 내면적으로 깊이 결부해 있다는 느낌을 강하게 받습니다. 아까 이 선생님께서 18세기가 국가에 의한 통치가 상당히 철저하게 관철된 시기라고 말씀을 하셨습니다만, 국가뿐만 아니고 주자학을 포함한 유가사상 내부를 들여다보더라도 일본적 화이관의 뿌리라고 하는 것을 얼마든지 찾아볼 수 있다고 생각합니다. 예를 들어 17세기부터 18세기 초에 걸쳐서 일본 유학의 큰 흐름 중에 '유학신도(儒學神道)'라든지 '신도유학'이라고 부르는 유파가 있는데, 그걸 간단히 말씀드리겠습니다. 유명한 주자학의 후지와라 세이카(藤原惺窩)라든지, 또 하야시 라잔(林羅山), 양명학의 나카에 토쥬(中江藤樹), 제자인 쿠마자와 반잔(熊澤蕃山) 그리고 고학(古學) 쪽의 야마가 소코(山鹿素行) 같은 이가 모두 유학과 신도의 관계에 대해서 여러 가지로 이야기하고 있습니다. 치도론이나 제사의례가 신도와 같다고 해서 '신유합일(神儒合一)'이라든지 '신유일치' 같은 주장들을 하고 있지요. 고학파의 창시자인 야마가 소코 같은 경우에는 상당히 적극적인 견해를 피력하고 있는데, 종래의 외국에서 수입된 유학에서 탈피하여 일본적인 유학을 확립하자고 주장합니다. 결과적으로 유학자의 한토(漢土)에 대한 숭배사상이라든지 중화절대에 대한 풍조를 대단히 비판하면서 일본의 국토·문명·사상에 대해서 적극적인 평가를 내립니다. 심지어는 유교 교리 이전에 일본에 성스러운 종교로서 신도가 존재했다고 하면서 천황의 덕화가 미치는 원시고대 일본 역사의 우수성을 대단히 강조하기도 합니다. 그래서 일본이야말로 중화라고 주장하고 있지요.

## 역성혁명이 없는 천황국이 중화

이런 유가신도의 중화론 외에도 주자학자로서 유명한 야마자키 안사이(山崎闇齋)라고 하는 인물이 17세기 후반에 있었습니다. 이 양반의 경우에는 중국을 중화라고 부르는 그 자체에 대해서도 반대를 합니다. 그리고 모든 나라가 특히나 일본의 입장에서 본다면 일본이야말로 중화라고 말하고 있죠. 결국 이런 식의 일본적 화이의식이 18세기에 두드러지게 체계화가 이루어지는 것은 아무래도 국학의 모토오리 노리나가(本居宣長)라고 하는 인물에서부터라고 생각합니다. 모토오리에 대해서는 지금껏 한국에서도 꽤 많은 분들이 연구하신 걸로 압니다. 기존 연구를 좀 정리해서 말씀드리면 이 사람은 18세기 중반부터 후반에 걸쳐 활약을 하게 되는데, 원래는 일본의 전래문학인 와카(和歌)라든지 모노가타리(物語)를 연구했습니다. 그 와중에서 중국 문화, 특히 유교적인 도덕주의 같은 것을 '한의(漢意)'라고 해서 철저히 배척하면서 불교나 유교 같은 외래종교와 외래사상이 들어오기 전에 일본 고대의 야마토 정신(大和魂)을 지켜야 한다고 주장합니다. 모토오리의 대표작으로는 『고사기전(古事記傳)』이 있는데 대단히 오랫동안, 18세기 중반부터 후반에 걸쳐서 약 35년 동안 아주 심혈을 기울여 집필합니다. 이것은 『고사기(古事記)』에 대한 역주라고 할 수 있는데, 여기서 일본 고대신화세계의 고찰을 통해 일본 문화의 요체가 천황제라고 주장합니다. 그러면서 중국과 비교를 하는데, 중국이 정치적인 불안, 그리고 역성혁명이 거듭된 것에 비해 일본은 건국신화에 나오는 아마테라스 오오미카미(天照大神)의 황통을 이어 받은 천황이 대대로 일본을 안정적으로 다스려 왔다고 주장하면서 오히려 일본이야말로 하늘로부터 황통을 이어 받은 나라라고 중국이나 조선 같은 주변국들은 일본에 신복해야 한다고 말하면서 일본을 중심으로 한 동아시아의 국제질서를 논하고 있습니다.

따라서 일본의 중화사상은 조금 전에 말씀하셨던 18세기의 조선이나 청조하고는 상당히 질적인 차이가 있었다고 생각이 됩니다만 천황을 중심으로 한 일본적 위계질서가 강조되었다는 점을 지적할 수 있겠습니다. 아마도 이러한 모토오리 노리나가의 사상이 그 후 19세기에 들면서 히라타 아츠타네(平田篤胤) 같은 인물로 이어져, 국학의 화이질서라고 하는 것이 신도와 깊이 결부되어 '황통의 절대성 내지 불변성이야말로 세계를 움직이는 기본원리다'라는 식으로 주장되고, 이것이 나중에 결국 막부 말기 유신 초기까지도 계승이 되는 셈이죠. 이렇게 볼 때, 모토오리라든지 히라타 단계의 일본적 화이관은 단순히 자민족의 정

체성을 밝힌다는 긍정적인 차원의 문제가 아니고 '이미 중국을
대신하려는 근대 일본의 동아시아 패권주의의 논리적 원형이
숨어 있다'는 최원식 선생의 지적은 정곡을 찌르는 것이 아니었
나 생각합니다.

　이태진　예, 18세기를 기준으로 하면 어쨌든 동아시아 삼국
이 다 자국 중화주의를 내세웠습니다. 조금 더 얘기해 봐야겠
습니다만, 일본에서 19세기에 드러나는 대외 팽창적인 침략 정
책은 고대의 신국관(神國觀)을 가지고 있었기 때문이며 이것은 3
국 중화주의 간에 차이점의 하나가 된다고 이해됩니다. 한 가

지 덧붙여 주실 것은, 18세기의 일본이 조선이나 중국에 대한 종래의 관념을 뒤집어 자국의 위상을 높이고, 일본을 제일 우위에 놓는 이런 사고가 어디서 직접적으로 연유하느냐는 문제에 대한 답을 박 선생님이 전공하시는 경제사적인 관점에서 말씀해 주실 수는 없는지요. 예를 들면 우리가 개설적으로 아는 것은 일본이 과거에는 중국이나 조선으로부터 실크나 면포 등 중요한 물자들을 수입해 갔는데, 이때에 자국 생산이 가능해집니다. 요즘 말로 하면 대외무역 의존도가 감소하며 동시에 그것은 국내경제력의 상승을 의미한다고 할 수 있는데, 그런 것이 혹시 일본 중화주의의 배경을 이루고 있지 않았는지 확인해 주시면 좋겠습니다.


## 중화주의의 경제관계는?

**박경수** 글쎄요…… 막부지배의 정치질서라든지 사회경제적인 분야와 관련지어서 일본적 중화주의를 생각해 본 적이 없어서 막연하긴 합니다만, 조금 전에 제가 말씀드린 것은 주로 사상적인 측면에 국한된 얘기입니다. 그런데 정치적인 대외관계라는 측면에서 보자면 막부가 이해하고 있는 대외관계의 구도는 일본을 중심으로 두고 여러 외국과의 관계를 유지하는 것이지만 대단히 한정적인 것이라고 생각합니다. 잘 아시다시피 17, 18세기의 동아시아는 해금(海禁) 또는 쇄국(鎖國)체제를 취하

**아편전쟁**

서구 열강이 중국에서 상품
시장을 확보하기 위해 중국
과 벌인 두 차례의 전쟁.
제1차 전쟁(1839~1842)의 빌
미가 된 것은 아편 문제였으
므로 아편전쟁이라고 하며,
제2차 전쟁(1856~1860)은 민
중의 배영운동(排英運動)과
영국의 조약개정 요구로 양
국이 긴장된 관계에서 애로
호 사건의 발생으로 일어났
으므로 애로호 사건 또는 제
2차 중·영전쟁이라 한다.
두 차례의 전쟁으로 중국은
홍콩과 주룽스를 영국에, 헤
이룽 강[黑龍江] 유역을 러시
아에 할양하였으며, 이후 중
국은 서양의 상품시장 및 원
료시장으로 전락하였다.

고 있습니다. 일본은 쇄국체제를 취하면서도 네 곳 정도 문호를
개방해서 여러 민족, 국가들과의 관계를 유지하고 있습니다만,
그런 것들이 막부가 중심이 되어서 '통상을 하는 나라(通商之國)',
'외교관계를 맺는 나라(通信之國)' 이런 식으로 이야기가 되고 있
는데 어디까지나 일본 중심적인 논리라고 생각합니다.

그런 배경이 어디서부터 나오느냐는 것은 솔직히 잘 모르겠
습니다. 다만 경제적인 면에서 18세기 일본 경제의 발달이 어
느 정도는 간접적인 영향, 나름대로의 자신감이라는 측면에서
는 큰 영향을 미칠 수 있었다는 생각이 들긴 하네요. 외국과의
무역이 대단히 제한적으로 허용되고 거의 대부분의 물품들을
일본 내에서 자급자족하는 그런 체제하에 있었다고 할 수 있겠
죠. 내부적으로는 상품화폐경제가 상당히 활발하게 움직이고
있어서, 선교사나 조선에서 온 통신사가 일본의 경제력, 특히
도시 발달이라든지 도로 발달 같은 경우에는 대단한 감탄을 보
이고 있습니다. 그런 내부적인 경제력의 성장이라든지 또 그런
것을 유지해 나가는 도쿠가와 막번체제의 안정성이라고 하는
점에서 일본이 상당한 자신감을 가질 수 있었다고 생각합니다.

**조병한** 제가 그것과 관련해서 좀 말씀을 드려 보겠습니다.
북방민족을 다루는 문제는 주로 군사적인 문제지 않습니까? 그
래서 몽고라든가, 그 다음에 몽고나 신강이 포섭된 뒤에는 러시
아인데요, 러시아와의 관계도 본질적으로는 군사적 관계입니다.
물론 무역을 허용하긴 하지만 경제관계는 군사적 관계를 다룰
때, 몽고를 다룰 때처럼 경제적인 미끼에 불과합니다. 그래서

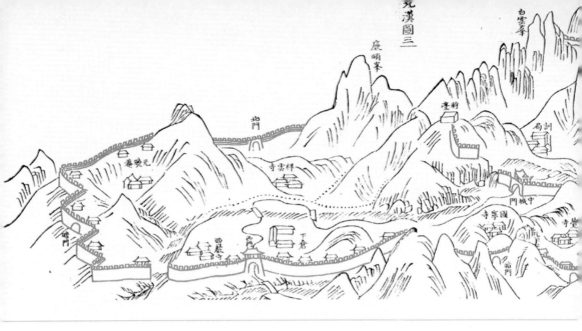

「북한도」(『서울의 옛지도』)
성능(聖能). 목판본. 1745.
별색 처리된 부분이 북한산
성 성벽임.

1860년 북경(北京)이 점령당하는 제2차 아편전쟁, 즉 애로우호 전쟁 때까지 러시아를 서양으로 취급하지 않습니다. 몽고와 같은 북방민족의 범주에 집어넣고 있는 거죠.

그런데 영국을 중심으로 한 광동무역체제에서 서양 국가를 다루는 문제의 성격은 기본적으로 명대(明代)의 왜구(倭寇)를 다루는 것과 같은 연장선에서 해상 무역 나아가서는 밀 무역, 해적 행위들에 대한 단속이었다고 생각합니다. 따라서 본질적으로 상당히 다른 거라고 할 수 있는데, 15, 16세기 명대 후반기에 들어오면서 화폐경제 내지는 소상품경제가 중국의 연해지역을 중심으로 발달하게 되자 이것이 결국은 외부의 무역으로 연결될 수밖에 없게 됩니다. 따라서 발달하는 화폐경제를 제국체제 안에서 통제하고 제국의 안정을 보장할 수 있는 범위 내에서 정치적으로 규제하는 문제에 대해서 과거보다 훨씬 신경을

쓰게 된 것이 아닐까 합니다. 그렇다면 화폐경제를 통제하는 측면에서 외부와의 차단이 상당히 필요하다는 생각이 들거든요. 국내의 새로운 소상품경제의 등장에 대해서는 그걸 통제할 만한 정치적 능력이 있는데, 이게 만약에 외부의 해상국가들하고 연결이 될 때에는 상당히 힘겨운 일이 벌어지지 않겠느냐, 그래서 차라리 광동무역체제를 만들게 된 것 같습니다. 16세기 말 명나라 말기에 왜구를 통제하는 수단으로 해금(海禁, 쇄국)을 풀어버린 후 통제 무역이 그걸 대신해 왔습니다. 16세기는 왜구의 시대라고 할 수 있는데, 아무리 무력으로 진압을 하려고 해도 안 되던 것이 해금을 푸니까 해결됐다는 말이죠. 청이 등장하면서 명의 부흥운동을 진압해야 했는데, 절강성(浙江省) 영파(寧波) 앞 주산(舟山)열도라든가 대만이라든가 이런 곳이 부흥운동의 근거지였는데, 해금이 다시 강화되었습니다. 그러다가

대만이 점령되면서 해금이 다시 풀리고 1757년까지 계속적으로 통제 무역은 더욱 강화되어 나가죠.

**이태진** 조선 쪽으로 넘어가야겠는데, 청은 그 당시에 명 부흥군 진압 이후, 준가르부와의 오랜 전쟁 때문에 동쪽 조선이나 일본에 대해서는 신경을 쓰지 않는, 따라서 유화적·포용적 정책을 취하지 않았나, 서쪽에 힘을 실어야 하니까 동쪽에 대해서는 웬만하면 문제를 삼지 않고 분쟁을 일으키지 않는 정책을 쓰지 않았나 싶은데, 그 틈새가 사실은 조선의 경우는 조선 중화주의를 내세우는 시점과 일치하는 것 같아요. 그 움직임은 숙종대 후반부터 전개되는데 숙종이 지금까지 청나라의 감시 대상인 축성사업을 하고 있습니다. 서두에서 언급했듯이 임진 왜란 때 파괴되어 그 사이 한 번도 수리 못한 도성을 다시 수축하는 사업을 벌이고 북한산성을 새로 쌓기도 합니다. 청나라가 몽고족(준가르부)에 밀릴 때를 대비해 군비를 갖추어야 한다는 주장도 대두하지요. 이런 가운데 커간 조선의 중화주의는 두 가지가 됩니다. 집권정파인 서인 쪽에서 앞서부터 내세워진 게 하나 있고, 국왕의 입장에서 내세워진 것이 하나 더 있습니다. 둘은 뜻은 같지만 주체가 다른 차이가 있습니다. 한편, 이 무렵부터 다른 일각에서 북학(北學)을 공공연하게 내세울 수 있었던 것도 청과의 관계 변화가 전제된 것 같아요. 옹정제(雍正帝)의 중화에 대한 새로운 해석, 곧 오랑캐도 중화가 될 수 있다는 얘기가 나온 시점과 우리 북학파의 등장이 시간적으로 거의 맞아떨어집니다.

## 두 개의 조선 중화주의

　요컨대 국제관계, 즉 중국의 동향 변화와 국내의 정치사상적 움직임이 상관관계가 있지 않나 하는 그런 관점에서 이 시기 역사를 봐야 할 것 같습니다. 18세기의 조선 중화라는 것은 북벌론 시기의 송시열(宋時烈)의 서인 쪽에서 내세운 것과는 구별해야 할 것 같습니다. 왕이 명나라 신종의 도움을 감사하는 의식을 거행할 수 있는 제단으로 대보단(大報壇)을 수축하는 한편, 요순의 탕탕평평의 정치를 실현할 수 있는 곳은 조선이며 그것이 곧 중화의 세계다, 그런 세계는 요순이 그랬듯이 군주 역할이 가장 크다는 것을 강조했습니다. 서인들이 왕이 아니라 신하들을 중심으로 실현할 수 있다고 주장한 것과는 다르지요. 탕평책이 사색(四色)을 고르게 등용하는 것이 아니라 왕이 정치를 직접 주재하는 정치의 추구라는 뜻을 담고 있고 실제 숙종 · 영조 · 정조 3대에는 국왕권 강화가 강하게 표방됩니다. 물론 서인 · 노론의 신하 중심의 중화주의도 만동묘를 중심으로 병존하는 상황이기는 하지만요. …… 18세기 조선 중화주의는 분명히 내용적으로 중국 청나라와 충돌할 소지를 갖고 있는 것이었지만, 그렇지 않았던 것은 준가르부와의 오랜 전쟁 때문이지 않았나 싶습니다. 국내적으로 붕당 대립을 지양하기 위해 왕권을 강화해야 했던 문제, 서민층 성장과의 관계 여부 등은 또 다른 논제가 되겠습니다. 어떻든 중화주의는 단순히 사상적 · 이념적 지향이 아니라 국내외적 관계를 갖고 있는 것이 아니냐는 생각이 듭니다. 임 선생께서 옹정제의 말을 인용해 놓은 걸 제가 본 기억이 있는데 우리 쪽 중화문제에 대해서 얘기를 해 주시죠.

**임형택** 청 황제체제는, 변방의 소수민족으로서 중국 전역을 통치하자면 정통론의 명분과 부딪히지 않을 수 없겠지요. 이에 옹정제는 '만한일리(滿漢一理)'라고 만주족이나 한족이나 하늘 아래서 이치가 다를 바 없다 하여 한족과 여타의 민족을 구별하지 않는 포괄적 중화주의 논리를 세운 것입니다. 중화의 전통은 인종의 차원이 아니라, 누구든 중화의 전통을 훌륭하게 발전적으로 잇느냐는 것이며, 그런 차원에서 청조는 중화의 위대한 계승자라고 자부합니다.

포괄적 중화주의는 한족 중심의 중화주의보다는 진일보한 논리로서 종족적 차원을 넘어선 '국민적 통합'을 내다볼 수 있는, 나름으로 '근대적' 의미로 평가할 수 있다고 봅니다. 그러나 방금 조 선생이 지적했듯 러시아의 동진(東進)을 '북적(北狄)'으로, 남쪽에 진출한 서구 세력을 '남만(南蠻)'처럼 치부하는 중국 중심의 천하관에서 탈피하지 못한 것입니다. 결론적으로 말해서 서구 세력이 전지구적으로 진출하는 세계상황에 대응하는 논리로는 되지 못한 것이 아니겠습니까.

# 중화주의, 그 한계

이 청 황제체제에 대면한 조선왕조의 대응 논리는 주지하다 시피 '존왕양이(尊王攘夷)'에 입각한 북벌론입니다. 집권 세력이 내세운 국시(國是)요, 체제이데올로기에 다름 아니지요. 비록 체제 유지를 위한 대내용이라 치더라도 저쪽의 포괄적 중화주의 에 뒷북을 친 셈입니다. 북벌론에 대해 민족주의적 의미를 부여해서 대단히 적극적으로 평가하려는 주장이 학계의 일각에서 제기되고 있는 것으로 알고 있습니다. 물론 청 황제체제를 부정한 나머지 중화정통이 우리에게 있다고 한 점에서 민족의 자존을 극대화한 것으로 볼 수도 있겠으나 그 이데올로기적 허위성은 말할 것도 없거니와, 현실에 어떤 영향을 미쳤던가 구체적으로 살펴야 합니다. 북벌론의 진영 내부에서 거기에 반대하는 북학론이 제기된 사실은, 안목이 현실적으로 바뀐 것인데, 시대의 진운을 통찰할 때 그렇게 갈 수밖에 없었지요.

한편 박 선생이 거론한 일본 중심적 천하관에 대해서 우리는 그동안 너무 무심했던 것 같아요. 우리 자신이 일본적 국수주의, 일본 중심주의의 피해자이면서 또 알게 모르게 그 논리에 우리 자신이 침윤된 면도 있는 듯합니다. 우리는 그 논리를 잘 알아보고 심도 있는 비판을 가할 필요가 있다고 생각합니다. 일본의 국학이 일본 땅은 신주(神州)를 신앙하고 국수정신을 창조했던 점이 민족주의를 일찍이 체현한 것으로 일단 말할 수 있겠으나 지적인 폐쇄성과 편협성은 문제가 아닐 수 없습니다.

일본의 국학에 상대되는 학문 현상이라면 우리는 실학을 내세울 수 있겠지요. 실학 역시 민족적 자아의 발견이 싹터 나오는데 그와 동시에 세계로 향한 인식으로 균형을 이룹니다. 물론 단순비교는 안 되지만 이 측면에서 18세기 양국의 학문 현상으로서 일본의 국학에 대해 조선의 실학이 이성적이고 자아와 세계의 균형을 취했다는 평가가 가능하리라 봅니다. 문제는, 일본의 국학이 근대 일본의 군국주의와 내면적으로 연계가 된다는 것입니다. 그리고 또 문제는 국학의 정치의식은 천황제에 경도되어 있는데, 일본 천황제는 언제 다시 침략적으로 전환할지 모르는 '정신적 휴화산'이라는 것입니다.

**이태진** 사실 뭐 그렇지요. 송시열계의 문화의식이라는 것은 조 선생님이 처음에 얘기하신 남송대의 화이론(華夷論)이 바탕에 깔려 있어서 청조(淸朝)를 인정 못하겠다는 그런 논리이고, 국왕 쪽의 중화론도 북벌론의 성격을 내재하고는 있죠. 남한산성에서 내려 와서 항복했던 수치, 왕실의 수치, 이것을 언젠가는 씻어야겠다는 것이 끝까지 물려 있었죠. 그러면 제가 아까 중국 쪽의 조 선생님 얘기를 듣고 평화의 효과를 강조했습니다만 사실은 이쪽에서도 그런 것은 갖고 있는데 지금 임 선생님이 말씀하셨듯이 전체적으로는 균형감각을 가지고 대청관계에서 무리를 피했다고 볼 수 있을까요. 충돌을 야기하지 않은 상태를 오래 지속했다는 점에서 주목할 점이 있을 것 같은데 제 말씀이 좀 길어졌습니다만 금 선생님께서 북학 문제와 관련해서 말씀하실 게 많을 것 같은데요.

**『존주휘편』**
1800년 정조의 명에 따라 이
의준이 청나라에 항전했던
인물들과, 의리를 내세워 저
항했던 인물들의 전기를 모
은 책.

**금장태** 저도 임 선생님이나 이 선생님 말씀
과 같은 맥락에서 이야기하고 싶은데요. 일단은
강희·건륭 연간에 청조의 전성기가 완전히 확
립됨으로써, 18세기의 실학자들이 청조의 힘과
발전된 문물을 발견하게 된 것은 중요한 변화라
고 생각합니다. 이에 따라 북벌론(北伐論)이라는
시대이념이 상당히 공허해지지 않았나 하는 생
각이 들어요. 그래서 효종같이 인질로 갔다가
온 분이나 또 그 시대를 경험했던 우암(尤菴) 송
시열(宋時烈) 같은 사람은 '복수설치(復讎雪恥)'도
주장하고 또 '북벌'도 주장하지만 18세기로 넘어
오면 북벌론이라는 이념적 구호가 공허해지고,
실제로 유교 지식인들 사이에서 '북벌'이란 의식
이 사라지고 있지 않았는가라는 생각이 들어요.
그래서 오히려 북벌론이라는 공격적 태도에 대치하는 일종의
숭명배청론(崇明排淸論)을 내세워 이미 멸망한 명나라를 중화의
정통으로 높이게 되었으며, 이런 배경에서 제기된 것이 '조선
중화주의(朝鮮中華主義)'의 기본 아이디어 같은데요. 그런 면에서
여전히 복수설치를 하겠다는 공격적 의식과 연결된 전통으로서
북벌의식은 약화되었지만, 만주족의 청나라를 배척하는 중화주
의라는 신념을 지키고 계승해야 할 필요성은 아마 국내정치를
위해서 필요하지 않았나 하는 생각이 듭니다. 예를 들어 정조
때의 『존주휘편(尊周彙編)』처럼 지식인들 사이에 북벌의식이 약

화되니까 오히려 문헌으로 그때 청나라에 항전했던 인물들과 의리를 내세워 저항했던 인물들의 전기를 만들어 놓고 이데올로기로 계승하려는 의식을 보여주었던 것이 사실입니다. 또한 조선사회 안에서 왕실이나 유교 지식인들이 명나라의 마지막 황제인 신종(神宗)과 의종(毅宗)을 제사로 받들어서 명나라를 높이면서 중화의식을 정립하였던 것으로 보입니다.


## 둥근 지구에서 중심은 나

그 반면에 청조가 이미 실질적인 중국으로 자리 잡고 있다는 현실적인 인식을 하면서 등장하는 것이 북학론인데, 북학론에는 두 가지 요인이 있지 않나 하는 생각입니다. 하나는 청조를 인정할 수밖에 없다는 사실입니다. 그러니까 청조를 인정하면서 청조 문물이 우리보다 실질적으로 뛰어나다는 사실을 받아들이고, 따라서 이제는 청조를 오랑캐라고 말하기 어렵다는 것입니다. 또 하나는 그 시기에 이미 세계관이 바뀌고 있다는 사실입니다. 홍대용이 『의산문답(醫山問答)』에서 얘기하는 것처럼 우리의 주관을 가지고 세계를 보려 하지 말고 하늘에서 봐라. 그러니까 "이천시물(以天視物) 하라"는 말입니다. 그 얘기를 보면 지구는 둥글게 생겼으니 이미 천원지방설(天圓地方說)이 아니라 지구설(地球說)로 봐야 한다는 것이지요. 이미 지구가 둥글게 생겼는데 중심이 어디 따로 있느냐, 자기가 사는 데가 중심이 아니냐 하는 것

30년의 독서를 통하여 유학
적 학문세계를 체득한 허자
라는 학자가 북경을 방문하
고 실망하여 귀국하던 도중
남만주의 의무려산에서 은
둔하고 있는 실옹을 만나 학
문을 토론하는 형식으로 쓰
여진, 홍대용의 자연관 및
과학 사상을 담은 저술.

입니다. 이런 새로운 세계관에 근거한 북학론의 중
화의식은 중화의식을 거부하는 것이 아니라고 생
각합니다. 한쪽으로는 실질적인 청조를 인정하여
일종의 청조체제를 수용하는 것이요, 또 하나는 이
미 중심은 하나가 아니라 제각기 중심이라 하여,
중화론 자체를 상대화시켜 버리는 새로운 세계관
의 제기가 북학론의 기본 논리가 아니겠는가 생각
합니다. 그런 면에서 보면 18세기 사상은 전통적인
단일체계의 사상이 아니라 매우 복합적인 것이라
보입니다. 전체적으로 보면 중화주의적인 전통의
세계관과 서구적 과학지식을 포용한 새로운 세계
관이 부딪치고 있으며 그 둘 사이에 융합이 일어나
고 있는 사상적 격동의 시기라는 생각이 됩니다.

**이태진** 예, 알겠습니다. 중요한 말씀을 해 주셨군요. 그 논
의가 앞으로 상당히 긍정적으로 다루어져야 할 것 같습니다.
그것과 관련해서 조 선생께서 서학(西學)이 중국 정치사상에 끼
친 영향을 조금 유의해서 언급해 주셔야 될 것 같습니다. 지금
금 선생님이 말씀하셨듯이 하늘에서 보면 화이의 구분이 있을
수 없다고 했듯이 옹정제가 오랑캐도 중화가 될 수 있다고 한
발언의 배경에 서양의 새로운 학문 특히, 천문학 지식이 작용하
고 있을 수 있는 건지, 그런 점도 밝혀 주시면서 중국에서의 서
학이 중국인 지식인들 또는 황제들의 세계관에 끼친 영향을 말
씀해 주시지요.

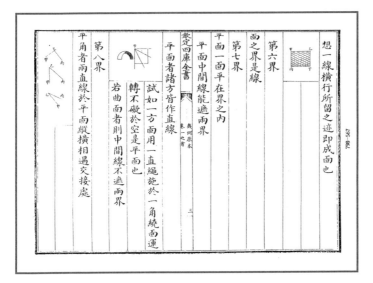

『기하원본』
서광계(徐光啓)가 일부를 번역하고, 나머지는 이선란(李善蘭)이라는 중국 토착 수학자가 번역하였다.

**조병한** 중국 경우에는 상당히 부정적인 것 같습니다. 왜 그런고 하니 마테오 리치에 관해서 유명한 얘기가 있지 않습니까? 16세기 말 세계지도를 갖고 왔을 때 중국 사대부들이 그 세계지도에 대해 불평한 이유가 대서양이 가운데 있기 때문에 중국이 동방 변두리에 있다는 것이었습니다. 그래서 마테오 리치가 포교를 위해서 태평양을 가운데로 바꿔 간단히 문제를 해결했습니다. 그런데도 중국인의 불만이 남은 것은 지도에서 보니까 왜 중국 땅이 자기들이 생각한 것보다 훨씬 작냐는 것입니다. 그 뒤 명말 청초 황종희(黃宗羲)·고염무(顧炎武) 같은 사람이 나오던 17세기가 사상적으로 18세기보다는 더 황금기인데, 황종희 같은 사람보다 한 세대 앞 신종(神宗, 萬曆帝) 연간의 서광계(徐光啓)나 이지조(李之藻) 같은 서학자들, 이 사람들 만한 수준에 그 뒤 18세기에는 아무도 도달하지 못합니다. 수학만 하더라도 『기하원본(幾何原本)』이 번역되었지만, 이 기하가 단순한 기하가 아니라 천문에서부터 측량·건축까지 미치지 않는 게 없는 아주 유용한 학문입니다. 실제로 그런 번역이 18세기에는 전혀 없을 뿐더러 그런 분위기가 되지도 않았습니다. 서광계가 서양 기하학이나 대수학을 대하는 태도를 보면, '중국의 수학하고 비교를 해 보니까 사사건건이 서양 수학이 우수하다'는 것이었습니다.

## 서학에 대한 고증학의 반응

그런데 18세기 청에 들어와 서학을 도입한 것이 상당한 기여가 있긴 했는데, 그 이유를 보면 이를 계기로 중국 고대의 수학·천문학을 다시 공부할 수 있는 기회를 주었다는 것이죠. 그래서 그런 방면에 이바지한 것이 18세기에 융성한 고증학(考證學)인데, 고증학의 정상인 대진(戴震)을 포함해서 수학도 같이 공부한 사람들이 많습니다. 왜 그러냐 하면 서양 수학이나 천문학 같은 것에 대항해서 중국 고대의 천문학이나 수학을 정리해 내는 것입니다. 그러면서 하는 얘기가 중국의 천문학·수학·과학이 왕자(王者)가 도(道)를 잃어버리면 그것이 오랑캐한테 간다, 또는 재야에 간다, 그런 식으로 중국 것이 서양으로 전해져서 되돌아온 것이라고 했습니다. 말하자면 중국의 수학이나 천문학을 이 사람들이 정리하는 까닭이 중국적인 과학이나 수학의 체계 속에 서학을 억지로 집어넣으려는 거죠. 서양의 훨씬 더 발달된 수준 높은 우주관을 배경으로 한 체계가 있는데, 그것을 억지로 전통적 중국학에 구겨 넣는 게 아닌가 합니다. 고증학이라는 것이 국내적으로 유교에서 차지하는 비중이 참으로 크고 이바지하는 점도 많습니다. 언어학이라든가 역사학이라든가 경학이라든가 그런 것은 참으로 20세기로 전환할 때 서양의 힘을 안 빌리고 중국 사람들이 지금까지도 계승하고 있는 방법론에 중요한 기여를 한 것임에도 불구하고, 적어도 서양의 학문을 도입하는 면에서는 그런 부작용도 있었다는 것입니다.

**임형택**  중국 지식인들이 서양의 과학 기술을 받아들이고 바라보는 태도 문제를 잘 지적해 주셨는데 그 문제는 일찍이 우리 지식인이 지적한 사실이 있어요. 19세기 중반 남병철(南秉哲)이 쓴 글을 보면 결국 서양의 앞선 수학이나 천문 지식을 그대로 객관적으로 받아들여 배우려 하지 않고 자꾸 중국식으로 아전인수를 하고 속화시키며, 그렇지 않으면 모든 것이 진작 중국에서 나왔다는 식으로 멸시하려 드는 태도가 큰 맹점으로 지적되고 있습니다. 왜 그런 문제점을 제기하느냐면 영불연합군에 의한 북경 함락이 있고 나서 바로 직후에 쓰인 것인데 결국 중국이 왜 그렇게 서양 국가에 깨지냐면, 중국이 서양의 과학기술을 받아들이는 태도에 문제점이 있다고 반성한 것입니다. 이 맹점이 우리 쪽에도 해당된다고 생각한 것이지요.

**조병한** 제가 두 가지만 소개하면, 명말 서광계 같은 사람이 그 정도 수준에 도달했는데도 청대에 이루어진 중국 전체의 지리서, 『대청일통지(大淸一統志)』에는 명말 예수회 선교사에 의해 수입된 지식마저 수록하지 않거나 왜곡하였습니다. 그리고 김정희(金正喜)와 교분이 있었던 고증학의 대가, 완원(阮元)이라는 사람은 고증학자일 뿐만 아니라 고증학계를 총 후원한 정치인이기도 한데, 그가 『주인전(疇人傳)』이라는 유명한 과학기술자들에 대한 책을 편찬했습니다. 그러한 태도는 서양이 준 영향 같습니다. 그런데 거기에 중국의 학문이 서양으로 갔다, 중국 고대의 수학이 서양 현대 수학보다 낫다든가 하는 말이 나오거든요. 그리고 또 한 가지 사례를 소개하면, 1840년 아편전쟁 때 일입니다. 대포 훈련, 총 쏘는 훈련, 그런 것도 명말에 서양에서 들어오지 않았습니까? 포르투갈을 통해서 서양 프랑크 포(砲)가 많이 들어왔는데 이것을 쏘는 훈련도 안 되었을 뿐만 아니라 고장 났을 때 수리하는 법, 제작법을 알았던 것조차 잊어버리고 그걸 다시 공부하는 그런 얘기가 나옵니다.

**이태진** 제가 조금 정리하겠습니다. 조 선생님 말씀은 17세기 명말 중국의 서학 수준은 높았는데, 18세기 청조에서는 오히려 후퇴했다는 것인데, 조 선생님께서 지적하시는 게 1860년대 양무운동 때 서양 책을 번역하면서 비로소 아주 우수한 학문이라는 평가가 뒤늦게 나왔다는, 그것이죠?

**조병한** 예, 1850년대 상해(上海)가 개항하면서부터 거기서부터 본격적 서학이 도입되고……

**이태진** 그 이전은 서학에 대해서 중국 중심체계 속에 중국 연원설로 처리해 버렸다든가, 아니면 중국 학문체계의 한 부분으로 경시했다 이런 얘기가 되는데, 우리 한국의 경우는 지금까지 연구된 것으로 보면, 18세기에 서양 기술의 중국 연원설을 받아들이면서도 후반의 홍대용 같은 분에게서 보듯이 그 관심이라든가 수용을 위한 노력이 상당히 고조되었던 것 같아요. 오히려 19세기에 들어가서 중국처럼 일면 후퇴하는 기운도 있고, 남병철처럼 동도서기론의 차원에서 적극적으로 받아들이는 두 가지 경향이 나타나는데, 그렇게 볼 경우 중국 청조와 조선의 서학에 대한 반응이 서로 달랐다는 얘기가 되겠습니다. 이렇게 얘기할 수 있을지 말씀 좀 해주시고, 또 우리가 지금까지 통상적으로 얘기하던 서학에 대한 태도가 잘못된 점을 하나 짚어 놓고 넘어가야 할 것 같은데, 대원군 시기의 서양 문화 거부의 쇄국적 태도는 사실은 19세기에 우리의 여러 반응 중 한 부분에 지나지 않는 것이란 점을 유의할 필요가 있습니다.

서양 문화 거부는 동도일방론(東道一方論)이란 뜻으로 동도론이라고 규정되기도 하는데, 1840년에서 1860년 사이에 이런 대응이 정치적으로 강화되어 그것이 천주교 박해로 이어지고, 대원군에게는 또 해방(海防)정책으로 뒷받침되는 그런 흐름을 보였습니다. 그 후 개항시기에 오면 동도서기론의 비중이 다시 높아져 개항과정에서 능동성을 발휘하게 됩니다. 서학문제는 이렇게 나중에 국제관계와도 깊이 관련지어지고 있지만, 국내적으로 사상사적으로 얘기할 게 따로 있습니다. 금 선생께서

18세기에 서학의 수용에 대해 좀 더 말씀해 주시지요. 아까 짚어주신 것을 좀 더 보완하시고 강조할 것이 있으면 해 주세요.

## 마테오 리치는 성인(聖人)

**금장태** 저는 서학의 수용과정에서 성호 이익이 상당히 중요한 위치에 있다고 생각하고 있는데요. 성호는 서학의 내용을 대체로 세 가지로 나누죠. 첫째로 천주교의 신비적 교리에 대해서는 환상이요 사실이 아니라고 하여 전면적으로 거부하는 입장이고, 둘째로 그 당시 서학서적인 『칠극(七克)』을 비롯한 윤리적인 문제에 대해서는 유교 윤리의 주석에 해당된다고 하여 긍정적으로 받아들이는 태도를 보였습니다. 그리고 셋째로 서양 과학에 대해서는 중국의 성인이 다시 나더라도 이를 따라갈 것이라 하여, 적극적으로 인정하고 받아들이는 자세를 보였습니다. 중국에서 당시 아라비아 천문학을 기초로 천문 관측과 역법(曆法)을 정립해 왔지요. 그러니까 성호는 제일 뛰어난 게 서양 천문학이고, 그 다음이 아라비아 천문학이고, 중국 고대의 천문학이 가장 낙후하였다는 논평을 했습니다. 성호 자신의 기록에는 없지만 성호가 마테오 리치를 성인이라고 했어요. 그가 얼마나 서양 과학을 중시하였던가를 엿볼 수 있는 일화라고 할 수 있겠지요.

**이태진** 그게 어디에 나옵니까?

**금장태** 안정복(安鼎福)의 『순암집(順菴集)』에 나오는 말입니다. 당시 안정복에게 주변 사람들이 "너희 스승 성호가 마테오 리치를 성인이라고 하지 않았냐"라고 공박을 하자, 안정복은 이에 대해 변명하면서 "성인이라는 말이 덕이 높은 이를 가리키는 것만이 아니라 한 가지 기능이 탁월하다는 점에서도 성인이라고 할 수 있으니, 그런 뜻에서 쓴 말이다"라고 하였습니다. 이렇게 변명하는 걸 보면 성호가 어느 정도 공식적인 자리에서 그 말을 했던 모양입니다. 그런 정도로 성호 자신이 서양 과학에 대해서 적극적으로 강조를 한 거죠. 그런데 제 생각에는 정조도 서양 책을 보지 않았나라는 생각이 들어요. 예를 들어 다산에게 화성(華城)을 쌓으라고 할 때도 테렌즈가 쓴 『기기도설(奇器圖說)』을 내주면서 연구해 보라고 지시하였으니, 이렇게 할 정도라면 그 자신이 이미 『기기도설』을 봤다는 얘기죠. 또 이가환(李家煥)한테도 너는 수학에 밝으니까 수학책을 저술하라고 당부하였는데, 당시 서학문제로 공격을 받고 있는 입장에 놓여 있었으므로 이가환이 '제가 수학책을 저술하면 저에 대한 비판이 쏟아질 뿐만 아니라 임금님에게도 누를 끼칠 것입니다'라고 대답하여 거절하였습니다. 어떻든 정조는 이렇게 말할 정도로 수학의 필요성을 적극적으로 인정했던 것 같아요. 이런 사정들을 보면 18세기 전반기에 성호의 서학에 대한 이해가 1단계가 되고 18세기 후반에 정조 측근에 있던 성호 후학들이 2단계가 되는 것으로 보입니다. 성호 후학들과 연결되어서 정조 자신도 서학에 관한 관심을 가진 게 어떤 면에서 그 시대 사회 개혁을 위한 방법으로 서양 과학이 필요하지 않았던가 하는 생각을 해봅니다. 그런

**『농정전서』**
명나라의 서광계가 한나라 이후 발달하기 시작한 농학자의 여러 설을 총괄 분류하고 자기의 학설을 첨부하여 집대성한 농서. 1639년 그의 사후에 간행되었다.

점에서 아까 조 선생님이 말씀하신 서광계가 『농정전서(農政全書)』를 편찬하였던 것도 농업기술로서 수차(水車)를 이용하고 서양 기술을 도입해서 생산을 향상함으로써 사회 개혁을 추구하려 한 것이 아니겠는가 생각합니다. 정조도 농사의 기술에 관해 저술하라고 요청해서 다산도 쓰고 박지원과 박제가도 쓰고 해서 청조의 농업기술과 새로운 기구들을 소개하는 걸 보면 서양 기술을 통해서 농업생산력을 높이는 개혁을 추구하지 않았던가 저는 그런 짐작만 하고 있습니다. 그런 걸로 보면 18세기 후반기에 적극적으로 서학기술이 도입되고 있지 않았나 생각합니다. 다만 그게 보수적인 유교 지식인들에 의해서 공박을 당하니까 이가환도 수학책을 쓰라는 임금 요구에 사양을 하면서, '이걸 제가 쓰면 임금님한테는 누가 됩니다'라고 말하게 된 것 같습니다. 그런 걸로 보면 반대 세력들 때문에 좌절당했지만 서양 기술의 적극적인 도입에 대한 욕구가 체제 안에서 있지 않았나 하는 생각이 들고요, 아까 조 선생님 말씀한 강희 황제는 서양 선교사에게서 『기하원본』을 공부하기도 했지요?

**조병한** 맞습니다. 아까 제가 말씀을 단순화했는데 같은 청조라도 강희제는 개방적입니다. 천주교에 대해서⋯⋯.

**금장태** 그건 계기가 있었죠? 당시 제사문제와 관련된 전례(典禮)논쟁이 문제였지요.

**조병한**　그것도 그렇지만 그건 옹정제가 회전시켜 놓습니다. 그리고 건륭제 때『사고전서』라고 하는 것이 그것을 체계화해 놓은 것입니다.『사고전서』는 다른 것이 아니라 고증학자를 제일 위에 놓고 학문체계를 등급화한 것입니다. 말하자면 국가가 간섭해서 학문의 위계질서를 세우는데 서학을 밑바닥에 두는 그런 체계가 되겠죠. 그래서『사고전서』가 참 재미있다고 생각합니다.

**이태진**　『사고전서』 편찬사업이 서학에 대한 관심을 위축시켰다 이런 말씀입니까?

**조병한**　예, 결과적으로는 그렇게 된 것이라고 봅니다. 서학을 목표로 한 것은 아니라도 정치적 필요에 의해서 제국의 통합을 위해서 중국 내의 여러 학파에 위계질서를 부여하는 가운데 서학이 부정적인 정리를 당했다는 생각이 듭니다.

**금장태**　저도 그 말씀 들으니까 기억나는 게 있군요. 그 시기에 청 황제의 명령으로 해부학 책이 저술되죠?

**조병한**　그게 중국인이 저술했는지 기억이 잘 안 나지만, 서학 중 의학도 광범위하게 많이 들어옵니다.

**금장태**　서양 의학도 도입해서 해부학 책을 저술하는데 해부학 책을 만들어 놓고 보니까, 황제와 측근 신하들이 문제점을 깨닫게 되었지요. 인간을 이렇게 해부해 놓는 게 도덕적으로 문제가 있다는 것입니다. 그래서 해부학 책의 간행을 못하게 했던 일이 있었던 것 같아요. 그 얘기를 했더니 민두기 선생 말씀이 그 경우가 바로 일본과 다른 점이다. 일본에서도 같

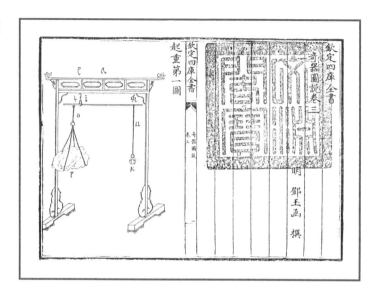

은 시기에 해부학 책을 짓고 간행까지 했다고 하셨습니다. 그
래서 해부학 책을 간행할 수 없는 보수적인 유교의식의 저항을
받은 사회와, 그런 보수적인 유교의식의 저항이 없었던 사회의
차이가 바로 중국·한국과 일본의 차이가 아닐까 이런 생각이
듭니다.

**조병한** 그런 것 같습니다.

**이태진** 조선에서 서학의 기술문화를 수용한 예로 잘 알려
진 것들이 있지요. 서광계의 『농정전서(農政全書)』에 나오는 태
서(泰西, 서양) 수차를 정조 때 실험해 보았고, 『기기도설(奇器圖
說)』에 나오는 기중기를 화성 축조 때 실제로 사용했지요. 화성
의 구조에 대한 최근의 새로운 연구에서는 서양 절대왕정시대
의 펜타곤형 성곽과 유사한 점이 있다는 주장도 나오고 있습니

다. 또 강화도에 있던 왕실 도서관인 외규장각에 천주교 관계 책이 27종이나 1791년까지 소장되어 있었던 사실이 최근에 확인되었습니다. 이런 사실은 적어도 외규장각 창설자인 정조는 천주교 교리서에 접했을 가능성이 높다는 증거가 될 수 있을 것 같습니다. 임 선생님 서학에 대해 좀 더 말씀해 주시죠.

**임형택** 금 선생님이 앞에서 소상하게 말씀을 해 주셨는데 저는 뭐 조금 보충발언을 하겠습니다. 우리가 서학이라고 할 때 하나는 종교적인 측면, 다른 하나는 과학기술적인 측면, 이 두 가지를 당시에 다같이 서학이라는 개념으로 우리나라에서 수용하게 됩니다. 금 선생님이 지적하신 대로 성호가 관심을 돌리도록 하는 역할을 했고 그 이후 성호 계통에서 이가환·정약용으로 내려오는, 그러니까 과학기술적인 측면과 종교사상적인 측면이 함께 수용이 되었고 다른 한쪽 홍대용·박지원 쪽은 종교사상적인 측면은 철저하게 비판하고 거부하면서 서학의 과학기술만은 선별적으로 수용하려는 자세를 보이고 있습니다.

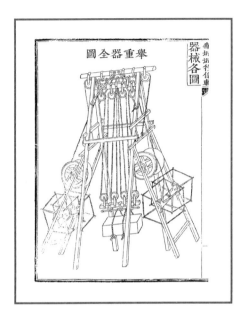

『화성성역의궤』에 수록된 기중기
이 기중기는 화성(수원성) 축조에 실제로 사용되었다.

## 서울특별시장되는 것보다 서양 유학 가겠다

가령 홍대용 같은 분이 서양에 대해서 얼마나 동경했던가는 박제가가 홍대용을 추억하여 지은 시에 보면 "인생약상서양박고객우어관내후(人生若上西洋舶 佶客優於關內侯)", 만약에 서양으로 유학을 갈 수만 있다면, 관내후라는 게 지금으로 말하면 서울특별시장인데, 서울특별시장되는 것보다 더 자랑스럽게 여기겠다고 했습니다. 그런 정도로 자기 자신이 직접 서양에 가서 학술을 배우고 싶다는 소망을 가졌어요. 그런데 그런 자세가 왜 19세기로 이어지지 못했느냐? 그건 금방 말씀하셨듯이 이가환이 수학에 상당히 조예가 깊었고 그래서 수학의 정수를 터득했으나 오해를 살까 싶어서 그 방면의 저술을 중단할 수밖에 없었고, 실제로 천주학을 신봉한 죄로 처단을 당했습니다. 결국 정조 사후에 일어난 신유옥사(64면 참조)가 서학에 대한 관심을 저지하는 결정적인 역작용을 했다고 볼 수 있습니다. 그 이후에 천주교 박해는 계속됐고 그런 사상적 탄압 속에서 서양의 과학기술에 대한 관심을 확대·심화할 수 없는 분위기가 계속되고 보니 결국 아편전쟁이 일어나자 중국이 여지없이 깨지고 말지요. 우리도 실제로 서세(西勢)를 경시할 수 없는 상황이 19세기 중반 눈앞에 오게 되니까 그때 박규수라든지 남병철이라든지 그런 분들은 우리가 서양에 대해서 정신적인 면과 분리해서 서양의 과학기술을 받아들여야 한다는 논리를 펴게 된 거죠.

## 신유옥사

1801년(순조 1) 신유년에 일어난 천주교도 박해사건. 천주교가 한국에 전래된 이후 1794년 말에는 중국인 신부 주문모(周文謨)를 영입하는 등 조직적인 전교활동으로 1800년에는 교인 1만 명으로 교세가 확대되었다. 이러한 천주신앙의 전파에 대하여 천주교를 공격하는 공서파(攻西派)가 박해운동을 벌였다. 그러나 정조는 "사교(邪敎)는 자기자멸(自起自滅)할 것이며 유학의 진흥에 의해 사학을 막을 수 있다"고 적극적 박해를 회피하였다. 또한 천주교를 신봉하는 양반 남인 시파(時派)의 실권자인 재상 채제공(蔡濟恭)의 묵인도 있었다. 그러나 정조와 채제공이 죽자 정계의 주도세력이 벽파(僻派)로 바뀌면서 박해가 일어나게 되었다. 벽파는 남인 시파의 세력을 꺾기 위하여 천주교를 무부무군(無父無君)의 멸륜지교(滅倫之敎)로 몰아붙여 탄압을 가하였다. 또한 그의 배후 정치세력을 일소하고자 1801년 대왕대비 언교(諺敎)로 박해령을 선포, 전국의 천주교도를 수색하였다. 이때 많은 교인들이 체포되어 순교하였는데 중국인 주문모와 초대 교회의 창설자인 지도적 평신도들이 대표적이다. 주문모는 새남터에서 군문효수(軍門梟首)되었으며, 초기교회의 지도자이던 이승훈(李承薰)·정약종(丁若鍾)·최창현(崔昌顯)·강완숙(姜完淑) 등은 서소문 밖에서 참수(斬首)되었고, 왕족인 송씨(宋氏: 정조의 庶弟인 恩彥君의 부인)와 신씨(申氏: 恩彥君의 며느리)도 사사(賜死)되었다. 신유박해는 한국천주교회에 가해진 최초의 대대적인 박해로, 종래 지식인 중심의 조선천주교회는 신유박해를 전후하여 서민사회로 뿌리를 내리게 된다.

**조병한**  임 선생님께서 말씀하시니까 중국과 한국이 얼마나 비슷한지 실감을 하는데요. 옹정제(1723~1735) 전후 문자옥이라든가 금서(禁書) 파동이 있는데, 『사고전서』 편찬이라는 것이 실제로는 대규모 금서운동이거든요. 천주교 박해도 옹정제 때부터 시작했고요. 그럼 강희제(1662~1722)는 전제군주인데 왜 서학에 대해서 개방적인가? 그 당시도 문자옥은 있었지 않은가? 강희제 때까지 문자옥은 만한(滿漢)관계입니다. 민족문제입니다. 그런데 옹정제 이후는 정통주의입니다. 정통 이데올로기, 그걸 구분해야 된다는 얘기가 있거든요. 그런 점에서 보면 시간적인 차이는 있지만 아주 비슷한 현상을 보이고 있습니다.

**이태진**  그러니까 차이가 나는 시기는 18세기 후반 정조시대인데, 정조시대(1776~1800)는 서학을 상당히 적극적으로 수용하고 있었다고 얘기할 수 있죠. 반면에 중국 경우는 건륭제(1736~1795) 때 서학을 배척하는······.

**임형택**  표면적으로는 서학을 받아들이지 않습니까? 그걸 왜곡하고 자기만족적으로 해석했던 것이 문제지요.

**조병한**  말하자면 서광계의 사업을 강희제 때까지는 이어 옵니다. 『수리정온(數理精蘊)』을 편찬하고 수학자들 간에 서학을 계승해 오거든요. 그런데 옹정 · 건륭제에 와서 역전이 됐다고······.

**이태진**  구체적으로 예를 들면 중국에서는 자명종을 장난감으로 여겼다고 할 정도로 우습게 봤다고 그러는데, 이에 반해 우리 쪽 숙종 · 영조는 자명종을 새로운 시계로 귀중하게 여겨 옆에 두고 이용을 하지요. 그냥 장난감으로 보지 않는 거죠. 그런 면이나 정조 때 아까 얘기했듯이 서학에 대한 관심이 높았을 뿐만 아니라 신하들 가운데도 홍대용과 같이 아주 뛰어난 사람들이 서학에 대해 깊은 관심을 가지고 공부를 많이 하지요. 그것은 차이로 볼 수 있는 것 아닙니까?

**조병한** 제가 볼 때 명말부터 강희 때까지는 정조 때의 양상과 비슷하지만 중국이 우리나라에 비해서는 탄압이 일찍 나왔다고 봅니다.

**금장태** 옹정제 때로 기억이 되는데요. 전례 문제가 계기가 된 것 같아요. 로마교황청이 조상제사를 거부했을 때, 그 당시 자신만만하던 청조 황실이 그걸 수용할 수 없잖아요. 그러니까 조상제사를 거부하던 도미니코회와 프란시스코회 선교사들을 마카오로 전부 쫓아버렸죠. 공식적으로 천주교가 중국사회 안에서 중국의 전통예교질서를 거부하니까 청조도 천주교를 전면적으로 거부해 버리면서 사실은 서학의 지속적인 수용 기반이 무너졌던 게 아닌가 생각합니다.

**이태진** 역시 교황청이 책임져야 할 문제가 아닌가요? (좌중 웃음)

**임형택** 홍대용이 중국에 갔을 때는 북경에서 서양인 선교사들을 만났죠.

**금장태** 홍대용이 북경에서 만났던 선교사들은 조상제사를 거부하는 입장을 내세우지 않고 중국 정부가 필요로 하는 천문학 등 전문지식을 가졌던 소수의 선교사들이었던 것 같습니다.

**임형택** 그 뒤에 연암이 갔을 때는 그나마 만날 수 없었습니다.

# 서학에 대한 관심 얼마나 근본적이었던가?

**이태진** 다음 놓치고 있는 면을 좀 얘기해 보겠습니다. 과연 서학에 대한 관심이 지속됐다 하더라도 서학이 딛고 있는 바탕까지 만들려는 의지를 가지고 있었을까? 이런 걸 우리가 한번 생각해봐야 할 것 같습니다. 일반적으로 알려져 있는 것은 일차적으로는 천문 관측의 정확성 때문에 서학에 대한 관심이 생겼던 거고, 그 다음에 점점 발전해서 수학에 대한 관심까지 가지게 된 것으로 보입니다만, 이렇다면 학문적 관심은 확실히 있었다고 봐야겠죠. 그렇다면 이런 관심이 서양 학문이 딛고 있는 상업자본의 발달이라든가 부르주아사회의 형성이라든가 하는 문제까지 의식을 하면서 수용하려고 했는지 이런 것도 한번 짚어봐야 하지 않을까 싶습니다.

그리고 이 좌담회를 위해 여러 선생님들의 그간의 연구들을 다시 펼쳐봤더니 18세기에는 우리 전통사상에서 이기론(理氣論)에서 기(氣)를 중시하는 경향이 있었고 중국도 절충적인 것이지만 기(氣) 이론체계가 당시에 보이고 있었다는 지적이 있었습니다. 이 문제하고 연관해서 주기적(主氣的)인 경향이 제도개혁의 의지를 담고 있는 것이라면 서학과의 만남도 거기에 어떤 접점 같은 것이 상정되고 있었는지 아니면 단순한 학문적인 호기심인지 이에 대한 얘기도 좀 해 주셔야 될 것 같습니다. 아! 일본을 빠뜨리고 말았습니다만 일본 쪽의 난학(蘭學) 관계를 비롯해 서양 학문에 대한 것을 먼저 말씀해 주시고 중국이나 조선으로 넘어가겠습니다. 지금 제가 말씀드린 것을 포괄적으로 받아서 말씀해 주시면 고맙겠습니다.

**박경수** 조선 또는 중국의 예와 비교를 겸해 가면서 일본에서의 18세기를 중심으로 해서 서구 접촉이 어떻게 이루어졌는지를 역사적으로 더듬어 봤으면 합니다. 일본이 서구를 정식으로 접하게 된 것은 16세기 중반쯤으로 볼 수 있겠죠. 한창 전국시대가 막바지에 치닫고 있을 무렵에 서구인들이 표류를 해 와서 처음으로 만나게 되는데 거기서 일본인들은 당시 일본의 내부적인 필요성 때문에 그랬겠지만 화승총이라고 하는 서양식 무기에 굉장히 감탄을 하고 처음 몇십 년간은 화승총을 집중적으로 받아들이면서 그 과정에서 스페인·포르투갈 같은 구교국 선교사들이 들어오게 됩니다.

16세기 말, 17세기 초 전국시대가 지양되고 통일정권이 수립하면서 통일정권 초기까지도 가톨릭국가들과의 교류를 계속하고 있습니다만 그 사이에 역시 가톨릭이 갖고 있는 종교관이 일본의 신도적인 전통과 마찰을 일으키는 부분이 생긴 것 같습니다. 그 배경에는 몇 가지 정치적인 이유가 있습니다만, 대개 17세기 초반부터 기독교에 대한 금교령이 점차 강화되면서 1630년대에 쇄국령이 반포되고 맙니다. 일본의 서구 접촉이라고 하는 것은 조금 전에 임 선생님께서 서학에는 종교성·과학성 두 가지 측면이 있다고 하셨는데, 일본의 경우는 17세기 전반 쇄국에 즈음한 그 무렵부터 종교성 쪽은 완전히 배제하고 서구문화 중에서도 실용적·과학적인 면에만 주목을 하게 된 것 같습니다.

**나가사키의 데지마(出島)**

1635년의 기독교 금령으로 포르투갈 상인들도 나가사키 항구에 조성된 인공섬인 데지마라는 곳으로 강제 이주되어 감시를 받았다.

그런데 애당초에는 17세기를 통틀어 보더라도 서구에 대한 관심이 그다지 컸다고 보기는 힘들고 주로 네덜란드를 중심으로 해서 나가사키에 파견된 통사(通事)들이 화란어를 공부하고 화란서적들을 접하게 되면서 주로 의학 쪽에 관심을 갖게 됩니다. 그런데 18세기 초에 서구에 대한 관심이 보다 활발해지는 계기를 맞게 되면서 그 영향으로 정치권력의 중추부에서 서구에 대한 인식의 변화가 일어납니다. 1710년대에 아라이 하쿠세키(新井白石)라고 하는 막부를 이끌던 요직에 있던 인물이 이탈리아 선교사와 대담을 해서 그걸 책으로 냅니다. 『서양기문(西洋紀聞)』이라는 하는데 이 책에 서양의 종교라든지 과학문명, 심지이는 정치체제에 이르기까지 여러 가지 일들을 기술하면서 기독교적인 유일신앙체계에 대단히 부정적인 인식을 보입니다. 아라이 하쿠세키가 제일 관심을 보인 것은 천문학이었습니다. 그 뒤에 1720년대가 되면 8대 장군 요시무네(德川吉宗)가 서구학문에 대한 장려를 하게 됩니다. 우선 화란어를 많이 하도록 권유하기도 하고, 또 한문으로 번역한 서양의 과학서적은 일본 내에서 얼마든지 구입을 해도 좋다는 서양 서적에 대한 해금조치를 내리게 되지요. 이런 식으로 정치권력의 판단에 의해서 새로운 계기가 만들어지는 부분이 있기는 합니다만 그렇다고 해서 그 이후까지 권력을 잡은 사람들이 계속해서 서양학에 대한 권장을 하는 일은 별로 없었습니다.

조금 전에 조선과 중국의 18세기와 19세기를 비교하면서 정조대의 번성이 19세기에 쇠퇴해 가는 측면과 중국에서의 강희제와 옹정제의 차이 등, 정치권력이 서양학에 대한 장려를 했다는 말씀이 좀 있었는데 일본의 경우 애당초에 지배층에 의해 계기가 마련된 것은 18세기 초였습니다. 그 후로는 정치권력과는 무관하게 민간 주도에 의해서 발전해 나간 측면이 상당히 강하다는 생각이 듭니다. 일본에서 난학(蘭學)이 정식으로 성립이 되는 것은 1770년대가 되겠죠. 아까 인체해부에 관한 이야기가 있었지

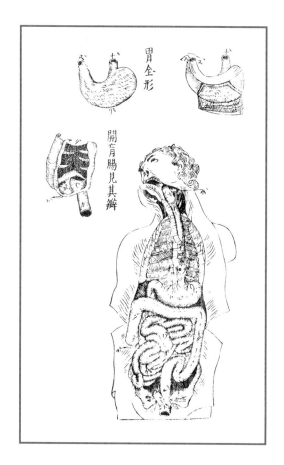

네덜란드의 해부학 책을 번역한 『가이타이신쇼(解體新書)』에 수록된 해부도

만 스기타 겐파쿠(杉田玄白)라고 하는 사람은 의술에 대한 관심이 많아서 형장에 가서 사형 당한 시체를 직접 해부해 봅니다. 그 이전에도 인체해부의 실례가 있었지만 난학이 영향을 미친 것은 1770년대가 되겠죠. 직후에 스기타 겐파쿠가 다른 몇 사람과 합력해서 1776년에 『해체신서(解體新書)』를 내게 되는데 화란어로 된 인체해부서를 번역한 것입니다. 전문적인 역관의 도움을 받지 않고 자신들만의 화란어 지식에 입각해서 많은 노력을 기울여 번역해 낸 것으로 이 이후에 일본 민간에 난학이 급속히 파급하는 것을 볼 수 있습니다. 당초의 의학이나 천문학 외에도 물리·화학 등 여러 분야의 연구가 진척됩니다. 그래서 결국 18세기 말쯤 되면 러시아의 남하 문제와 결부하여 세계지도를 비롯한 세계 정세에까지 관심이 확대되어 나가죠.

　이렇게 18세기에 일본의 난학은 민간 주도에 의해서 상당한 융성을 보이게 됩니다만 그 배경에는 역시 난학을 수용할 수 있는 지적인 기반이라고 하는 것이 형성되어 있었다는 생각이 듭니다. 어떻게 보면 주자학이나 고학의 유학자들에 의해서 토대가 만들어진 실증정신이라고 할까, 실험정신 같은 지적인 배경도 있고 게다가 18세기 중엽 이후에 막부가 중상주의 정책을 펴는 속에서 굉장히 자유 활달한 여러 가지 사상이 함께 주장되고 융합·수정될 수 있는 그런 분위기에 있었다는 것도 대단히 큰 영향을 미쳤을 것이란 생각이 듭니다.

## 난학, 과학성에 대한 경탄

여하간에 일본에서 18세기에 난학이 외부로부터의 직접적인 충격 없이 간접적인 자극만을 받으면서 자생적으로 발전해 나갔다고 하는 것은 상당히 큰 의미가 있지 않은가 싶습니다. 그게 결국은 근대화의 내적 계기와 기반을 형성했다는 식으로도 볼 수 있겠죠. 아까 이 선생님께서 서구문화의 정신적인 뿌리와 어떻게 연관되느냐고 말씀하셨는데 실용적·과학적 부분에 깊은 영향을 미치고 부분적으로는 현실비판 역할이 드러나기도 하지만, 그렇다고 해서 서구문화의 뿌리 그 자체에 대한 관심까지는 확대되지 않는다는 느낌을 많이 받습니다. 오히려 그런 부분은 차단하고 한쪽으로 치우쳤다고 할 수 있겠죠. 그러니까 통치권의 일각에서 18세기 초에 관심을 보였다고 할지라도 그것도 어디까지나 실용적인 측면, 과학성에 대한 경탄이라고 하는 정도이지 제도나 법질서에 영향을 미쳤다고는 보기가 힘들 것 같습니다. 그런데도 불구하고 18세기 난학의 발전이 19세기 중반 서구와의 직접적인 접촉에서 비교적 충격을 줄이면서 일본 근대화의 모태를 형성해 나가는 완충제의 역할을 했다고 평가해 볼 수는 있을 것 같습니다.

**이태진** 예, 조금 비교가 될 수 있을 것 같습니다. 중국 쪽으로 넘어가 볼까요?

**조병한** 명말에 서광계가 나왔던 그 시절은 주자학 중심의 이데올로기 학문이 상당히 세력이 약화되어 사상적 통제가 이완된 시기였습니다. 그런데 청대에 들어와서, 일본에서도 얘기가 나왔지만, 명말 천주학에서부터 시작해서 달력, 김육(金堉)이 수입하는 시헌력(時憲曆)은 명말의 의종(毅宗) 때 완성되었지만, 나라가 망하는 통에 간행을 못하다가 청이 들어오면서 순치제(順治帝) 때 공포됩니다. 그리고 예수회 선교사들이 도입한 여러 가지 가운데, 특히 천문학·수학에서 크게 기여했습니다. 중국 수학의 결함이 무엇보다도 기하학이 없는 거라고 말합니다만 전통적 대수학은 그런대로 실용적인 측면이 많아서 발달을 했다고 합니다. 『기하원본』은 서광계가 일부를 번역하고, 1850년대에야 상해의 묵해서관(墨海書館)에서 나머지를 번역합니다. 이선란(李善蘭)이라는 중국 토착 수학자가 번역했는데요……. 19세기에 서양 수학을 개신교 선교사들이 갖고 왔는데, 그걸 통역을 통해 낯선 신학설까지 다 이해했다고 합니다. 여기에서 접맥이 되는 거죠. 그리고 강희제 때까지는 국가에서 『수리정온』이라는 것을 편찬하게 할 정도였고, 그리고 매문정(梅文鼎)이 서광계하고 같은 입장이라고 할 수 있죠. 이후 선교사들이 측량

欽定四庫全書

幾何原本
提要

子部六

天文算法類二 算書之屬

臣等謹案幾何原本六卷西洋歐几里得撰
利瑪竇譯而徐光啟所筆受也歐几里得未
詳何時人其原書十三卷五百餘題利瑪竇
之師丁氏為之集解又續補二卷於後共為
十五卷今止六卷者徐光啟自謂譯受是書
此其最要者也其書每卷有界說有公論有
設題界說者先取所用名目解說之欲言之
第設之先其易者次其難者由淺而深由簡
棄其不可疑之理設題則據所欲言之理次
而繁推之至於無以復加而後已又每題有
法有解有論有系法言題用而解述題意論則
發明其所以然之理系則又有旁通者焉卷
一論三角形卷二論線卷三論圓卷四論圓

술을 전해서 강희제 때 제국의 전(全) 지도가 나옵니다. 측량을 일일이 해서 나온 것이고, 조선 지도는 아마 위탁을 해서 조선 쪽에서 보낸 것을 첨부한 모양입니다. 신강성은 건륭제 때 정복이 끝나자 다시 측량해 첨부를 해서 지도가 확장된 모양인데요, 이와 같이 기타 기계라든가 의학이라든가 심지어는 그림까지도 다방면에 걸쳐서 많이 들어온 건 사실입니다. 그런데 왜 중국이 일본에 비해 서학에 소극적이었느냐? 일본이 정부에서 특별히 장려하지 않았다고 하지만 특별히 탄압한 것도 없습니다. 그럼 왜 중국은 그렇게 됐느냐? 중국에서는 학문이 민간 주도로 되기가 상당히 힘들다는 생각이 듭니다. 왜냐하면 학자라는 것이 사대부, 관료지망생이거든요. 결국 과거(科擧)체제라든가 중국 지식인의 성격하고 관련되는 것 같습니다.

## 중국이 서학을 탄압한 이유

그런데 중국 실학의 계통 중에 실사구시(實事求是)만 고증학으로 연결이 됩니다. 그것이 과학으로 나아가지 못하고 문헌학으로 된 것은 결함이라고 생각합니다만, 이 사람들의 주장 가운데 학문이란 전문성이 있어야 된다, 전문성을 살리려고 한다면 과거공부에서 벗어나야 한다고 주장한 것은 중요합니다. 과거공부에서 벗어난 전문적 학문이야말로 실용성이 있다는 얘기죠. 이러한 전문성은 결국 그 사람들에 의하면 가학(家學)이 되어야 한다는 것입니다. 거기에다 전문이란 자를 붙여 전문가학(專門家學)이라고 표현하는 사람도 있습니다. 가학이라는 게 왜 갑자기 나오느냐 하면 중국의 고대 학문이 가학이었다는 거죠. 제자백가(諸子百家)가 어떤 특정한 사상을 갖고서 일가(一家)를 이룩했다는 것입니다. 또 한대(漢代)만 하더라도 학자들이 시험을 치르기 위해서 고루고루 다 공부하는 게 아니라 『시경(詩經)』이면 『시경』 전문가가 박사로서 태학(太學)에 갔었고 또 모든 벼슬아치가 경전 공부를 해서 벼슬한 것도 아니라는 거죠. 그래서 학문체계 자체가 과거제도 이후에 사대부사회에서 전문성을 발휘하기가 상당히 힘들고, 과거공부를 먼저 하느냐 자기가 좋아하는 공부를 먼저 하느냐, 이것이 뛰어난 사람들한테는 항상 고민이었습니다. 그래서 자기가 좋아하는 것을 읽다가 부형한테 얻어맞고 벌 받는 그런 얘기가 많이 나오거든요. 게다가 한 가지 첨가한다면 중국이란 나라는 일본과는 달리 정부가 민간을 통제하는 것이 훨씬 강력했다고 봅니다. 정치적 통제 수준에 머무르지 않고 문화 통제에 이르기까지 확장하기 때문에, 『사고전서』는 어떤 점에서는 세계사에 유례없는 문화 통제 사례라고 볼 수 있습니다. 중국 사대부들은 왜 건륭제는 진시황보다 100배나 사상 탄압·문화 통제를 한 사람인데 욕하지 않으면서, 진시황(秦始皇)의 분서갱유(焚書坑儒)라는 것만 들먹이는가, 그런 생각을 할 때가 많습니다.

**이태진** 일본·중국 쪽은 마치고 조선왕조의 경우 금 선생님께서 인물성동이론(人物性同異論)에 관한 것을 포함해서 기론(氣論)의 우세와 제도개혁 추구의 성향을 포괄적으로 얘기해 주시죠.

**금장태** 18세기에서 인물성론(人物性論)이 갈라졌을 때 일단 호론(湖論)이 인물성이론(人物性異論)이고 낙론(洛論)이 인물성동론(人物性同論)이 되었는데요, 이 사람들은 기(氣) 학자가 아니고 이(理) 학자라고 할 수 있습니다. 인물성동론 쪽이 훨씬 더 북학(北學) 쪽과 연결되고 당시 현실인식하고 직접 관련되었던 것 같아요. 왜 그런가? 제 혼자의 가설로서 아직 확고한 증거는 없지만 인물성동론의 입장은 화이론(華夷論)에서 좀 자유로워질 수 있지 않을까라는 생각이 들어요. 중화(中華)와 이적(夷狄)을 나누는 구분의 논리가 아니고 근원적으로 인간과 사물의 성품이 같다는 인식이 그 자체로 화이론을 거부하는 것은 아니지만 화이론의 분별논리에서 자유로운 방향으로 갈 수 있는 가능성이 있지 않은가 생각합니다. 그 시기에 인물성론에서 낙론 쪽에 있다

## 인물성논쟁

　인물성논쟁은 율곡 이이를 잇는 노론계열 내에서 발생했던 사상적 논쟁이다. 권상하(權尙夏, 1641~1721)의 두 제자 한원진(韓元震, 1682~1751)과 이간(李柬, 1677~1737)은 인간의 본성이 인간이 아닌 것들[物]의 본성과 같은지의 여부를 놓고 대립하였다. 한원진이 인간의 본성과 물의 본성은 결코 같을 수 없다고 주장하였다면, 이간은 인간의 본성과 외물의 본성은 결코 다를 수가 없다고 하였다. 보통 전자의 입장을 '인물성이론' 혹은 줄여서 '이론'이라고 부르고, 후자의 입장을 '인물성동론' 혹은 줄여서 '동론'이라고 부른다. 이런 상이한 두 입장이 나오게 된 이유는 두 입장이 주희의 『사서집주(四書集注)』에서 확인 가능하기 때문이다. 그렇다면 결국 동론과 이론 사이의 논쟁은 모순적인 주희의 어법들을 합리적으로 해결하기 위해 출현한 것이라고 할 수 있다. 그러나 주희의 이야기를 꼼꼼히 읽어보면 그가 동론과 이론을 동시에 주장했던 것은 결코 모순이 아니라는 점을 어렵지 않게 알 수 있다. 주희는 동론을 통해서 사람과 물(物)이 동일한 본성을 가지고 있음을 강조하고 있다면, 이론을 통해서 인간만이 이 동일한 본성을 현실화할 수 있는 존재라는 것, 즉 수양을 할 수 있는 주체임을 강조하고 있다. 결론적으로 인물성논쟁은 주희에게는 상이한 층위에 있으므로 문제가 되지 않았던 동론과 이론이 조선조 유학자들에게는 동일한 층위에 있는 것으로 착각하면서 발생했던 사변적인 논쟁이라고 할 수 있다.

호론으로 간 임성주(任聖周)란 사람은 기(氣) 철학을 제시하죠. 제가 임성주 공부를 못해 봐서 확실히는 모르지만 기 철학을 제시하는 임성주도 여전히 성리학 틀 안에 있는 제약이 있습니다. 그런데 기를 강조한다는 것은 그만큼 쉽게 말하면 현실적인 문제에 관심을 가질 여지가 커질 수 있는 점이라 볼 수 있겠지요.

## 기(氣) 개념의 변화

그러나 여전히 성리학자로서 한계가 있지 않나 하는 생각인데 같은 기론(氣論)을 주장하는 홍대용의 경우와 임성주의 경우는 기라는 용어 자체의 이해가 완전히 달라지는 것 같아요. 성리학에서 기란 기본적으로 음양오행인데 자연철학의 구조가 음양오행설에 기반하고 있는 반면, 홍대용에 오면 서양 과학지식이 들어온다는 말이죠. 그 당시 주로 예수회 선교사들이 전해 준 자연철학, 그러니까 아리스토텔레스의 전통을 이은 중세철학에 근거한 사원설(四元說)을 받아들이고 있거든요. 기(氣)·화(火)·수(水)·토(土)의 사원설인데, 음양오행설이 배제되어버려요. 이런 기(氣) 개념의 새로운 대치가 적극적으로 나오는 경우들이 있습니다. 정약전(丁若銓)이 과거시험에서 오행설을 거부하는 답안을 썼다가 문제가 발생한 일이 있었지요. 19세기의 최한기(崔漢綺)도 기 개념이 더욱 발전된 모습을 보이는 경우이고, 그 중간에 다산(茶山)도 음양오행설에 기반을 두지 않는 입장을

**『임하경륜』**
홍대용이 경국제민을 위한
각종 독창적인 개혁안을 제
시한 글.

밝혔지요. 그런 점에서 홍대용의 경우나 다산의 경
우나 혹은 다산 주위에 있던 성호학파의 경우나 기
개념이 바뀌면서 사실은 성리학을 기반으로 한 보
수적인 전통 이데올로기에서 벗어나서 개혁을 할
수 있는 새로운 서양 문물을 적극적으로 수용할 수
있는 사회가 열리니까 서학을 수용한 새로운 기 개
념의 인식이 제도개혁론과 연결될 수 있지 않나 하
는 생각이 듭니다. 홍대용의 경우에서도 제도개혁
론을 정리한 『임하경륜(林下經綸)』은 9수(數)의 질서
에 따라 전통적인 틀과 다른 틀로 제도개혁론을 시
도한 것이 있지 않나 생각합니다. 바로 이러한 사
고의 변화나 또는 다산의 경우에서처럼 『주례(周
禮)』적인 의식을 다시 도입하려고 하여 경전으로 돌아가려는 의
식이 있지만, 이런 면들은 기라는 용어 자체의 수용이 아니라
기 개념의 내용이 바뀌면서 제도개혁론으로 가고 있지 않나 짐
작해 봅니다. 청조에서도 사실은 대진(戴震)이나 이공(李塨)으로
가면서 기(氣) 철학이 강조되는 경우는 우리의 경우와는 조금
다르긴 하지만 그 분위기에서는 변화의 논리가 기 철학에서 자
생할 수 있다는 것을 보여줍니다. 그러니까 기 철학 기반 위에
서 사상적·제도적 변화가 가능할 수 있지 않을까 이런 생각이
들어요.

**임형택**　인물성동이론의 논쟁적 이슈가 된 것이 중국에는
없지요?

**조병한**  제가 사상사 연구자이기는 해도 그 부분에 대해서는 견문이 부족한 탓인지 별로 발견한 것이 없습니다. 제가 이런 말씀을 드릴 수는 있습니다. 주자학의 기원이라 할 한유(韓愈)가 성삼품론(性三品論)을 얘기하지 않았습니까? 주자학이 그렇게까지 말하지는 않더라도 아마 그런 차별적 성향이 좀 있는 것 같은데요. 양명학(陽明學)이 그걸 없애버렸다고 생각합니다. 양명학이 평등 지향적인 사상을 펼치고 양지(良知)의 직관적인 깨달음과 실천을 강조해 가지고 길거리의 범인들이 전부 다 성인일 가능성에 대한 얘기를 했죠. 심학(心學)과 기학(氣學)의 차이는 분명히 있는데도 기학이 심학과 그런 면에서 공통성을 갖고 있죠.

**금장태**  이(理) 철학 쪽 입장에서 보면 양명학이 심즉리설(心卽理說)인데도 불구하고 양명학이 심(心)을 기(氣)라고 보는 입장으로 갔다는 거죠. 심(心)에서 정욕(情欲)까지 합쳐 이(理)라고 하면 실제로는 기를 이라고 잘못 본 것이라는 뜻이 되는 견해이지요.

**임형택**  그런데 18세기에 한국 사상계에서 인물성동이론이 큰 쟁점이 됐던 것은 흥미로운 사실입니다만 중국에서 문제가 되지 않았던 것이 왜 이쪽에서 큰 문제가 됐냐 하는 것도 따져볼 점이고, 아까 말씀하실 때 인물성동론이 이론(異論)보다 더 진보성을 갖는다, 인간과 인간 외에 다른 동물들의 성이 본원적으로 다르다고 차등을 짓는 것보다는 근본적으로 같다고 생각하는 편이 말하자면 사물을 인식함에 있어서 상대적 가치를 인정하는, 인간에 대해서도 명분에 의해서 등차적으로 구분하는 것보다는 거지나 왕이나 다 같은 인간이고 뿐만 아니라 짐승도 본원적으로 같다고 하는, 그런 면에서는 보다 상대성의 논리고 그 논리 속에 평등의 의미가 담보되어 있다고 볼 수 있겠지요. 박지원도 홍대용도 다 인물성동론을 얘기하고 있거든요. 그러나 정약용의 경우는 물론 인물성동이론의 논쟁에는 전혀 개입을 안 했는데 그의 기본 논리는 인물성이론이거든요. 인성과 물성이 다르다는 주장인데, 그러면서도 오히려 사상적 진보성을 가지고 있습니다. 그걸 어떻게 설명할 것인가 하는 문제가 생기는데 저는 이렇게 생각을 해 보았습니다.

## 이(理)의 개념에도 변화가……

우선 다산에 있어서는 인물성동이론이 제기된 이기라는 논리구조 자체가 다릅니다. 다산은 성(性)이라는 개념 자체를 전통적인 성리학적 개념으로 설명하는 게 아니라 성이란 의미를 달리해서 결국 인성은 선하냐 악하냐 하는 문제인데, 인성이 선하다는 것은 인간의 기호에 의해서 결정이 되고, 이렇게 보니까 이기론적 논리구도하고는 궁극적으로 다른 논리를 제기하고 있거든요. 그렇게 보니까 이(理)의 개념이 다산에 오면 원리로서의 이가 아니라 개개의 사물이 가지고 있는 조리라고 해석을 하니까 그 이 속에는 자연의 이치를 탐구할 수 있는 과학적인 사유가 뿌리박을 가능성을 열어준 것이라고 생각이 돼요. 그래서 다산의 여러 가지 과학적인 사물 인식이라든지 모든 문제들을 해명하는 데 있어서 가령 사회를 보는 데 있어서도 어떤 선험적 원리에 의해서 사회를 설명하는 게 아니라 인간 개개인의 실천과정 속에서 어떤 길을 잡고 바른 길이 어디냐는 거지, 길이 처음부터 있는 게 아니고 실천과정 속에서 바른 길이 나올 수 있다는 겁니다. 똑같이 인물성이론을 제기했지만 다산 이론의 논리 속에는 놀라운 사상적 진보성 내지 세계를 새롭게 해석할 수 있는 무한한 가능성이 열려 있지 않은가 합니다.

**이태진** 서양 자연과학과 관련해서 볼 때 그 이(理)가 자연법칙으로 해석이 될 수 있는 거죠

**임형택** 그렇죠, 사물의 조리(條理)니까요.

**이태진** 재미있는 것은 물리학을 하시는 장회익 교수가, 조상되시는 여헌(旅軒) 장현광(張顯光, 1554~1637)이 쓴 「우주론(宇宙論)」에 대해 글을 썼는데 그 분(장현광) 얘기가 지금 다산의 얘기하고 아주 비슷해요. 그런데 그것이 그대로 계승이 안 되고 격절되어 있다가 다시 나타난 것이라고 할 수 있을 것 같은데, 같은 남인 학통이라는 데 어떤 연결점이 있을는지 모르겠습니다.


## 사대부를 도태시켜라

**금장태** 임 선생님이 아주 적절한 문제를 제기해 주셨는데 같은 인물성 문제에서 다산은 인성과 물성이 다르다고 주장을

했거든요. 그게 성리설 안에서의 인성·물성 논의와는 다른, 자기 논리 위에서의 인물성이론(人物性異論)이에요. 그 배경은 마테오 리치에서 영향을 받은 것 같아요. 마테오 리치는 혼삼품설(魂三品說)을 제기하거든요. 그게 아리스토텔레스의 영혼론에 근원한 것인데 식물적인 혼(生魂), 동물적인 혼(覺魂), 그 다음에 인간의 혼(靈魂)으로 구분하는데요, 다산이 아주 비슷하게 성삼품설(性三品說)을 제시하여, 성품이 식물적인 단계와 동물적인 단계, 인간의 단계가 다르다고 하여 마테오 리치를 거의 그대로 옮겨오지요. 다산 자신은 그걸 순자(荀子)에서 인용하고 있는데, 순자의 경우는 성(性)이니 혼(魂)이니 이런 말로 쓰지 않고 생(生)이 있는가 지(知)가 있는가 의(義)가 있는가 이런 구분을 하는데, 마테오 리치를 인용할 수 없으니까 순자를 인용한 것으로 보입니다. 이 내용을 보면 다산이 서학 영향을 상당히 받고 있지 않나 그런 생각이 들어요.

**이태진** 대체적으로 인물성동이론 논쟁의 하한이 어떻게 됩니까?

**금장태** 18세기 전반에 시작해서 19세기 전반까지는 활발하게 이어가는 것 같아요.

**이태진** 19세기 전반에도 강합니까?

**금장태** 각자가 어느 쪽에 가담하여 활발하게 논쟁을 벌이고 있느냐는 거죠. 19세기 후반에도 인물성에 관한 논의는 계속되는데, 이때는 벌써 같으냐 다르냐 하는 문제를 넘어서서 두 입장을 종합하는 새로운 관점이 제시되고 있어요. 기존의 관점들이 어떤 한계에 있는가를 지적하면서 19세기 후반의 성리학자들은 인물성 논의를 종합하고 재평가합니다.

**이태진** 정리를 하겠습니다. 주기(主氣) 부분, 기 철학 문제는 상대적으로 이(理)로부터의 구속에서 어느 정도 더 자유로운 상황을 의미한다고 얘기할 수 있고, 그러면 도덕이라든가 명분, 이런 것보다는 현상 실제의 문제를 더 적극적으로 다루는 자세가 나올 수 있겠습니다. 사실 18세기라는 시기는, 동아시아 삼국 전체를 얘기하더라도 이런 사상적 변화가 일어날 수 있는 사회적 여건이 충분히 형성되었다고 생각합니다. 우선 인구 상황을 예로 들면 조선의 경우 건국 초기에는 실제 인구가 오륙백만밖에 안 되었을 거라 보고, 임란 전까지 천만 명선에 육박했을 거라고 대략 추정하고 있습니다. 그런데 17세기에는 16세기부터 시작한 자연재해가 장기화된 결과 인구 감소의 하향커브를 그리고 있다가, 일본은 좀 다르지요, 일본 학계에서는 17세기도 상승기로 보지만, 중국하고 조선은 분명히 하향커브를 그린 것으로 파악하고 있습니다. 17세기 말엽에서 반등세가 시작되어 18세기에는 점차 상승합니다. 18세기 중반인 정조대에는 적어도 1천 7백만, 조선 초기에 비하면 3배 정도 늘어났기 때문에 사회 규모가 커져서 사회를 유지·운영하는 차원에서도 현실적인 문제에 대한 관심을 지배 계층이 안 가질 수가 없었지요. 인구가 많아져 농업노동력이 증대하여 농업경제가 발달하고 상품교환도 발달하고 인구 집중 현상으로 도시도 발달하니까 당연히 사상적 변화로서 기 철학의 비중 상승이 일어났다고 볼 수 있는데, 문제는 서학에 관한 논의와 연결해 볼 때, 기 철학의 흐름이 먼저 조성되고 그것이 서학에 대한 관심을 편승시키는 관계인지 아니면 그 반대인지 궁금합니다. 정조시대의 경우, '서학을 하겠다' 그런 건 아니지만 사회의 여러 변화를 토대로 사회질서, 정치질서를 새로 재편성해 보겠다는 경향성을 현저하게 보였던 걸로 역사학계에서는 대체로 지적하고 있습니다.

그런데 여기서 그 방식이 왕정이 과거처럼 사대부 중심의 질서를 지향했느냐 아니면, 서민문화의 발달이라고 우리가 보통 얘기를 해 왔듯이 서민사회의 성장이라는 것을 왕정의 중요한 기반으로 삼으려고 했느냐, 사대부사회와 서민사회라는 것이 반드시 대치적인 관계는 아니겠지만, 서민사회에 대한 의식이 어느 정도 존재했느냐 이런 게 18세기 왕정의 성격을 이전과 구분할 수 있는 면이 될 수 있지 않을까 생각합니다. 이런 관점에서 임 선생님이 서민문화와 문학적인 면을 포함해서 짚어 주시죠.

**임형택** 18세기에 문화의 특징을 상식의 수준에서 개괄적으로 설명하겠습니다. 조선왕조사회를 주도하는 것은 사대부고, 건국 초부터 문화의 주류를 이루고 있는 것은 사대부문화라고 생각합니다. 가령 이웃 중국의 명대에는 서민문화의 범주 내지 상품화폐경제에 기반을 둔 시민문화의 범주가 이미 상당한 수준으로 발전했고, 일본도 에도시대에 상업적 성격의 문화가 제법 성황을 이룬 걸로 알고 있습니다. 그런 면에서 조선 시민문화의 상대적 낙후성은 현상적으로 인정해야 할 터인데, 17세기에서 18세기로 들어오면서부터 여기에 상당한 변화가 생기는 것 같아요.

물론 이제 사대부문화 자체가 주류성을 상실하고 퇴장하는 것으로까지 볼 수는 없고, 시민문화의 범주라 볼 수 있는, 저는 그걸 여항(閭巷)문화(87면 참조)라는 개념을 쓰는데, 여항이라는 게 말하자면 수도 서울을 중심으로 해서 주로 중인, 서리 계층 및 상인층, 이 부류의 사람들이 중심이 되어서 하나의 여항이라고 하는 사대부 또는 궁중과 일정한 변별을 갖는 것으로서 이쪽에서 중심이 된 시사(詩社)활동, 회화라든지 그 출신들이 중심이 돼서 이루어진 것이 부상하였고, 음악 부분에 있어서도 시조라든지 줄풍류라든지 여러 가지 연회 형태 이런 것이 도시적 배경 속에서 발전하게 되죠. 그리고 한편에서는 보다 더 농민적인·민중적인 성격을 가지고 있는 판소리라든지 가면극이라든지 이런 것들이 지방에서 성장해 오고 이런 다양한 변화가 18세기에 일어나게 됩니다. 실학파 지식인의 실학적 학문 성과와 문학 창작은 여기에 힘을 얻었다고 볼 수 있겠지요. 이 점은 제가 아까 18세기는 창조적인 시대라고 지적한 근거이고, 그런 변화를 일으킨 사회적 배경, 원동력은 무엇인가에 대한 답은 일반적으로 상품화폐경제의 발전이라든지 도시의 발전 이런 측면에서 동인(動因)을 찾고 있죠. 우리가 중시한 실학사상은 그런 사회문화의 변화를 수용하고 세계상황을 감지해서 사대부문화의 자기쇄신을 기한 것이 아닌가 이렇게 생각합니다.

## 여항문화

　　조선 후기 중인 이하 계층이 당시 한양에서 한문학을 중심으로 주도한 문학 또는 문화 활동. 18세기부터 양반사대부가 아닌 중인 이하 상인·천인까지 포함하는 하급계층이 한문학 활동에 대거 참여, 19세기에 이르러서는 이들의 한문학 활동이 시단의 큰 흐름을 형성하는 데에까지 이른다. 당시에 양반사대부가 아닌 계층인 중인 이하 하급계층을 여항인(閭巷人) 또는 위항인(委巷人)이라 지칭한 예에 따라 편의상 그들을 중심으로 한 문화를 여항문화라고 지칭하게 되었다. 조선 전기에는 몇몇의 예외는 있었지만, 학계와 문단은 양반전유의 장이었다. 시사(詩社)는 그들만의 조직이고 시집(詩集) 역시 그들의 것이었다. 양반으로 제한된 문원(文苑)의 풍토에 일군의 여항시인(閭巷詩人)들이 등장하게 된 것은 16세기 중반이 그 시초이고 17세기의 준비기를 거쳐 18세기에 이르러 본격적으로 이루어진다. 이때에 와서는 위항문학을 통한 신분상승운동으로까지 확산되고 고무되어 위항문학운동의 절정기를 이룬다. 전대의 시사들이 위항문학 운동을 통한 신분상승 운동을 꾀하고 그 구성원들은 위항문사·위항시인으로 자족하였다. 18세기 말 옥계시사(玉溪詩社, 일명 松石園詩社)를 중심으로 전성기를 이룬 위항문학운동은 19세기 중반 소규모의 시사로 분화, 전승되어 위항인들의 정신적 구심점의 구실을 수행하다가 19세기말 개항기에 육교시사(六橋詩社)에 이르러서는 개화운동의 성향도 보였다.

**금장태**  임 선생님 말씀을 들으면서 생각이 난 건데요, 민(民)에 대한 관심이 오히려 뒤집어서 보면 당시를 지배하던 도학 지식인 사대부에 대한 한계를 인식하는 데서 강화될 수 있지 않았나 하는 생각이 듭니다. 성호가 이런 말을 했지요. 권철신(權哲身)한테 보낸 편지에서 자기는 유술(儒術)을 얘기 안 한다, 유술을 말해 봐야 소용이 없다는 것입니다. 유교라는 것이 그 시기에 사회현실에 대한 기능이 없다는 얘기를 하면서 유교 지식인들에 대한 비판을 합니다. 박제가의 경우에는 생산도 안 하는 사대부들을 도태시키라는 주장까지 하고, 박지원의 경우에도 좀 더 적극적으로 군자하고는 벗할 생각이 없다, 이런 말까지 하죠. 군자라는 무리와는 사귈 필요가 없다는 것이죠. 인분(人糞) 치는 사람을 선생으로 높이고, 광문자(廣文者) 같은 거지도 훌륭한 인격을 부각해주고 있습니다. 인격의 진실성을 사대부가 아니라 오히려 하층민에서 찾을 수 있는 것이라 본 것입니다. 민을 발견하는 그 시대에 사대부 도학전통에 대한 한계와 허위를 꿰뚫어 보고 도학자의 위선을 비판하면서 민을 다시 발견하게 되는 게 아닌가 그런 생각이 듭니다.

**임형택**  그렇죠, 민의 발견이란 게 달리 말하면 인간성의 발견입니다. 종래 허위의 명분, 신분질서 속에서 인간을 보고 구분하는 게 아니라, 명분의 허구성을 지적하고 인간을 있는 현실로서 보려는 그런 깨달음이지요. 인간의 발견이 하층의 민에 대한 발견이 됐고, 그것은 사상적 각성으로 직결됩니다. 그렇다고 해서 사대부로서의 자기를 포기한 것이냐? 물론 금 선생님께서 말씀하셨듯이 나는 군자와의 사교는 하지 않고 나의 참다운 친구는 도리어 일하는 근로자 속에서 발견할 수 있다, 그 속에서 나의 참다운 친구가 있다고 했는데 대단히 획기적이고 혁명적입니다. 그렇다고 해서 나는 양반을 포기하겠다 그렇게까지 해석하기는 어려울 것 같아요. 요는 사대부로서 어떻게 해야 되는가? 그럴 때 진정한 사대부란 먼저 스스로 참다운 인간의 삶을 실천하고 지식인으로서의 도리를 다해야 한다고 봅니다. 그런 차원에서 오히려 그것은 참다운 사대부가 되기 위한 자기 각성, 사(士)의 자기 각성, 자기 비판 그런 차원에서 이해해야 합니다.

## 백성과 왕이 나라의 주인

**이태진** 나중에 중국·일본의 경우도 말씀해 주시겠지만, 정치사적으로는 이런 것들이 드러나고 있어요. 시발점인 숙종 대는 좀 약하지만 영조·정조 양대에는 왕들이 스스로 민국(民國)이란 용어를 즐겨 쓰면서 그 의미를 강조합니다. 이전에는 "민유방본(民惟邦本)" 즉 백성이 나라의 근본이라고 하거나, 국체를 얘기할 때 국가(國家)라는 말을 많이 썼지 않았습니까? 그 가(家)는 왕가요, 사대부가란 말이죠. 즉 나라의 중추는 왕실과 사대부가들이란 의식에서 나온 용어지요. 이런 국가의식에서 볼 때 백성은 나라의 근본이라고 하더라도 어디까지나 피치의 대상으로, 사대부들이 정치 일선에서 소민(小民)인 백성들을 잘 보

살펴야 한다는 것을 일깨우기 위해 "민유방본"이란 말이 강조되었습니다. 이것이 바로 18세기 이전까지의 민본론입니다. 그런데 18세기 들어와서 특히 영조·정조 두 왕이 하는 얘기에 국가란 용어가 없어진 것은 아니지만, 국가 대신 즐겨 쓰는 게 민국이란 말입니다. 민국(民國)의 국(國)은 왕을 뜻하는 것으로 이 용어는 곧 나라의 주인은 백성과 왕이라는 의미입니다. 모든 정사를 민국사라고 하거나, '내가 민국을 위해 뭘뭘 해야 하는데 못하고 있다' 이런 식으로 말하고 있습니다. 민폐, 민의 고충도 민은(民隱)이란 말로 많이 표현하면서 이를 혁제하는 것을 민국사(民國事)라는 용어로 왕정의 과제로서 많이 얘기합니다. 어쨌든 거기서 사대부의 존재는 크게 약화됩니다. 사대부와 그 역할이 전적으로 배제되는 건 물론 아니지만, 그들은 오히려 수탈의 주체로 비난받는 경우가 많습니다. 그러므로 사대부들도 나의 진정한 소민(小民) 보호의 정치이념에 찬성하는 사람만 남으라, 싫은 사람은 가라, 이게 정조의 입장으로 「붕당을 깬다(破朋黨)」란 글에 명료하게 이를 밝혔습니다. 옛날에는 붕당을 군자의 당, 소인의 당으로 구분할 수 있었는지 모르나 지금 내가 보기에는 각 붕당 속에 군자와 소인이 섞여 있다, 그러므로 나는 붕당을 깨겠다, 군자들 중에 나의 정치에 찬성하는 사람이 있다면 나에게로 오라, 이런 입장입니다.

민국이념의 실현을 위해서는 실제 정치에서 민의 고충이 없도록 해 주어야 하며, 이를 위해서는 왕이 민의 고충을 파악하기 위해 민과 많이 접촉해야 합니다. 그래서 이 시대 군주들은 바깥 행차를 많이 하는 다른 한 특징을 보였는데, 그런 행차는 특히 능행(陵幸)이란 이름으로 행해지는 경우가 많았습니다. 사대부들의 반대를 물리치기 위해 선왕들의 능을 참배하러 간다는 구실을 앞세운 것이지요. 부수적으로 왕실의 위상도 높이는 기회가 되었지요, 능행을 할 때는 미리 그 날짜와 쉬는 곳을 공표하여 그곳에서 각지에서 올라온 사람들의 억울한 호소를 공식적으로 접수했습니다. 평민들의 상소로서 상언(上言)이란 것을 받고, 문서로 제출하지 못하는 사람들은 격쟁(擊錚)이라고 하여 징이나 꽹과리를 쳐 알리는 것도 허용했습니다. 이에 관한 최근의 연구에 의하면, 정조는 재위 10여 년 이후부터 본격적으로 상언(上言)을 접수했는데 현재 관련 자료가 남은 건수가 무려 4천여 건에 달합니다. 그걸 받아 가지고 처리할 관서를 지정하고 결과를 보고하게 할 정도로 사후관리를 철저히 했습니다. 그래야만 진정한 소민보호가 이루어질 수 있다는 것이 왕의 신념이었으며, 이런 식으로 일어난 왕정이 곧 민국사상과 일치합니다.

확실히 금 선생님 말씀하신 대로 민에 대한 관심이 이전과는 달라진 것 같아요. 그게 탕평정치를 내세운 군주들의 새로운 면모 같아요. 박제가나 박지원 같은 사람들이 사대부를 도태시키라고 부르짖은 것과 일치하는 것이라고 할 수 있겠습니다. 정조는 이런 정치 성향 아래 노비제도의 전면 혁파 조치를 결정하기까지 합니다. 이 결정은 재위 24년(1800) 죽기 넉 달 전에 내렸지만 죽음 후 반대 세력에 의해 왜곡되어 공노비 혁파로 한정되어 시행됩니다. 공사노비 전면 혁파 조치에 관한 결정은 정조가 남긴 글에서 확인되는데, 거기에 이르기를 아주 가까운 신하 한두 사람과 협의하여 추진했다고 했습니다. 양인·천인의 신분질서가 흔들리는 것도 우려되지만, 노비와 같은 억울한 백성을 내 백성 가운데 그대로 두고서는 아무 것도 할 수 없지 않느냐는 판단 아래 결단을 내렸다고 밝혔습니다. 그러나 정조 사후 반대 세력들의 반대로 사노비는 제외되고, 공노비만 대상으로 해서 5만 정도의 공노비가 혁파되었는데, 미묘한 것은 그 중 3만 명이 왕실 노비 곧 내수사 노비였습니다. 왕실만 거덜이 난 거지요. 이렇게 왜곡되는 과정에서는 정조가 양성한 친위 세력들이 천주교에 입교하였다는 구실로 신유옥사에 몰려 다수가 죽거나 유배되었습니다. 노비제 혁파에 관계했을 것으로 보이는 두 사람은 사형에 처해졌습니다. 이 보수반동으로 정국은 민국정치에서 세도정치로 크게 반전하는데, 이 전환은 거꾸로 정조 정치가 대단히 혁신적이었다는 것을 증명해 준다고도 할 수 있습니다. 일본에서는 바쿠후의 쇼군이 행차할 때는 하소연은 커녕 엎드려서 장군을 쳐다보지도 못했다고 하더군요.

**박경수** 에도시대의 정치질서 속에서 민(民)들이 장군에게 하소연할 필요가 없었단 얘기가 될 것 같군요. 정책을 입안하고 집행하는 것은 장군이 아니고 막부의 주요 각료들이 중심이 되니까, 오히려 하소연을 한다면 그 사람들에게 할 일이고, 각 번(藩)의 경우에는 번주(大名)의 행차시에 백성들이 직접 소원하는 경우가 많이 있었다고 합니다. 하지만 장군에게 그럴 필요는 없었지요.

**이태진** 장군한테 호소하는 것은 지위가 높은 사람들이었지요. 소원(訴願)이 있으면 카고쇼(駕籠訴)로 이루어지거나 메야스바코(目安箱)에 집어넣는데 이런 것의 활용도는 높지 않았다고요……

**박경수** 그건 일정한 한 시기에 국한된 문제입니다.

**이태진** 조선의 경우와 비교 연구한 일본 소장 학자 한 사람이 있는데, 양자 사이에는 엄청난 차이가 있다고 하더군요.

**박경수** 정조대 그런 식의 왕권의 동향, 왕도론이란 것이 어떠한 역사적인 축적 속에서 나타나는 건지, 그 왕도론이 정조 때만 발흥하고 그 이후에 왜 연결이 안 되는지 의문스럽습니다만……

**이태진** 예, 일본사와 비교하면 큰 차이점이 있는 것 같습니다. 조선왕조 건국 시기에 유교정치사상으로 민본사상을 내세우고 그것을 실행하기 위해 중앙집권체제를 강화하지요. 이것은 지방 세력의 할거를 체제로 정착시켜 중앙정부가 약한 일본과는 아주 다른 면이지요. 어떻든 조선왕조의 민본이념 표방은 같은 시기 일본사회가 농민의 반란으로 잇큐(一揆)가 16세기까지 계속된 것과는 달리, 농민사회가 안정되는 성과를 수반하였지요. 그러나 한편 신분제사회에서 중앙집권관료제는 관리들의 직권 남용이란 폐단도 굉장히 많이 수반했습니다. 정조대의 민국이념은 이 장기적 폐단을 극복해 민본이념을 말 그대로 실현해 보자는 것이었다고 할 수 있습니다. 이것은 유교정치사상, 유교국가가 달성할 수 있었던 하나의 성과로 볼 수 있지 않나 그런 생각이 듭니다. 중국의 경우는 어떻습니까?

**조병한** 중국 경우는 정조처럼 집중적으로 짧은 기간에 나타나는 경우는 특별히 없습니다. 중국은 상당히 장기간에 걸쳐 진행되어 왔던 것 같습니다. 송대(宋代) 이후 전제군주들이 실현은 못했지만 사대부들의 권리와 성인(聖人)으로서의 군주의 권리, 민본주의(民本主義)와 딱 균형을 이룬 게 당태종(唐太宗) 때였습니다. 송대 이후는 전제군주가 우세해지거든요. 구양수(歐陽脩)의 붕당론(朋黨論)에서 보듯이 송대는 양자 간의 관계가 한쪽은 전제군주제가 진행이 되는데도 사대부들이 독자적 세력을 지니는데, 명태조(明太祖) 주원장(朱元璋)이 사대부들을 관료질서 안에서 완전히 제압해 그야말로 전제군주제를 확립합니다. 예를 들어 관료들의 부패를 척결한다는 민본의 명분으로 가죽을 벗겨 죽인다든지, 항문에서 창자를 꺼낸다든지, 이런 인간 이하의 폭력을 구사했습니다. 관료들의 중간 횡포를 완전히 제거하고 자기가 직접 인민과 직결되어야 한다는 얘기죠.

예를 들어 향촌질서에도 국가권력이 직접 침투합니다. 백성들을 가르치는 그의 칙유(勅諭) 6조는 향촌 백성들의 교화에 이용되었습니다. 이것이 청대도 계속되거든요. 강희제 같은 경우는 16조였는데, 옹정제는 성유광훈(聖諭廣訓)이라고 해서 거기에 주를 달았습니다. 그런 것은 마을마다 읽혀질 뿐만 아니라 학교의 생원(生員)시험에서도 시험과목이었습니다. 조선에서는 정조든, 대원군(大院君)이든 왕권을 충분히 확립하지 못한 채로 실패해서 전제군주권과 민본주의의 관계가 덜 부각되는 편입니다.

황제권력 집중이 뚜렷한 중국 명·청 시대에는 민본과 전제군 주권의 병행이 너무나 분명히 드러납니다. 그런 면에서 오랫동안 사대부가 억압된 중국에서는 명말 청초에 사대부의 군주전제에 대한 비판이 실학의 큰 주제로 대두합니다. 이 전제정치의 폐단이 나타난 것이 명나라 말기의 몰락이거든요. 큰 권력을 황제에게 집중시킨 결과, 지방관료들이 무책임하고, 전방의 장군들이 조금도 권한이 없고, 임금 측근의 환관(宦官)들이 감독관으로 파견되고, 그래서 명나라가 패망하거든요. 무능한 만력제가 사대부들하고 싸우는 데 지겨워 정무를 포기해 버리자, 모든 결재권이 황제에게 집중되고 재상도 없는 명나라는 망합니다. 명 태조가 재상까지 없애버렸거든요. 죽은 사람, 물러난 사람, 이런 벼슬아치들 자리를 군주가 메워주지 않아서 전국 관직의 절반 이상이 공석(空席)으로 되어 있었다고 합니다. 불과 몇 년 뒤에 이자성(李自成)의 민란과 청의 침입으로 망하는 거죠.

## 민본과 전제군주권의 모순

그러면 황제는 백성을 잘 돌봤느냐? 환관들을 보내 가지고 개발된 광산을 수탈하고, 도시의 서민들, 수공업자·상인들에게 베틀마다 세금 매기고, 도시 길거리마다 세관을 두어 착취하는 데 황제의 대행자가 환관이죠. 그래서 소주(蘇州)·남경(南京)·항주(杭州) 등 양자강 유역에서 광동에 이르는 수많은 도시에 도

시민 폭동이 일어났습니다. 중국 역사상 최초의 시민폭동이었습니다. 서양 같은 자치 시민은 아니지만, 상공업 서민이 길거리에서 행진하는 사태가 일어났지요. 바로 그때 황종희(黃宗羲)나 고염무(顧炎武)가 처음 황제권력을 줄이자고 합니다. 백성을 위한다는 황제의 권위가 의심스럽다는 것입니다. 당시의 이념은 기(氣) 이론과 관계가 있는데요, 민본보다는 민리(民利) 개념이 많이 등장합니다. 구체적으로 물질적 이익을 인정한다는 거죠. 민리는 뭐냐? 소민(小民)의 이익만이 아니라는 거죠. 상인의 이익도 들어 있고, 일반 백성의 이익이 다 들어있는 거죠. 그 가운데는 지주들의 이익도 들어 있겠죠. 이(利)라는 개념이 실제로 정치이론에 자주 등장하는데, 당시의 철학적인 사조하고도 일치하는 맥락이 있거든요. 서민 문학의 발달하고도 일치하는 현상이죠.

그래서 황제권력과 사대부권력이 아주 화려하게 이론적으로 충돌한 것이 명말 청초거든요. 청나라가 들어서니까 신사층(紳士層)을 때려잡기 시작하는데, 그 사대부들의 본거지가 강남(江南)이죠. 세금 안 낸 것을 일일이 조사해 처벌하고, 반청운동 한 사람들을 조사해서 많이 죽입니다. 강남주소안(江南奏銷案)이라는 게 있는데, 청 초기 강남 신사층의 조세 저항을 탄압한 것입니다. 이것이 절정에 도달한 것이 옹정·건륭 연간이죠. 옹정의 문자옥도 이에 해당됩니다. 옹정제는 드디어 자신의 승리를 이론으로 발표합니다. 구양수를 끄집어내서 그 사대부적 붕당론을 비난하고 자기도 군주 입장의 붕당론을 하나 씁니다. 붕당이란 것은 이익집단이다, 공정한 마음을 가진 것은 황제뿐이라

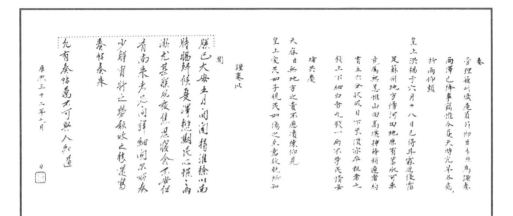

九有奏帖焉太可與人知道

康熙三十二年七月

日

縣已大安五月間聞楊淮徐州
漸尤甚朕甚憂之
時揚舜候是澤懇關民心惶不高
南來者尤見譽細问尔所春
少解朕背汗之勞歉收之穰濕霉

議
蒙山

關

皇上洪福于六月十八日得雨露透俟雨
足蘇州地方傷河田地原有苗水可享
黄傷與悉惟山田高渗補迎善約
青五六分收成日下莫慮尔民枇者士
飲上下細伯各九飲一雨不待民情安

諸英農

天麻日無地方之貴不愿賃陳仰見
皇上寬民四子視民如傷之至意欣欣如如

고 합니다. 명말 청초가 특별히 다른 이유는 사대부가 공식적인 이론을 갖추고 왕권과 대결하는 국면이 시작되었다는 것입니다. 그 때문에 그 후 중국의 실학이란 것은 일단은 황제권력을 제약하는 데서부터 개혁론이 시작되거든요. 그런데 청대 18세기에 오면 그게 죽어버리죠. 옹정제가 승리했으니까. 그래서 지방자치론이든지 황제권력을 제한하기 위한 언론의 자유 같은 주장들이 18세기에는 잘 안 나타나기 때문에 훨씬 온건한 개혁론만 남게 됩니다.

**이태진** 조선의 민국이념에 대해서는 조금 오해가 있는 것 같습니다. 민본을 넘어서는 민국이념의 소민보호주의는 숙종 때부터 시작된 것으로 100년여 추구됩니다. 옹정·건륭 연간에 민본을 내세운 정책이 특별한 게 있는지요?

**조병한** 그건 옹정제가 대표합니다. 그래서 옹정제의 치세를 많이 연구합니다. 재위기간도 13년으로 연구하기에 적당하

**강희제의 주비유지(左)와 이후(李煦)의 주접(右)**
강희제의 주비는 붉은 먹으로 쓰어 있다(별색으로 표시된 부분).

고, 옹정제가 관리들을 감독하기 위해 비밀상주문을 받았거든요. 공식적인 상주와 구별해 주비유지(硃批諭旨)라고 합니다. 관리들이 일일이 황제한테 비밀보고를 했습니다. 황제가 직접 자기가 보고 붉은 글씨로 비답을 써내려 보냅니다. 그 사람이 보고 도로 보내면 궁중의 어느 전각에 쌓아놓아요. 그게 한집에 가득 찼다고 합니다. 옹정제는 밤에 잠도 거의 못 잔 사람입니다. 일본의 미야자키[宮崎市定] 교수가 일본에서 먼저 바람을 일으켜 옹정제에 관한 책도 금방 나오고 우리나라에도 중국사 하는 분들이 그에 관한 글들을 썼습니다.

**이태진** 옹정제의 경우 행차를 해서 받거나 그러지는 않죠?

**조병한** 옹정제는 행차를 안 했습니다. 강희제하고 건륭제가 행차를 많이 했죠.

**임형택** 강희·건륭은 많이 했죠.

**조병한** 강희제가 워낙 뛰어난 인물이고 호걸인데, 옹정제는 강희가 남긴 재정 적자를 해결하는 데 13년을 다 바치고 풍부한 재정을 남기고 갔습니다. 그런데 건륭제가 또 탕진해 버렸습니다.

**이태진** 유럽의 계몽군주라는 용어가 중국 건륭제한테서 전형(典型)을 구했다는 말도 있는데……. 시간이 많이 지나서 마무리를.

**임형택** 이 선생님 말씀이 재미있긴 한데, 근본적으로는 유교적 정치이념을 보다 더 충실하게 실행하겠다는 의미로 봐야 되지 않겠습니까?

**이태진** 그것을 확인하기 위해 각 시기마다 관련 기록들을 정리해 봤는데, '민유방본(民惟邦本)' 곧 백성이 나라의 근본이란 말은 조선왕조시대 전시기에 걸쳐 소민(小民) 보호란 말로도 표현되었습니다. 용어는 이처럼 변하지 않지만 방법은 바뀌어요. 왕조 초기인 15세기에는 비교적 중앙집권관료제가 잘 운용되어 큰 문제가 생기지 않았습니다만, 16세기 이후로는 관료들의 수탈이 노골화되어 구중궁궐 안에 있는 군주가 소민을 보호할 길이 무엇인가를 되묻게 됩니다. 그래서 각 고을의 수령을 제대로 감독할 수 있는 감사(관찰사)를 잘 골라 임명해야 한다던가, 군주가 학식과 덕망을 갖춘 신하들을 가까이 두어야 한다는 주장이나, 고을의 행정을 수령들에게 일방적으로 맡기지 말고 지방 선비들(士族)의 향론(鄕論)을 앞세우고 중앙정치도 이를 기반으로 하는 붕당(朋黨) 중심으로 이루어져야 한다는 주장들이 나왔고 실제로 체제화되기도 했습니다. 17세기에는 확실히 중앙집권관료제의 모순을 극복하기 위해 분권화론이 체제적으로 먹혀 들어갔습니다. 그러나 붕당 자체도 점차 원래의 정신을 잃고 공도(公道) 실현보다 사익(私益) 추구의 집단으로 되어 백성을 잡아먹는 존재라는 비판을 받는 상황이 되었던 것이지요. 그래서 18세기 군주들은 붕당도 못 믿겠다고 하여 '파붕당(破朋黨)'론을 펴게 되었습니다. 탕평군주들은 이렇게 새로운 정치체제를 추구하면서 민국론(民國論)을 내세워 백성들을 직접 만나기 위해 성 밖으로 나오고 또 지방관을 보내더라도 규장각 각신들이나 규장각에서 2년 정도 재교육을 받은 신하들(抄啓文臣이라고 함)을 감독자로 활용하지요. 어사 파견을 어느 때보다 많이 하는 변화도 나타나는데 정조대에는 어사제도도 바뀝니다. 예컨대 그전에는 영남 쪽에 어사를 파견하면 모든 고을을 다 돌아보는 것이 아니라 고을 이름들을 적은 젓가락들을 필통에 넣고 흔들어 그 중 하나를 뽑아 그곳을 다녀오게 했습니다. 이렇게 뽑힌 고을은 생읍(柱邑)이라고 했습니다. 정조대에는 이것을 고쳐 어사를 파견하면 한쪽 방면의 모든 읍들을 다 순행하여 조사하고 돌아오게 했습니다. 유명한 춘향전에 이도령 몽룡이가 전라도의 여러 고을을 돌아 남원에 이르는 것이 바로 정조 때부터 시행한 것입니다. 춘향전의 세계는 곧 정조대의 시대 분위기를 담은 것이란 말도 되겠습니다.


## 정조의 군민일체론

여기서 한 가지 더 얘기해 두고 싶은 것은, 정조의 자작 에세이 「만천명월주인옹자서(萬川明月主人翁自序)」입니다. 이 글은 군주를 밝은 달(明月), 백성을 수많은 하천(萬川)에 각각 비유하여 양자의 관계는 곧 하늘에 높이 뜬 달이 수많은 하천에 하나씩 담기는 것과 같은 것이라고 설명했습니다. 밝은 달 그것은 곧 태극이요 군주인 나라고 하고, 태극이 음양·사괘·팔괘로 분화하여 1667만 여에 이른 과정을 소개한 다음, 그 숫자를 곧 나의 백성의 수라고 하여 군주가 나뉘어 백성이 된다는 군민일

**「만천명월주인옹자서」**
1798년(정조 22)에 정조가 자신의 호(號)를 '만천명월주인옹(萬川明月主人翁)'이라 정하고 그 뜻과 내력을 적은 글. 전서(篆書)로 쓴 것 외에 해서(楷書)로 쓴 것도 함께 전해진다. 정조의 군주관과 정치철학을 엿볼 수 있는 자료이다. 1첩. 탁본.

체(君民一體)의 정치철학을 피력했습니다. 남송의 주자는 수많은 하천에 하나씩 담기는 밝은 달을 성즉리(性卽理) 설명에 활용하고 1667만여란 숫자에 대해서도 역괘(易卦)의 변화가 이처럼 무궁하다고 언급하는 것으로 그쳤는데, 정조는 이렇게 정치사상적 해석을 내려 군왕으로서의 독특한 면모를 보였습니다. 어떻든 이 에세이는 왕조 초기의 소민보호론이 3세기의 시간을 거쳐 도달한 정치인식의 변화라고 할 수 있는데, 내용적으로 유교정치사상이 이렇게 큰 변화를 일으킬 수 있는 것인가 하는 의아심을 떨치기 어려울 정도입니다.

**임형택** 글쎄요. 나는 기본적으로 유교가 가지고 있는 인정(仁政)과 애민(愛民)의 정치철학 그것이 실제로 조선왕조국가가 유교이념을 기반으로 해서 성립된 국가니까, 가령 역대 왕들도 기본적으로는 백성을 '왕의 백성', '나라의 백성이다' 이런 생각을 가지고 있었을 거예요. 세종대왕이 『훈민정음』을 만들 때 '백성들이 말하고 싶어도 자기 뜻을 펴지 못할 사람이 많기 때문에 새 문자를 만든다', 이것도 말하자면 백성을 그만큼 생각하고 백성들에게 문자 지식을 주겠다는, 글을 읽을 수 있게 하겠다는 그런 의지의 표명이고, 그건 자기통치권에 있는 백성에 대해 그만큼 배려를 한 것이지요. 그런데 결국은 실제로 국가가, 민본 자체가 추상적인 얘기가 아니라 현실적으로도 그렇죠. 백성이 있어야 나라가 되는 거죠. 그러니까 백성을 보호하고 가르쳐 체제 내에 순응할 수 있게 하고, 이런 생각들은 대개 있었을 텐데, 그게 아무래도 현실적으로는 사대부관료들 하고는 입장이 달랐을 것 같아요.

왕의 입장과 중간의 치자(治者) 계급의 입장, 후자인 양반관료들의 입장에서는 기본적으로 백성을 확실하게 지배해야 하고 백성들이 글자를 알면 자기들에게 결코 바람직한 현상이 아니고, 결국 그래서 세종의 훈민정책(訓民政策)이 발전적으로 계승이 안 되었다고 생각합니다. 정조대에 와서 보다 더 민을 적극적으로 인식했다는 것은 중요한 의미를 갖는다고 생각하는데, 우리가 충분히 말하지 못한 부분인데, 사실은 민의 성장 또는 민이 정치의 주체로 어떻게 올라서느냐는 문제가 중요한 문제 아니겠어요? 그럴 때 정조의 정치 행위는 민을 정치의 주체로 인식하는 것과는 거리가 멀거든요. 그런 점에서 가령 다산 같은 분이 「원목(原牧)」이나 「탕론(湯論)」에서 민을 정치 주체로 사고하여 밑에서 위로 통치자를 뽑아 올리는 이런 정치 논리를 제기했는데, 역시 그런 것을 설명하려면 그런 사고가 어디서 나왔느냐, 물론 기본적으로는 유교의 정치철학에 뿌리를 두고 있다고 봐야겠죠. 유교 자체가 일정하게 민주적인 사상전통이 있고, 그런 사상전통을 극대화한 것이 다산의 민주적 정치사상이라고 말할 수 있겠지요. 그럼 민을 정치 주체로까지 생각할 수 있는 그 사고의 현실적인 배경은 뭐가 있었느냐. 저는 18세기의 민의 성장, 이 측면을 주목해서 봐야 할 것이고 가령 우리가 민족 문학이라 하더라도 결국은 민의 의식이 상승했고 그래서 그만큼 민이 자기 목소리를 내고 어떤 예술 분야에서 창조적 기여도 할 수 있었으며, 그런 움직임이 18세기를 보다 역동적이고 창조적으로 만든 기본적 배경이 아닐까요?

## 변화의 동력으로서의 민

**이태진**  알겠습니다. 말씀 옳은데요, 저는 밑에서 올라오는 힘을 수용해 체제화를 위해 노력했다는 의미에서 18세기 탕평 군주들의 역사적 중요성이 있다고 생각합니다. 서민사회의 변화를 정치에 어떻게 반영하려고 했는가가 얘기되었는데요, 그건 중요한 문제라고 생각하는데 이와 관련해 정조의 미완의 개혁 중 인재등용 문제를 얘기할 필요가 있을 것 같습니다. 정조는 현재의 과거제도는 신분제를 전제로 한 것으로 많은 폐단을 낳고 있는 현실을 직시하면서, 새로 신분이 상승한 이른바 신흥 양반들, 양반 타이틀이 있건 없건 현재 책을 읽고 공부를 할 수 있는 층이 늘어난 변화도 함께 보고 있었습니다. 조선 후기 호적들에 대한 연구에서 나온 통계에 의하면 17세기의 전통적 사족양반층은 전체 인구의 약 10%가 일반적인데 18세기 정조시대에 오면 30~40%로 올라간 것으로 나타납니다. 늘어난 20~30%의 신흥 양반층 가운데는 비교적 여유가 생긴 경제적 여건 아래 독서인이 될 수 있는 상황을 그릴 수 있습니다. 정조는 그 11년 경에 빈흥과(賓興科)란 새로운 소과(小科) 제도를 도(道) 단위로 시행합니다. 명칭은 『주례(周禮)』에서 따온 것입니다. 그의 말년까지 평안도를 빼고 모두 한 번씩 시행했습니다. 평안도는 무사 양성의 고장이라고 하여 일부러 뺐고, 제주도까지 시행했습니다. 이 과시는 정원제가 아니고 능력평가제로 시행하였습니다. 절대평가제로 행하여 지역별로 합격자 수에 차이가 많았습니다. 시험도 규장각 각신(閣臣)들을 보내 엄정하게 관리하고 왕이 최종적으로 점수를 확인하고 발표를 했는데 그 결과는 책으로 편찬했습니다. 합격자들의 답안하고 그 명단을 실었는데, 여기에 흥미로운 것은 합격자의 신분에 관한 사항이 없어요. 그전 같으면 4대 조상들을 모두 밝히는 것이 원칙인데 그게 하나도 없어요. 저는 이것이 신흥 지식인들을 앞으로 조정에 참여시키는 길을 찾는 시험적 조치였다고 보고 있습니다. 아쉽게도 정조 사후 더 이상 시행되지는 않았습니다. 다시 말하면 정조는 기층적인 사회변화를 반영해 새로운 정치체제를 만들어 가야겠다는 생각을 가졌고, 따라서 기성 사대부 중심의 체제에 더 이상 절대적인 권위를 부여하지 않으려 한 것이 아닌가 생각합니다.

**조병한** 제가 선생님 말씀 가운데 매우 도움되는 걸 발견해서 하나 말씀을 드리려고 합니다. 중국에는 황제전제정치가 그 폐단이 상당히 크기 때문에, 사대부들이 그것과 싸울 만한 논리적 근거가 있는데요, 중국 과거시험에서는 가문을 보는 그런 게 없지 않습니까. 송대 이후에는 응시자가 철저한 비밀에 붙여져 과거가 완전히 공정하게 관리되고, 우리나라의 양반처럼 그렇게 족벌적이지 않았다는 거죠. 정조 같은 경우에는, 양반들이 사회 기층의 새로운 목소리, 변화를 완전히 차단하는 특권계급이니까 정당성이 국왕에게 있다고 생각합니다. 중국 같은 경우는 황제권력의 지나친 폐단 때문에 사대부가 인민을 내세워 대립할 필요성도 있죠. 명·청 시대에 가면 벼슬하지 않은 지식인들, 지역 관립학교 생원(生員)이나 과거시험의 초기단계 합격자라든지 이 사람들은 자기를 항상 민(民)이라고 합니다. 민의 대표로서 그런 주장을 한 것이 황종희나 고염무 같은 사람들이거든요. 이 사람들도 선비가 너무 많다고 했습니다. 그냥 놀고 먹는 자들에 대해 마찬가지 지적을 하긴 하는데, 여하튼 하나의 중간 세력이 민을 대표해야지 황제가 대표할 수는 없다는 거죠. 청말에 가서 양계초(梁啓超) 같은 사람들이 서양의 의회제·입헌군주제·법치를 받아들일 때 신사(紳士)를 민의 이름으로 내세워 추진했습니다. 그런데 역사에서 그 사람들도 실패했거든요. 도시 시민도 아니고 진정한 민은 아니지 않느냐는 생각이 드는데, 결국은 중간 세력이 없는 소민을 상대하는 정치는 모택동도 실패했거든요. 모택동은 옹정제·주원장 그 계열에 있는 거죠. (좌중 웃음) 그 사람은 진정으로 민을 대표하려고 관리들이랑 격렬하게 싸웠습니다. 문화대혁명이고, 대약진운동이고 간에 유소기(劉少奇) 등의 관리들을 상대로 해서 고군분투한 셈이죠.

**이태진** 중앙집권체제라는 것은 왕 혼자서 할 수는 없고 결국 관료들이 잘 받쳐줘야 하는데, 관리들이 얼마나 질을 유지해

주는가가 문제입니다. 아까 임 선생님 얘기와 관련해서 이런 변화는 주목할 만한 것 같아요. 임 선생께서 연구하신 다산 정약용의 「탕론(湯論)」 하고는 거리가 있지만 정조 밑에서 왕업 교육을 받은 순조가 어린 나이에 왕이 해야 될 일과 자세에 관해 나름대로 글을 남겨 놓은 것이 있는데, 그 가운데 왕이 왕답지 않으면 왕이 될 수 없다는 것을 강조한 것이 눈길을 끕니다. 이를 거꾸로 뒤집으면 왕답지 않으면 왕위에서 쫓겨날 수도 있다는 그런 얘기가 될 수 있지 않습니까? 아버지 정조 밑에서 민국사상의 교육을 받았기 때문에 어린 나이에도 왕위 자체가 유지되기 위해서는 뭘 마땅히 해야 한다는 자각의식이 커서 이런 표현을 할 수 있었다고 생각합니다. 여기에 과연 서양 쪽의 정치사상이 간접적으로 작용하는 것인지는 여기서 논하기 어렵고 ……. 시간이 너무 많이 지났군요, 여기서 정리를 해야겠습니다. 각자 오늘 얘기를 통해 새로운 생각, 미처 말씀하지 못한 것, 소감까지 곁들여서 말씀해 주시면 그것으로 종결짓겠습니다.

**조병한** 아까 중상주의 말씀하셨는데 중국에는 그게 없거든요. 상인의 이익이나 농민의 이익이나 다 인정한다고는 했지만 그게 중상주의는 아니거든요. 그게 아주 특징적인 것이죠.

## 중국·조선과 너무 다른 일본

**박경수** 일본의 중상주의라고 해도 18세기에 막부가 주도한 중상주의는 1770년대, 1780년대에 국한된 거라고 생각합니다. 18세기에 몇 차례에 걸쳐 막부가 중심이 되어서 개혁정책을 펴긴 하는데 초기에 나타나는 개혁은 오히려 중농적인 것이고, 1770년대에 타누마(田沼)라고 하는 자에 의해서 중상주의적인 정책이 일어나긴 합니다만 기본적인 목적은 역시 막부체제를 방어하고 강화하겠다는 의도죠. 막부의 중상주의보다 더 큰 의미가 있는 것은 번 차원의 중상주의라는 생각이 듭니다.

저는 아까 말씀들을 죽 들으면서 조선·중국에 비해서 일본이 여러 가지 점에서 아주 다르다는 생각을 줄곧 했습니다. 민의를 수렴해 전제왕정의 변화를 도모한다는 점도 그렇고, 재야의 사상이나 학문의 동향이 현실정치라든지 체제와 나름대로 깊은 연관을 맺고 변화의 움직임을 보인다는 점들이 정말 유교적 이념에 기반을 둔 국가이기 때문에 가능하다는 생각이 들고, 일본의 경우에는 잘 아시겠지만 가마쿠라(鎌倉) 이후 에도시대까지도 기본적으로는 무사가 지배하는 무가정치(武家政治)의 시대가 계속되죠. 에도 초기에 물론 유교정치이념을 받아들이긴 하지만 그렇게 깊이 현실정치에 영향을 미치고 있다고는 보이지 않습니다. 같은 계급사회라고 하더라도 유교적 계급사회와 무가적 계급질서라고 하는 게 여러 가지 차이를 낳고 있구나 하는 생각이 참 많이 드네요. 이렇게 많은 차이점을 내포하고 있는 동아시아 지역을 하나로 묶어서 18세기 문제라든지 동아시아 담론 등이 행해진다면 아마 1차적으로는 공통점도 공통점이지만 차이점이 분명히 드러나야 할 것이라는 생각이 많이 듭니다.

**조병한**  제가 간단히 이야기하겠습니다. 16, 17세기에 일어났던 상품경제든지 서양의 무역상의 도전이든지 그런 것은 물론이고, 새로운 문화적인 동향, 명말 청초에 일어났던 물질적 욕망이나 이익을 긍정하는 그런 문화들이 제국체제 아래 18세기에 거의 동결된 것 같습니다. 『사고전서』 같은 것도 크게 기여했습니다. 그러나 제가 아까 첫머리에서 18세기는 청제국의 엄청난 번영이라고 얘기했는데, 결국 바로 18세기 말에 망할 징조가 보이기 시작하거든요. 광동에서는 아편 무역의 역조가 시작되고 민란이 발생하기 시작합니다. 관료기구는 옹정제가 그렇게 관료들을 단속하려 했는데도 1770년대 건륭제 말기에는 완전 부패해 가지고 수석 군기대신(軍機大臣, 재상) 화신(和珅)이라는 만주인은 건륭제가 죽었을 때 가경제(嘉慶帝)가 재산 몰수를 해보니 8억 냥이나 되었다고 합니다. 이 숫자는 너무 지나친 과장이고 2억 냥이라는 논문도 있는데, 이 8억 냥이라고 하는 것이 청제국의 1년치 예산으로도 어림없는 모양입니다. 그리고 나서 다 아시다시피 건륭제가 죽은 지 반세기도 안 돼서 아편전쟁에서 패배를 하거든요. 결국 17세기에 새로 일어난 상황들을 동결했으나, 얼마 못 가 제국은 다시 무너졌는데, 그 원인은 외인(外因)과 내인(內因)이 있겠죠. 영국을 중심으로 한 자본주의 세력이 가장 큰 원인이고, 국내적으로는 3억이나 되는 인구가 문제였습니다. 1억에서 3억으로 팽창한 18세기의 인구를 감당할 만한 방안이 아마 전통적 체제로서는 없으리라고 봅니다. 그래서 결국 그 문제를 19, 20세기 그 수많은 개혁과 혁명을 가지고 시도하는데 지금까지도 그 상황이 아직 미완성 단계로 남아있지 않느냐 생각합니다.

**금장태** 말씀을 들으면서 느낀 것이 많습니다. 처음에 제 생각은 18세기 조선사회가 사상적으로는 아주 다원화되어 있었고, 그 이전까지의 문제들이 심화되고 다원화되고 모든 문제가 다 제기되어 맞부딪치는 시기였다는 것이었습니다. 성리학 내부의 논쟁, 양명학의 정리, 각 학파들의 형성, 서학의 수용 이런 게 다 들어왔다는 면으로 저는 생각했습니다. 이에 따라 그만큼 사회 내부에서 개혁하려는 시도도 정조 때 본격적으로 일어나고 있었다는 사실이 제가 새로 배운 것입니다. 그럼에도 불구하고 이 18세기에 제기되는 문제나 시도된 개혁의 의지가 그다음 시대에 연결이 안 되고 19세기 말에 국가가 붕괴되었던 원인도 18세기에서 찾아야 하지 않을까 생각합니다. 18세기 내에서는 개혁론과 더불어 보수적인 의식, 기득권 세력의 이기적 동기가 19세기에 이 시대의 문제를 해결하지 못하게 한 원인일 것 같습니다.

**임형택** 요컨대 18세기의 창조적이고 활발했던 문화와 시대 상황이 발전적 계승이냐 그 반대냐고 묻는다면, 보기에 따라 물론 다를 수 있겠지만 일반적으로 19세기는 하향쇠퇴기라는 것이 객관적 평가입니다. 19세기 중엽 이후로 좌절과 비운의 역사를 맞을 수밖에 없었던 사실이 증명하고 있는 셈이지요. 19세기의 쇠퇴를 어떻게 설명해야 할 것인가? 간단히 해답을 얻을 수 없지만 근본적으로 저는 밖으로 볼 때는 서세동점(西勢東漸)이라는 세계사적 조류에 대한 우리의 주체적 대응 이것이 18세기에 사상과 문화에 변혁을 불어넣었던 요소의 하나이고, 다른 하나는 내적인 변화의 요구 이것을 보다 더 적극적으로 수용해서 제도개혁을 모색하고 새로운 문화를 창출하려는 노력, 이것이 18세기를 창조적인 시대로 만들 수 있게 했습니다. 요는 그것이 좀 더 능동적이고 적극적으로 19세기에 이월되지 못했다는 것입니다. 결국은 서세동점이라는 세계사적 조류에 수세적이고 자폐적인 방식으로 대응했고, 개혁의 요구도 정치권력을 독재적으로 강화하는 방향으로 해서 민중의 변화의 요구를 오히려 탄압하는 쪽으로 나갔기 때문에 역사의 큰 좌절을 초래하지 않았느냐, 이런 점에서 우리는 반성할 필요가 있다고 봅니다.

## 18세기는 없어졌는가?

**이태진** 이제 마무리를 짓겠습니다. 오늘 논의를 들으면서 공부가 많이 됐습니다. 기본적으로 18세기의 밝은 면이 19세기에 혼란에 빠지는 상태를 어떻게 설명할 것인가가 가장 중요한 문제로 부각되었습니다. 이에 대한 답으로는 금 선생님이 말씀하셨듯이 18세기에 원인이 있다는 것이 될 것 같습니다. 사대부들의 기득권층에 어떤 철퇴를 가할 수 없었던 것에 근본적인 원인이 있었다고 상정할 수 있을 것 같습니다. 유교정치사상이라는 것은 혁명적인 방법을 쉽게 동원하지 않고, 교화·융합 쪽을 지향하니까, 거기에서 오는 한계일지도 모릅니다. 같은 시기 18세기 서양 역사와 비교할 때, 서양사회는 프랑스대혁명을 포함해서 혁명적인 방식을 잘 취하는데 이와는 다른 점이 되겠습니다. 앞으로 구체적으로 비교 연구해 볼 필요가 있지 않을까요? 한편 조선왕조의 경우 종래의 계급적인 사관에서 국왕을 사대부의 우두머리라고 보는 견해는 탈피해야 할 대상입니다. 사대부·백성·왕 삼자의 삼각관계에서 왕권을 계속 유지하려면 사대부와 백성 중 하나를 선택해야 하는데, 18세기의 경우 민 쪽의 성장이 높아 이를 선택한 것이라고 할 수 있지 않을까요? 이런 변화 속에 위기를 느낀 보수적인 사대부층이 19세기 초부터 왕이 어린 나이에 즉위하는 특별한 조건 속에 거센 반동을 일으켜 앞 시대에 이루어진 성과를 일거에 무너뜨리는 함몰을 초래하지 않았나 싶습니다.

18세기 왕정에 대한 한국인들의 정서와 관련해 좀 더 유의해야 할 점은 우리의 영원한 민족적 작품이라고 할 수 있는『춘향전』의 어사제도를 중심으로 한 구성과 내용이 정조시대의 개혁적 분위기를 담고 있다는 것입니다.『춘향전』의 작품적 모티프에 우리가 열광한다면 그것은 곧 정조시대의 정치적 지향에 대한 것이라고도 바꾸어 말할 수 있습니다.『춘향전』과 함께 대중의 사랑을 계속 받고 있는『심청전』도 정조시대와 무관하지 않을 것입니다. 국문학 하는 분들에게『심청전』의 판본을 물어 본 적이 있는데 가장 오랜 것이 정조 사후인 19세기 초기라고 하더군요. 1801, 1802년경으로 들은 것으로 기억합니다.

이 작품은 왕비가 된 딸 심청이가 아비를 찾기 위해 연 궁전 대연회에서 아버지 심봉사를 만나고 딸의 소리에 놀라 눈을 뜨는 장면이 극적인데, 이 작품이 이런 장면을 설정할 수 있었던 근거로 정조 19년에 국왕이 연 전국 노인들을 위한 잔치를 들 수 있습니다. 이 해는 어머니 혜경궁 홍씨의 회갑으로 왕은 그 잔치를 일부러 아버지가 묻힌 화성(수원)에서 열었는데, 죽은 아버지는 어머니와 동갑이었습니다. 그러니까 죽은 사람 회갑잔치는 하지 않는 것이 습속이지만 어머니 회갑잔치로 양(兩) 부모에 대한 효도를 표시한 것이지요. 이때 전국의 60세 이상 노인들이 모두 초대되었고, 참가한 사람들의 연령을 집계하여 『인서록(仁瑞錄)』을 간행하였습니다. 백성한테 보인 왕의 모범적인 효행, 아버지가 할아버지의 명령으로 뒤주 속에 갇혀 죽어야 했던 정치적 참극에 대한 마지막 마무리라고나 할까요, 그런 뜻에서 전국 노인들을 대상으로 한 대잔치를 벌였던 것입니다. 그 무대가 『심청전』 구성의 모티프가 되었던 것은 아닐까. 심청의 효행과 국왕의 효행은 모든 것을 초월하는 지향성을 가진다는 점에서 공통적이라고 할 수 있고 거기에 모두가 열광하여 영원한 생명력을 가지는 것 같습니다. 그러니까 18세기 한국사회의 지향은 사라진 것이 아니라 현대 한국인의 정서 속에 아직도 많은 공감을 받으면서 살아 있는 것이라고 할 수 있겠습니다.

장시간 토론해 주셔서 고맙습니다. 당초 기대했던 것보다도 몇 배의 성과를 거둔 것 같아 기쁩니다. 감사합니다.

# 제2장
# 18세기 서양,
# 어디로 가고 있었던가?

2000년 12월 12일, 서울대학교 호암교수회관에서 김영한(서강대 사학과)의 사회로 백인호(서강대, 사학과), 이동렬(서울대, 불문학과), 이영석(광주대, 교양학부), 정정호(중앙대, 영문학과)이 좌담회를 가졌다. 이 좌담회는 윤영휘(서울대 서양사학과 박사과정)가 녹취하고 정리하였다.

# 18세기의 역사적 성격

**김영한**  역사학의 관점에서 보면, 17세기와 19세기가 18세기보다 더 중요한 시기로 평가되어 왔습니다. 17세기는 중세에서 근대로 넘어가는 분수령을 이루는 시기(물론 근대의 시작은 르네상스와 종교개혁 시기로 올라가지만), 다시 말하면 근대 국가, 근대 철학, 근대 과학 등이 어느 정도 본 궤도에 올라선 시기로 간주하여 이에 대한 연구가 활기를 띠었습니다. 그리고 19세기는, 프랑스혁명과 산업혁명의 영향으로 농업사회에서 산업사회로 넘어가는 시기였기 때문에 역사가의 각별한 주목을 끌었습니다. 역사에서 중요한 것은 변화입니다. 이 점에서 17세기와 19세기는 좀 더 동적인 시대, 변화가 큰 시대로 보았고, 이에 비해 18세기는 17세기에서 19세기로 가는 비교적 안정된 시기로 보았습니다. 물론 18세기를 전공하는 분들의 입장에서 보면, 18세기에는 전쟁도 많았고, 프랑스혁명, 미국혁명 같은 대혁명이 일어나서 변화가 큰 시대였다고 할 수 있겠지만, 어쨌든 지금까지는 17세기와 19세기가 더 각광받으며 연구되었던 것이 사실입니다. 그러므로 우선 18세기를 역사적으로 어떤 시대로 규정할 것인가를 논의했으면 좋겠습니다. 예를 들면 멘터출판사 철학자 시리즈(the Mentor Philosophers Series)에 의하면 중세는 '신앙의 시대', 르네상스는 '모험의 시대', 17세기는 '이성의 시대', 18세기는 '계몽의 시대', 19세기는 '이데올로기의 시대', 20세기는 '분석의 시대'로 되어 있습니다. 그런가 하면 역사가들 중에서는

18세기를 '이성의 시대(Age of Reason)'로 보는 사람도 있고, '절대주의시대(Age of Absolutism)'로 보는 사람도 있습니다. 이 밖에도 18세기는 '진보의 시대', '문명의 시대', '철학의 시대', '인간성의 시대' 등으로 불리고 있습니다. 그러면 과연 18세기를 특징짓는 구체적인 명칭이 있을 수 있는가에 대해 말씀해 주시면 좋겠습니다. 다만, 18세기는 숫자상으로는 1701년부터 1800년까지지만, 역사상으로는 반드시 이 연대에 구애받지 않습니다. 어떤 사람은 17세기 후반부터 미국혁명(1776)까지를, 어떤 사람은 프랑스혁명(1789)까지를, 또 어떤 사람은 19세기 초의 1815년까지를 18세기 사(史)로 보고 있습니다. 이를 염두에 두고 말씀해 주시되 특히 앞의 17세기와 뒤의 19세기와의 차이를 고려하여 이야기해 주시기 바랍니다.

## '장기(長期) 18세기'의 역동성

**이영석**　저의 관심은 주로 경제사 분야이므로, 먼저 유럽의 18세기를 사회경제적 측면에서 살펴보겠습니다. 대체로 지금까지 역사가들은 1789년 프랑스혁명에서 제1차 세계대전까지, '장기 19세기'를 분석 단위로 보고(구체적으로는 에릭 홉스봄이 『혁명의 시대』 『자본의 시대』 『제국의 시대』 등에서 다루는 시기가 여기에 일치합니다), '이중혁명', 즉 프랑스혁명과 산업혁명에서 나타나는 역동성을 강조함으로써 18세기와 19세기의 단절적인 성격을 강조했던 것 같습니다. 그런데 1980년대에 들어와서 연구 경향이 달라졌습니다. 프랑스혁명의 경우 기존의 격변성을 부정하는 수정주의적 해석이 득세하고 있고, 산업혁명에 관해서도 실제로 산업화 자체가 큰 변화를 가져오지 않았다는 견해가 정통론으로 자리 잡고 있습니다. 결국은 19세기로 넘어가는 시기에 급격한 변화가 있었다는 견해가 점차로 설득력을 상실하고 있는 것 같아요.

오늘날에는 18세기와 19세기의 사회경제적 연속성을 강조하는 경향이 짙고, 그러다 보면 제가 볼 때는 오히려 '장기 18세기'의 개념으로 근대를 다시 돌아볼 수 있지 않을까라는 생각도 듭니다. 영국 경제사에서 종래에는 산업화에 초점을 맞추어 기계나 공장을 강조했지만, 오늘날에는 기계 보급의 점진성을 강조합니다. 이에 비해 노동을 조직하고 재배치하는 새로운 생산조직은 오히려 18세기에 나타났다든지, 또는 18세기의 시장 확대, 금융 팽창, 해외 무역을 통한 자본 축적 등 18세기의 경제적 변화를 강조하는 논문들이 많이 눈에 띄는 것이 사실입니다. 경제적으로 17세기는 침체의 시기였지만, 18세기는 현재까지 이어지는 자본주의의 흐름 속에서 볼 때, 근대 자본주의 발전의 기틀을 마련한 중요한 변화가 있었던 시기라는 것이지요.

**김영한** 그러면 종래의 견해인 18세기를 상업자본주의의 시대로 보는 것과 이 선생님이 근대 자본주의의 시작으로 보는 견해는 어떤 관계가 있습니까?

**이영석** 예를 들어 마르크스적 견해가 그렇듯이, 자본주의를 생산과정에서 임금노동을 통한 자본 축적 시스템으로 본다면, 그 같은 자본주의는 아무래도 19세기에 가서 시작된 것으로 볼 수 있겠죠. 하지만 자본주의를 그렇게 규정할 수만은 없습니다. 오히려 시장을 통한 자본 축적이 지속적으로 이루어지는 경제활동의 영역 또는 시스템이라고 하는 것이 좋을 듯합니다. 이 시장을 통한 자본 축적 활동의 영역은 적어도 18세기에 크게 확대되었던 것이고, 그래서 플럼(P. H. Plumb) 같은 사람은 이 시기의 소비자혁명을 강조하지요. 평범한 시민들을 대상으로 하는 소비시장이 그때 형성되었다는 주장입니다. 18세기야말로 옛날에 생각했던 것보다는 훨씬 더 역동적이며, 상업자본이나 금융자본을 모으고, 농민들이 토지에서 떨어져나가 진정한 노동력으로 탈바꿈할 수 있는 조건이 진척된 시기였다는 것입니다. 즉 경제적인 면에서 역동적인 측면을 좀 더 강조할 수 있다는 것이죠.

**김영한** 그러니까 지금까지 19세기 현상으로 이야기하던 것을 18세기에서도 찾아볼 수가 있다는 뜻인가요?

**이영석** 그 전에 강조했던 기계나 공장의 도입이 오히려 19세기에도 미미했는데, 그렇다면 19세기 경제발전의 기초를 어디로 봐야 하겠느냐, 그건 18세기로 올라갈 수밖에 없다는 것이죠. 18세기에 이루어진 여러 가지의 시스템이나, 금융체제나 그것의 시장역할이나 상업자본 활동, 이러한 것들이 19세기까지 이어지면서 경제적인 활력을 북돋아 주었다고 생각할 수 있습니다.

**프랑스혁명과 단두대**

1789년 조제프 기요탱의 제안에 따라 설치되었으며, 1792년 한 노상강도의 처형을 시작으로 공포정치가 끝날 때까지 왕과 왕비, 그리고 1만 7천여 명의 목숨을 앗아갔다. 처음에는 반혁명 분자를 처단하였으나 마침내는 혁명의 지도자들도 삼키기 시작하여 1794년에는 마지막으로 막시밀리앙 로베스피에르가 처형되었다.

**김영한** 지금 장기 18세기에 대해 말씀하셨죠. 그러면 18세기가 과거로 더 소급될 수 있겠네요. 보통은 장기 중세라는 말을 많이 하는데 이것은 중세가 프랑스혁명시대까지 내려온다는 것을 말합니다. 아날 학파가 이러한 입장을 대변하고 있습니다. 반면에 트뢸치(E. Tröltsch)는 18세기를 근대의 시작이라고 주장하였습니다. 이렇게 되면 동기는 다르지만 결과는 같아집니다. 결국 장기 18세기와 장기 중세가 대비되는데, 이에 대해 혹시 의견이 있으면 말씀해 주시죠.

**이영석** 최근 영국사 연구를 본다면 명예혁명 이후 나폴레옹전쟁이 끝나는 시기까지를 하나의 단위로 묶어 연구하는 경향이 있긴 합니다.

**김영한**　정치적으로 이 시대를 흔히 절대주의시대라고 부르지요.

**이영석**　경제적인 측면에서도 그렇게 구분할 만한 여건들을 발견할 수 있습니다. 그전의 침체와 그 이후의 산업적 역동성이 대비되기 때문이죠.

**김영한**　그와 같은 경제사적인 구획이 가능하다는 건 알겠는데, 그러면 그 시대를 무엇이라 부르면 좋겠습니까?

**이영석**　글세요. 아직 그런 레테르가 붙어 있지는 않은 것 같습니다.

**김영한**　어쨌든 19세기의 역동적 성격이 18세기에서도 존재했다고 볼 수 있겠군요.

**백인호**　그 점에 대해서 좀 더 말씀드리도록 하겠습니다. 정치적인 측면에서 볼 때, 저는 18세기를 근대적 면모가 사회 전반에 나타나기 시작하고 절대주의가 그 결점들을 적나라하게 드러낸 위기의 시대였다고 생각합니다. 17세기에 확고하게 자리 잡았던 절대군주제가 18세기에 들어오면서 여러 결점들을 드러내었고, 그 결점들이 근대적 부르주아 공론 영역의 등장, 사회적·경제적 위기들과 맞물려 혁명이 일어날 수밖에 없었던 것입니다.

# 계몽의 세기

**이동렬** 문학의 관점에서 얘기하자면, 18세기를 계몽의 세기라고 정의하는 것이 프랑스 문학사에서는 보편화된 정리방식이라고 할 수 있습니다. 18세기는 문학활동뿐만 아니라 지적·사상적 활동 전반이 계몽주의라는 상당히 동질적인 하나의 흐름으로 수렴되는 세기라고 할 수 있겠습니다. 프랑스 아카데미즘의 대표적인 문학사가라 할 수 있는 귀스타브 랑송(Gustave Lanson)은 그의 방대한 문학사에서 18세기를 다음과 같이 정의하고 있습니다. 18세기는 '반기독교적이고, 국제주의적이며, 모든 믿음에 대해 파괴적이고, 전통을 부정하고, 권위에 반항하며, 격렬하게 비판적인 반면에 예술성은 약하고, 사회학적이며 전혀 심리학적이 아닌' 세기라는 것입니다. 따라서 문학의 관점에서 보자면, 오늘날에 와서 순문학으로 분류하는 시나 소설, 희곡 같은 장르만을 대상으로 한다면, 18세기가 17세기나 19세기에 비해서 좀 약한 편이라고 할 수도 있겠습니다. 그래서 세기별로 정리된 문학사를 보면 17세기나 19세기에 비해 18세기 문학사가 상대적으로 부피가 작은 것도 사실입니다. 그렇지만 18세기는 오늘날같이 문학의 개념이 편협하지 않아서, 오늘날에는 철학이나 사회과학으로 구분되는 분야들도 다 문학의 범주 속에 포함해 있었습니다. 18세기 문학을 어떻게 평가할 것인가 하는 문제는 다분히 문학관의 문제와 연관해 있을 것입니다. 19세기 이후에 익숙해진 문학관과 문학적 교양의 틀에 비추어보면 18세기 서구 문학이 그 전후 세기에 비해 상대적으로 취약했다는 평가도 가능할 것입니다. 그러나 참여 문학의 주창자였던 사르트르는 18세기를 역사상 유례가 없는 행운의 시대, 프랑스 작가들이 잃어버린 낙원이라고 지극히 긍정적으로 보고 있습니다.

**김영한** 이 선생님 말씀은 문학사에서 18세기는 계몽주의시대로 보고 있는데, 문화 전반으로 확대해 보아도 계몽주의시대라 할 수 있다는 것이지요? 그러면 17세기 후반이나 19세기 전반에 비해서 유독 18세기만 계몽주의적이라고 할 수 있습니까?

**이동렬** 계몽의 세기의 시대 구분을 어떻게 할 것인가 하는 문제에 대해서는 약간씩 상이한 몇 가지 견해가 있습니다. 새로운 비판적 사고의 출현에 초점을 맞추는 사람들은 대체로 1680년경을 계몽의 세기의 출발점으로 보는 반면, 역사적 사건에 초점을 맞추는 사람들, 특히 앞서

**루이 14세**
1653년 무용극 「라 뉘(밤)」에 태양왕으로 출연하였을 때의 모습. 이후 태양왕이라는 별칭으로 불리게 되었다.

인용했던 랑송 같은 사람은 1715년을 계몽의 세기의 출발점으로 보고 있습니다. 태양왕이라고 불렸던 루이 14세가 1715년에 사망하는데, 장장 72년이란 그의 긴 재위기간 동안 거의 요지부동의 느낌을 주던 종교와 왕권이라는 앙시엥 레짐의 두 축이 그의 사망과 더불어 결정적 변화의 계기를 맞기 때문입니다. 계몽주의시대를 19세기 초인 1815년까지로 확대해 보려는 사람들도 있기는 하지만, 프랑스대혁명을 계몽주의의 귀결점으로 보는 것에는 대체로 폭넓은 합의가 이루어져 있는 것 같습니다. 따라서 절충해서 정리를 하자면, 계몽주의는 17세기 말경에 배태되어서 1715년 루이 14세의 죽음과 더불어 결정적인 계기를 맞았고, 1789년 프랑스혁명에서 완성을 본 일련의 지적·사상적 흐름이라고 정의할 수 있을 것 같습니다.

**김영한** 제가 그 같은 질문을 한 이유는 만약 18세기 전후까지를 포함하여 계몽주의시대라고 부른다면, 우리 학회 이름을 '계몽주의시대 연구회'라고 하는 것이 더 적절한 것이 아닌가 하는 생각에서입니다.


## 풍요의 세기

**정정호** 지금까지는 17, 19세기와 연장선에서 볼 때, 18세기의 문학적 성과를 상당히 폄하하는 그런 면이 부각되었습니다. 하지만 19세기에 이루어진 문학활동의 상당 부분이, 예를 들어 낭만주의도 19세기에 완성되었다고 하지만, 사실 18세기 중반이 지나면서 상당히 이루어졌다는 걸 알 수 있거든요. 19세기 후반의 문학사가들이 그걸 제대로 쓰지 않았고, 18세기 후반을 전기 낭만파(pre-romantic)라고 불러 18세기 후반마저 낭만주의로 포섭한 것입니다. 하지만 전 이 시대가 정치·경제적 측면에서 보듯이 활력과 역동성이 보였을 뿐 아니라(거기다 풍요라는 말을 덧붙여서), '풍요의 시대'였다고 말씀드리고 싶어요. 전 19세기 말에 18세기를 규정한 많은 것들이 일종의 음모라고 생각하거든요. 금융산업·도시화·문학과 예술의 공영역화 등 여러 가지 문제가 우리가 생각하는 것보다 훨씬 역동적으로 발전했거든요. 19세기는 근대 초기의 참신성이나 계몽의 어떤 것이 더 타락한 시기이며, 더 생생하고 상큼한 것은 사라진 그런 시기였습니다. 오히려 18세기가 예술적으로도 바흐나 헨델 같은 음악가와 바로크·로코코 등의 화려한 건축양식들에서 보듯이 상당히 화려하고 에너지가 넘치는 시대였거든요. 문학으로 봐도 소설 문학이 근대적 장르로 수립되었고, 적어도 영국에서

바흐(上)와 헨델(下)

는 가장 대표적인 문학 장르로 이때 안착이 됐고요. 이렇게 종합적으로 볼 때, 이 시대가 결코 수동적인 시대, 정태적인 시대,

재미없는 시대가 아닌, 또는 빨리 19세기로 넘어 갔으면 하는 이성의 시대, 정합성의 시대, 억제의 시대, 법칙의 시대가 아닌, 활력과 풍요의 시대였다는 것입니다. 오늘날 20세기 후반으로 가면서 근대가 최고조로 타락해 가고 있기 때문에, 탈근대화시대라는 얘기도 나오는 시점에서, 18세기는 다시 초심으로 돌아갈 수 있는 그런 시기라고 저는 생각합니다. 그렇기 때문에 18세기를 부당하게 폄하하는 시각은 교정해야 한다고 봅니다.

**김영한** 정정호 선생님과 이영석 선생님의 입장은 전통 학설을 거부하는 것 같습니다. 일반적으로 근대사회는 17세기로부터 시작하여 영국 수정궁 박람회가 개최된 1851년을 전후로 진보가 절정에 달했다고 보는 것이 전통적 입장입니다. 이에 대해 정 선생님은 18세기가 사실은 역동성과 풍요성을 지닌 시대였다고 피력하였습니다.

제가 두 가지 보충 질문을 드리겠습니다. 첫째, 낭만주의는 19세기가 아닌 18세기에서 시작한다고 말씀하셨는데, 이것은 계몽주의 자체 내에 이미 낭만주의의 싹이 들어 있다는 것을 뜻할 수 있습니다. 그렇다면 기원을 찾아 과거로 거슬러 올라가는 것을 어느 선까지 우리가 허용해야 할 것인가의 문제가 제기됩니다. 두 번째는 18세기가 풍요의 시대라고 하셨는데, 그것은 17, 19세기와 비교해서 상대적으로 그렇다는 것인지, 아니면 역사상 정말 가장 풍요로운 시대였음을 뜻하는 것인지를 묻고 싶습니다.

**정정호** 제 말씀은 19세기의 학자들이 18세기를 폄하하는 경향이 지금까지도 주류를 이루고 있다는 것입니다. 지금도 어떻게 보면 낭만주의시대의 가치를 옹호하는 '포스트' 낭만주의 시대라 볼 수 있거든요. 물론 저는 무조건 위로 올라가야 한다고 주장하는 것은 아닙니다. 지금까지 18세기를 폄하했던 것을 19세기의 영향을 받은 사가들이 만들어낸 일종의 '이데올로기'라고 보고 있는 거거든요. 왜냐하면 그렇게 전 시대를 폄하해야 19세기가 새로운 정체성을 가지는 것이니까. 그러니까 그런 면을 부각하자는 거지, 18세기를 완전히 이상적인 시대로 만들려는 것은 아닙니다. 그리고 이 시대를 일방적으로 이성의 시대라 하지만, 예를 들어 영국의 18세기의 문단만 봐도 오히려 19세기보다 실제로는 훨씬 공공적이었다는 겁니다. 왜냐하면 18세기에는 설교 문학 등 훨씬 여러 문학 장르가 있었거든요. 오히려 19세기 낭만주의로 들어오면서 시·소설 등 순수 문학을 강조하면서 기존의 여행 문학이라든가, 서간 문학이라든가 하는 다양한 장르의 측면이 사라지게 됩니다. 18세기에는 문학이 시민계급의 중산층들의 생활 문학이라는 공공성이 사라지고 작가의 천재성이 강조되는 좀 더 개인주의적이고 귀족적으로 변하였습니다. 다시 말해 19세기 초 유럽 낭만주의는 어떤 의미에서 산업화·도시화에 대한 반동이면서 동시에 도피주의의 표시라고 생각합니다. 낭만주의자들은 엄청난 과학기술의 발전과 자본의 확신에 따른 근대화 과정과 정면 대결하기보다 전원으로, 먼 나라 이국으로 그리고 중세 등으로 도피했던 것입니다. 문학과 예술의 이러한 도피적인 경향은 산업경제사회에서 문학 예술의 역할을 축소하는 결과를 낳았다고 봅니다. 이런 맥락에서 볼 때 18세기가 이성의 세기일 뿐 아니라 19세기보다 더 역동적인 시기이며, 19세기는 더 화려하긴 하지만 반면 다양성이 약화된 그런 시기였습니다. 따라서 저는 18세기가 우리로 하여금 진정한 근대와 계몽을 위한 초심으로 돌아갈 수 있게 하는 시기라는 측면에서 말씀드린 것입니다.

**이동렬** 정 선생님 말씀에 제가 조금 덧붙이자면, 서구의 18세기는 앞선 17세기에 비해서 지적으로도 역동적인 시대라는 인상을 줍니다. 17세기가 절대왕권과 종교라는 앙시엥 레짐의 두 축에 의해 지탱되는 상당히 정적인 시대였다고 한다면, 18세기는 프랑스대혁명이라는 세계사적인 대사건의 지적 온상이었던 계몽주의시대였던 만큼, 지적으로 일대 전환을 이룩한 활발한 시대였다고 할 수 있을 것입니다. 또한 문학의 개념이 편협하지 않아서, 오늘날 인문사회과학 분야에 해당하는 거의 모든 영역이 문학에 포함되고 있었다는 점에서 보면 문학의 개념이 19세기 이후보다 훨씬 개방적이었다고 할 수 있을 것입니다. 그리고 이건 좀 다른 이야기지만, 풍요라는 단어 때문에 연상이 되어서 췌언(贅言)으로 덧붙이는 것입니다. 최근에 어떤 프랑스 역사책을 보니까, 프랑스의 18세기는 기후 조건도 아주 유리했고 경제적으로 상당히 번영한 시대였다고 되어 있더군요. 인구만 해도 루이 14세 사망 당시에 1400만 내지 1500만 명이었던 프랑스 인구가 대혁명 무렵에는 2300만 내지 2400만 명으로 천만 명 가까이 늘었다고 하고, 또 1709년의 대기근 때 몇 개월 동안에 수백만 명이 아사한 일이 있은 이후 1770년경까지는 기근이 거의 사라져 경제적 풍요를 누린 것으로 되어 있더군요. 따라서 프랑스에 관해서 18세기는 정신적인 측면에서나 물질적인 측면에서나 풍요의 세기였다는 얘기를 할 수 있을 것 같습니다.


## 이성의 냉정성과 역동성

**김영한** 제가 한 가지 확인하고 싶은 게 있는데요. 아까 정 선생님이 말씀하실 때 계몽주의와 이성이라는 말을 어느 정도 냉정하고 소극적인 개념으로 사용하고 있다는 느낌을 받았습니다. 그러나 이동렬 선생님이 계몽주의를 말씀하실 때는 정 선생님의 견해와 약간 달리 역동성을 강조하였습니다. 그렇다면 이성과 계몽에 내포된 냉정하고 침전된 특성과 역동성과는 어떠한 관계가 있습니까?

**이동렬** 먼저 18세기와 낭만주의의 관계에 대해 언급할 필요가 있겠습니다. 정 선생님이 말씀하신 대로 낭만주의가 18세기에 시작되었다는 것은 불문학의 경우에도 적용됩니다. 낭만주의 문학이 본격적으로 개화된 것은 아무래도 19세기지만, 18세기 후반에 가면 이미 낭만주의적 감성이 싹트기 시작합니다. 대표적인 계몽사상가들인 루소와 디드로는 낭만주의의 선구자들이기도 합니다. 그러나 낭만주의와의 연관을 염두에 두지 않고도 18세기의 지적 역동성은 얼마든지 얘기할 수 있을 것입니다. 계몽주의의 주류는 이성 중심이고, 이성적이라는 것은 순문학에서는 약간 건조한 것으로 얘기할 수 있겠지만, 이성 중심의 문학이라는 것이 꼭 소극적이고 가라앉은 것을 의미하지는 않을 것입니다. 비판적 이성에 기초한 계몽주의 문학은 대단히 전투적인 성격을 지닌 문학이었고, 그런 전투적 성격은 그 자체로서 지적 활력과 역동성을 의미하는 그런 것일 수도 있겠지요.

**정정호** 전 그 말씀에 동의하지만 '음모설'을 제기하고 싶습니다. 19세기를 연구하는 분들은 '전기 낭만주의(pre-romantic)'라고 해서 18세기 중간까지를 잘라 버리지만 사실 18세기에는 진정한 감성의 변화가 있었거든요. 캐나다의 유명한 문학이론가였던, 노스롭 프라이는 이미 18세기 후반을 감수성의 시대(age of sensibility)라고 했고요. 19세기 연구자들은 이것을 전기 낭만주의(pre-romantic)라 하지만 사실 그럴 수가 없는 것이거든요, 18세기의 감정의 변화가 먼저 있었기 때문에 낭만주의가 있을 수 있었던 것인데……. 그렇기 때문에 저는 역동성을 이성보다 더 강조하고 싶고, 또 낭만주의적 측면을 전(前/pre)이라고 해서 끊어버리는 것은 19세기의 음모라고까지 말한 것입니다. 물론 18세기의 역동성, 풍요가 이성을 덮어 버렸다고 생각하지는 않습니다. 오히려 영국에서는 이것의 균형을 맞추려 했다고 생각합니다. 데이비드 흄도 상상력을 낭만주의시대 못지않게 얘기하지만, 결국은 이를 이성과의 조화를 이루어야 한다고 타협을 하거든요. 하지만 분명, 이성의 시대라는 것이 낭만주의의 전 시대라는 것을 의미하기보다는 오히려 낭만주의시대가 이 시대의 연장이라고 말하고 싶습니다. 물론 이 선생님은 프랑스 문학을 연구하는 분이셔서 18세기를 관통하는 토대가 이성이라고 말씀하시겠지만(물론 저도 그것을 부정하는 건 결코 아닙니다), 바다 건너 영국은 사정이 좀 달랐습니다. 영국은 좀 더 현실적이고 실용적이었거든요.

**이영석** 물론 나라마다 사정이 다르기 때문에 이 같은 미묘한 차이가 나타난다고 봅니다. 영국사를 보면 정치사는 17세기를 위주로 하고, 경제사는 19세기 중심이어서 18세기는 그야말로 중간에 붕 떠버린 느낌이 들거든요. 반면 프랑스의 경우는 혁명을 강조하더라도, 그 이전을 설명해야 하고, 또 특히 아날학파가 중세를 후대까지 연장해서 연구해 왔기 때문에, 18세기를 포함한 중세사 또는 전근대사 연구가 축적되었습니다. 그에 비하면, 영국은 18세기의 본모습이 상당히 가려져 있다고 생각합니다. 어쨌든 한 겹 벗겨보니까, 아까 말씀하신 대로 적어도 문학·일반 문화·부르주아 생활 등 모든 면에서 지금까지 생각해 왔던 것보다는 변화가능성이 많은 시기였다고 말할 수는 있습니다.

**정정호** 불문학에서도 18세기 후반을 전기 낭만주의로 구분을 하죠. 하지만 이것도 분명 주류의 흐름은 아니었던 것 같습니다.

**김영한** 이와 연관하여 백 선생님이 말씀을 해주시지요. 특히 백 선생님은 아까 18세기를 위기의 시대라고 하셨는데, 그 위기가 부정적인 의미인지, 긍정적인 것인지 말씀해 주시죠.

# 공론 영역의 등장

**백인호**  아까 말씀드린 위기는 긍정적인 의미의 위기입니다. 17세기와 비교해서 18세기가 가지고 있는 역동성은 무엇보다도 부르주아지를 중심으로 공론 영역(Public Sphere: 여론과 같은 것이 형성되는 사회적 삶의 영역)이 18세기에 처음 등장했다는 점에서 찾아볼 수 있습니다. 영국의 경우는 이미 18세기 초반에 등장하지만, 프랑스의 경우는 대략 1750년대부터 공론 영역이 등장합니다. 시민들이 일반적으로 관심을 갖는 공적인 문제들과 정치문제들에 대하여 자유롭고 합리적으로 비판하고 논쟁을 벌여, 국가활동의 방향에 일정한 영향을 끼치려고 하는 영역의 등

**커피하우스**
세상 이야기를 퍼뜨리는 중심지로, 남자들은 이곳에서 블랙커피를 사발로 마시고 담배를 피우면서 정치를 논하고 자기의 재치를 과시하고, 소식을 교환하고, 도박을 하고 사업을 추진하는 등 공론의 장 역할을 하였다.

장은 절대주의국가에 직접적인 도전이 되었다고 할 수 있습니다. 이러한 공론 영역은 처음에는 문필활동이나 예술활동의 종사자들을 중심으로 자율적으로 시작되었고, 나중에는 다양한 공중집단으로 발전합니다. 이들은 아카데미(Académie)나 살롱, 프리메이슨(Franc-maçon) 지부 같은 독자적인 기구들을 통해서 자유롭게 토론을 개진하였습니다. 이들의 토론은 처음에는 문학과 예술 영역(문필적 공론 영역)에서 시작했지만, 점차 정치 영역(정치적 공론 영역)으로 확장되었고, 특히 '정치적 공론 영역'은 프랑스혁명의 경험을 통해 정치적 여론을 형성하고 이를 제도화하는 데 중요한 역할을 하였습니다. 공론 영역의 등장은 18세기의 역동성을 잘 보여주는 케이스라고 생각합니다. 18세기에 등장했던 공론 영역의 등장으로 인해서, 1789년 혁명이 왔을 때 대다수의 프랑스인들이 혁명을 우호적으로 받아들일 수 있었다고 봅니다.

**김영한** 그러면 이 대목을 정리해 보도록 하겠습니다. 18세기의 상한선과 하한선에 대해서도 논의할 여지가 많이 있지만, 여기에서는 주로 18세기의 특징, 즉 18세기가 어떠한 시대였는가에 초점을 두어 의견을 나누었습니다. 그 결과 18세기는 일반인이 믿고 있는 것처럼 이성이 지배하는 냉정하고 안정된 시대라기보다는 훨씬 역동적인 시대, 풍요로운 시대라는 점에 의견이 모아졌습니다. 18세기가 역동적이고 풍요로운 시대임을 파악하기 위해서 이영석 선생님은 '장기 18세기'라는 개념을 제안하였습니다. 역사적 현상의 변화라는 관점에서 보면 18세기가 사실은 19세기의 변화들을 선도했다는 점에서 19세기 못지 않은 역동성을 지닌 시대였다는 것입니다. 이에 비해 정정호 선생님은 18세기가 적극적으로 평가받지 못한 것은 19세기 연구자들의 폄하 때문이라는 '음모설'을 소개하였습니다. 따라서 18세기는 우리의 인식과는 달리 감정의 변화와 다양성이 풍부한 역동적인 시대로 보아야 한다는 것입니다.


## 정치 · 국제관계의 틀

**김영한** 그러면 두 번째 문제로 넘어가겠습니다. 지금까지 의논한 것처럼, 18세기가 역동적인 시대라는 것을 염두에 두시고 좀 더 세부적으로 정치 · 경제 · 국제관계에 대해 논의해 보겠습니다. 사실 역사학에서는 프랑스혁명을 기점으로 그 이전 시대인 17, 18세기를 하나로 묶는 경향이 있었습니다. 그래서 이 시대를 정치적으로는 '절대주의시대'라고 불렀고, 프랑스혁명을 의식하는 사람들은 '앙시엥 레짐' 즉, 구체제라고 하였습니다. 절대주의의 시대 구분은 사람마다 달라서, 보통 1660년대부터 1815년까지로 나누는 사람도 있고, 명예혁명부터 프랑스혁명까지로 보는 사람도 있습니다. 그러나 어찌 되었든 미국혁명이나 프랑스혁명이 일어나기 전까지는 절대주의의 시대였습니다. 절대주의에는 프랑스처럼 절대군주제를 택한 나라와 프러시아 · 오스트리아 · 러시아 같은 계몽군주제를 택한 나라가 있고, 영국처럼 입헌군주제를 택한 나라가 있는가 하면, 미국같이 민주공화정을 택한 나라도 있습니다. 이와 같이 절대주의시대에는 다양한 정치제도가 존재하였습니다. 그렇다면 과연 절대주의의 일반적 특징은 무엇인가, 그리고 동양이나 오리엔트의 전제정과 비교하여 서로 어떤 차이가 있는가? 왜 18세기의 절대주의 체제하에서 대혁명이 일어났는가? 등을 포괄적으로 이야기하도록 하겠습니다. 우선 백 선생님이 정리해 주시죠.

## 절대주의국가: 봉건국가인가? 근대국가인가?

**백인호**  방금 김영한 선생님이 말씀하신 것처럼, 18세기에 여러 정치체제가 있었습니다. 대체로 4가지 정도로 나눠볼 수 있습니다. 1) 러시아·프러시아를 중심으로 한 계몽군주제, 2) 프랑스·스페인 합스부르크를 중심으로 한 절대군주제, 3) 영국의 입헌군주제, 4) 미국의 공화제로 나눌 수 있습니다. 하지만 18세기에 절대군주제를 제외한 나머지 체제들은 상대적으로 덜 중요했습니다. 유럽 대다수의 국가들이 절대군주제 국가였다는 점에서 18세기를 정치적으로 지배했던 것은 분명히 절대군주제였다고 생각합니다. 따라서 이 시기의 정치적 갈등은 주로 절대군주에 대한 영향력을 둔 개인과 당파 간의 싸움이었고, 이 싸움에서 이기면 절대군주에게서 여러 특권을 보장받았고, 실패할 경우에는 면직되거나 추방당하는 일들이 있었습니다.

절대주의국가의 성격에 관해서 봉건적인 국가인가 아니면 근대적인 국가인가를 두고 논란이 있는데요, 저는 개인적으로 절대주의국가가 근대국가의 틀은 가지고 있었지만 진정한 의미에서 근대적 국민국가는 아니었다고 봅니다. 예를 들어 근대국가로서의 면모는 관료제·상비군·조세제도·통일된 사법제도 등을 들 수 있는데, 이런 점에서는 대체적으로 근대국가의 면모를 갖췄다고 할 수 있습니다. 그러나 무엇보다도 왕조의 이해관계와 신민의 이해관계가 분리되어 있지 않다거나 왕조의 이해관계가 앞선다거나 하는 경우가 대부분이었다는 점에서, 진정한 의미의 근대적 국민국가는 아니었다고 생각합니다. 더욱이 당시의 관료나 군대가 국민보다는 절대군주 개인을 위해 봉사했던 점에서도 근대국가로 보기 어렵습니다. 마지막으로 절대주의국가들은 당시 성장하고 있던 부르주아지와 쇠락하고 있던 기존의 귀족들 사이에서 아슬아슬한 균형을 이루며 그 위에 군림하였다는 점입니다. 농민들에게 여전히 봉건적인 부담이 남아 있었고, 도시의 경우도 중세적인 길드제도가 잔존하였고, 봉건귀족은 여전히 특권계급으로서 세금을 면제받은 점에서 볼 때, 18세기 절대주의국가는 근대국가로 보기 어렵다고 생각합니다.

**이영석** 지금 논의되는 것은 결국 절대주의국가를 봉건국가로 볼 것인가, 아니면 근대적인 국가로 볼 것인가 하는 문제인데요. 모리스 돕(Maurice Dobb)의 견해에 따르면, 유럽에서 중앙집권적인 국가의 형성은 봉건주의 국가가 사회경제적인 위기에 봉착했을 때, 지배 세력이 위기에 대응하기 위해 군주권을 중심으로 결집하는 과정에서 나타났다는 것입니다. 이런 점으로 보면 백인호 선생님이 말씀하신 것처럼 지배 세력의 속성이 변하지 않았기 때문에 봉건적인 국가라고 해야겠지만, 저는 그것이 근대 초기(16세기, 르네상스시대)에만 타당하지 않았나 생각합니다. 요즈음의 연구들은 귀족과 부르주아를 나누는 것 자체에 많은 의문을 제기하고 있거든요, 어떻게 보면 이미 16, 17, 18세기로 넘어가면서 귀족과 부르주아가 신분적으로는 어땠을지 몰라도 사회경제적 이해관계에서 첨예하게 대립할 만한 뚜렷한 이유는 없어졌다는 것이죠. 이매뉴얼 월러스틴(Immanuel Wallerstein)도 그것이 하나의 신화에 지나지 않는다고 말하지 않았습니까?

저는 18세기에 와서 시장 지향적인 성격이 사회 전반에 확대되었다고 봅니다. 그렇기 때문에 귀족·부르주아에 상관없이 자신의 이윤을 추구하고 그것을 통해 자신의 사회적 지위를 향상하려는 추동력, 이것이 사회 전체적으로 확대되었던 시기라고 생각해요. 설령 귀족의 후예들이 18세기 국가의 요직을 장악했다 해도 전 그것이 중요하지 않다고 생각합니다. 문제는 그들의 망딸리떼 자체가 이미 자본주의를 향해 나아가고 있었다는 거죠. 그러니까 절대주의국가가 근대국가냐, 봉건국가냐의 문제에서, 지배 세력이 이미 자본주의적 축적을 지향하고 그 길로 나아가고 있었다면, 얼마든지 근대국가라 할 수 있다고 생각합니다.

또 한 가지 중요한 것은 근대국가라 했을 때, 국민 정체성 (national identity)이 어느 정도 형성되었는가 하는 문제가 중요한데, 저는 18세기에 이미 국민적 정체성이 영국이나 프랑스에서 강력하게 형성되었다고 봅니다. 린다 콜리(Linda Colley)가 말했듯이, 18세기에 영국과 프랑스는 끊임없는 전쟁을 벌였는데, 이 과정에서 영국의 지식인들 사이에 애국주의 담론이 나타나고 그와 함께 국민 정체성의 수사가 널리 퍼졌습니다. 이것은 프랑스도 마찬가지였지요. 아직 절대군주가 지배하고 또 요직의 대부분을 귀족 출신이 차지하고 있다고 하더라도, 18세기 영국과 프랑스 지배층이 자본 지향적인 성향을 보여주고, 국민 정체성을 형성한 것을 중시할 필요가 있습니다. 18세기의 절대주의 국가를 16~17세기의 국가와 동일선상에서 볼 수는 없다고 생각합니다.

## 18세기: 신분사회인가? 계급사회인가?

**백인호** 저도 이 선생님의 입장에 공감합니다. 17세기의 봉건적인 잔재가 18세기에 여전히 남아 있긴 하지만, 방금 말씀하신 근대성이 보이기 시작한 점에서, 저는 18세기는 근대성과 봉건성이 혼재된 시기며, 봉건성이 약화되는 동시에 근대성이 강화되는 시기라고 봅니다. 예컨대 과연 18세기가 신분사회였는가 하는 논쟁이 있는데, 무니에(Roland Mousnier) 교수는 기본적으로 앙시엥 레짐의 신분사회였다고 주장하는 반면, 포르슈네프(Boris Porshnev) 같은 마르크시스트들의 경우에는 계급사회였다고 주장합니다. 저는 미셸 보벨(Michel Vovelle) 교수가 주장한 것처럼, 18세기는 신분제라는 옛 구조와 새로운 자본주의 체제로 등장한 계급구조가 정면으로 부딪치는 시대였고 상호간의 침투가 활발하게 일어났던 시대였기 때문에, 18세기의 신분이라는 개념이 상당히 애매모호한 시대였다고 봅니다. 따라서 18세기가 과연 신분사회인가 계급사회인가를 논하기가 상당히 어렵다고 보는데요. 저는 18세기에 신분이 본질적인 기능을 수행했지만, 새로 등장한 자본주의 계급구조가 신분과 상당 부분 일치했다고 봅니다.

**이영석**  제가 조금 더 보충하겠습니다. 계급 또는 계급사회의 문제는 자본주의를 바라보는 관점에 따라 다른 것 같아요. 자본주의를 생산 중심의 차원에서 바라보면, 자본가와 노동자라는 계급관계를 염두에 둘 수밖에 없지요. 그렇지만, 브로델이나 월러스틴 같은 사람들이 생각하듯이, 자본주의를 이윤 추구가 확대되는 과정으로 본다면, 계급 자체는 중요하지 않을 수도 있습니다. 물론 정치 · 경제 · 사회 분야 모두가 중요하겠지만, 제가 강조하고 싶은 것은 18세기에 시장이 사람의 삶에 중요성을 갖게 되는 현상이 확대되었다는 것입니다. 예를 들어 옛날에는 생각지도 못했던 것이지만, 귀족도 이젠 상업활동에 종사하는 등 시장 지향적인 성격을 가지게 되고, 사람들이 그것을 용인하는 그런 사회가 되었다는 것입니다.

**백인호**  프랑스에서 1789년 5월에 신분회의가 열려서 투표 방식을 두고 투쟁하였을 때, 제1 신분인 성직자 집단과 제2 신분인 귀족 집단은 자신들의 봉건적 특권을 위해, 제3 신분을 배제합니다. 거의 확연하게 귀족과 제3 신분이 투표하는 성향이 달랐지요. 이렇게 보면 여전히 신분구조라는 기본적인 틀이 작용하고 있던 사회라는 점을 기억할 필요가 있습니다.

**이영석**  신분이 강력한 사회적 기제로 작용을 한 것은 사실이지요. 신분은 장기 지속적인 것입니다. 그에 대한 특정한 태도나 편견 또는 선입견이 남아 신분이 지속되었다고 볼 수 있습니다. 하지만 신분에 상관없이 어떤 방향으로 사람들이 쏠려가고 있다는 점에 관해서는, 즉 시장을 향한 태도에 관해서는 귀족이나 평민이나 더 공통점이 강하지 않겠느냐 생각합니다.


## 영국과 프랑스는 어떻게 다른가?


**백인호**  이 선생님의 주장은 어느 정도 영국적인 시각인데요, 프랑스에도 분명히 자본가로 활동했던 귀족들이 있습니다. 그러나 이들은 일부에 불과했고, 프랑스 전체를 두고 살펴보면 여전히 신분이란 틀이 혁명 전까지 유지되다가 프랑스혁명에 와서야 깨졌다는 점에서 볼 때 영국과 다르다고 생각합니다.

**김영한**  이영석 선생님의 말씀에 대해서는 3가지를 확인하고 싶습니다. 하나는 우리가 장기 18세기라는 개념을 도입하면,

18, 19세기를 하나로 묶을 수 있습니다. 같은 논리를 이번에는 절대주의에 적용한다면, 정치적으로 16~18세기가 같은 범주 안에 들어간다고 볼 수 있습니다. 그렇지만 이 선생님은 절대주의 초기와 18세기와는 그 성격이 다르다고 하셨는데, 그 초기와 18세기로 나누어지는 시점은 어디로 보고 있는가, 그리고 서로 성격이 다른데 과연 양자를 절대주의라는 테두리로 묶을 수 있는 것인가, 그렇다면 18세기는 정치적으로는 앞 시대인 16, 17세기와 묶고, 경제적으론 19세기와 묶어야 하는가를 묻고 싶습니다. 두 번째로 절대주의국가가 근대적인가 봉건적인가 하는 것은 말씀하신 대로 강조점에 따라 달리 해석될 수 있습니다. 그러나 절대주의가 시민혁명에 의해 타도된 것은 사실입니다. 수정주의 해석에 따르면 혁명이 별 것이 아닐 수 있지만 그래도 우리가 그 혁명의 중요성을 인정한다면, 근대를 지향하는 혁명에 의해 절대주의가 거부되었다는 점에서 그것의 봉건성을 찾아볼 수 있지 않겠는가 하는 점입니다. 세 번째는 귀족이건 시민이건 모두 시장 지향적이라는 점에서는 동질적이라고 말씀하셨는데, 그렇다고 그 당시의 이념이나 태도가 모두 그 같은 방향으로 나갔느냐 하는 것과는 별개의 문제라는 것이죠. 예를 들어 회사에서는 전 직원이 같은 목표를 갖고 있지만, 집에 돌아가면 각자의 목표가 다르고 학교에서는 공통된 지적 관심사를 갖고 있지만, 가문과 경제력의 차이에 의해 교수의 사회적 지위가 다를 수 있습니다. 그러므로 경제적 지향성만을 가지고 그 시대의 성격을 재단하는 것은 문제가 될 것 같습니다.

**이영석** 절대주의국가도 나라마다 다릅니다. 예를 들어 영국의 경우는 명예혁명 전후로 구분할 수 있지만 프랑스의 경우는 루이 14세 이전과 이후가 달라집니다. 어쨌든 절대주의국가라고 해서 3세기에 걸친 국가의 시스템을 동질적인 것으로 파악하는 데는 상당한 무리가 있다는 점을 말씀드리고 싶군요.

**백인호** 영국의 경우는 이미 17세기에 명예혁명을 통해 절대군주제를 벗어났기 때문에 그런 시대 구분이 가능하겠지만, 프랑스의 경우에는 1789년 혁명에 와서야 절대군주제가 무너졌기 때문에 영국과 상당히 다릅니다. 더욱이 영국의 경우는 시장경제체제가 유럽대륙보다 상당히 빨리 시작되었기 때문에 18세기를 역동적으로 볼 수 있지만, 유럽대륙의 경우는 시장경제체제가 이미 시작은 했지만 영국에 비해 느린 속도로 퍼져나갔다는 점에서 차이가 있습니다. 이렇게 볼 때, 프랑스의 경우는 역시 1789년을 기준으로 근대를 구분할 수밖에 없다고 생각합니다.

**이영석** 하지만 그런 것이 있다 할지라도, (수정주의 해석이 옳다 그르다를 떠나서) 프랑스의 경우에도 프랑스혁명 직전의 영주반동을 영국의 인클로저(enclosure)와 비슷하게 상업적 농업을 추구한 것으로 보는 연구들도 있으니까요. 저는 시장의 확대에 일단 초점을 맞춰야 하지 않겠느냐 생각합니다. 시장의 확대가 얼마나 중요한가 하는 것은 그 이후의 사회변화를 통해서 짐작할 수 있습니다. 저는 인간의 활동을 시장을 중심으로 규정하는 경향이 18세기에 이미 상당히 나타나 있다는 점을 강조하는 것이지요.

**김영한**　그렇다 하더라도 절대주의를 혁명이 타도했다는 측면은 어떻게 해석해야 합니까?

**이영석**　만일 그랬다면 프랑스혁명에 대한 수정주의적 해석을 좀 더 살펴볼 필요가 있는데요. 즉, 귀족과 부르주아라는 계급 구분 이전에 엘리트 내부의 권력투쟁으로 파악하는 견해도 있다는 것이죠. 더 나아가서 프랑스혁명 자체를 엘리트 내부의 갈등으로 보는 견해, 자본주의로 나아가는 과정에서 일탈한 민중들이, 자본주의적인 개혁에 대해서 도전하는 민중혁명으로 보는 견해도, 프랑스혁명이라는 틀에서 같이 파악해야 한다는 비판도 있거든요.


## 미국혁명과 프랑스혁명은 왜 18세기에 일어났는가?

**김영한**　그러면 그러한 논의의 연속과정에서 왜 18세기에 미국혁명과 프랑스혁명이 일어나게 되었는가를 검토해 보기로 하겠습니다.

**백인호**　우선 18세기 전반에 걸쳐서 절대주의의 불완전성에 따른 결함들이 드러나기 시작합니다. 예를 들어 행정제도가 매우 혼란스러웠다거나, 징세제도가 불평등하고 매우 비효율적이었다는 점들을 들 수 있는데요. 더욱 중요한 것은 1770년대에 튀르고 재상이 해임되면서 절대군주의 개혁의지가 소멸됐다는 겁니다. 개혁의지가 소멸되면서 제도상의 위기는 곧바로 사회의 위기로 파급될 수밖에 없었습니다. 따라서 사회 위기가 재정 적자로 나타난 위기와 함께 증폭하면서, 사회적·재정적 위기가 18세기 말에 프랑스혁명이 일어날 수밖에 없었던 원인이 되었습니다.

미국의 경우는 17세기에 신대륙에 식민지인이 정착하고 18세기 초가 되어서 13개의 영국 식민지가 건설되는데, 18세기 초만 하더라도 영국 정부는 식민지에 총독을 파견하긴 했지만 식민지에 별로 간섭하지 않는 편이었습니다. 그래서 식민지가 상당히 광범위한 자치와 자유를 누리고 있어서 식민지 내부에서는 구체제를 지향하는 계층 분화가 나타나기도 했습니다. 그렇다면 왜 18세기에 혁명이 일어나게 되었는가? 무엇보다 영국의 정책이 7년전쟁(144면 참조) 이후에 달라졌기 때문입니다. 7년전쟁 이후로 영국이 식민지를 좀 더 적극적으로 간섭해야겠다고 결정하고 식민지에서 재정을 충당하려고 하였는데, 이것이 1765년의 인지조례(145면 참조), 1767년의 타운센드법(145면 참조) 등으로 나타난 것이죠. 이에 따라 광활한 대지에서 자유를 누리던 식민지들이 영국의 간섭을 더 이상 참을 수 없는 것으로 인식하면서 18세기 말에 미국독립전쟁 혹은 미국혁명이 일어났다고 할 수 있습니다.

**김영한** 문학에서도 혁명을 많이 다룰 텐데요.

**이동렬** 18세기의 문학을 포함한 정신활동 전반은 혁명과 밀접한 연관을 맺고 있다고 할 수 있으며, 또한 프랑스대혁명은

## 7년전쟁

슐레지엔 영유를 둘러싸고 유럽대국들이 둘로 갈라져 싸운 전쟁 (1756~1763). 제3차 슐레지엔 전쟁이라고도 한다. 오스트리아 왕위계승전쟁 때 프로이센에게 슐레지엔을 빼앗긴 오스트리아의 마리아 테레지아는 탈환을 기도하여 군비증강에 주력함과 동시에 200년 동안 적대관계에 있던 프랑스와 제휴하고 다시 러시아·스웨덴·작센 기타 독일의 제국과도 동맹을 맺고 프로이센을 포위할 체제를 정비하였다. 한편 영국과 결탁한 프로이센의 프리드리히 2세는 1756년 8월 기선을 제압하여 작센에 침입함으로써 전쟁이 터졌다. 이 전격전으로 프로이센은 서전의 승리를 거두었으나 얼마 후 우세한 적군의 반격을 받아 점차 병력이 소모되어 수세에 몰렸다. 특히 1759년 8월 오스트리아·러시아 연합군에게 쿠네르스도르프 회전에서 대패한 후로는 일시 베를린도 점령당했고 게다가 영국의 대(大)피트가 실각하여 군자금의 원조도 끊어져서 고립무원의 상태에 빠져 프리드리히는 절망 끝에 자살을 결의한 때도 있었다. 그런데 1762년 러시아의 엘리자베타 여제(女帝)가 급사하고 프리드리히를 숭배하는 표트르 3세가 즉위하고부터는 형세가 일변하여, 1763년 2월 후베르투스부르크 화약이 성립되고 프로이센은 슐레지엔의 영유를 확인받게 되었다. 그 결과 프로이센은 유럽 열강의 지위에 올라 독일에서의 패권의 기초를 확고히 하였다. 또 세계적으로 보면 7년전쟁은 해외 식민지를 둘러싼 영국·프랑스 양국의 오랜 싸움의 일환이며 이로 인하여 영국은 대식민제국으로서의 지위를 확립하기에 이르렀다.

## 인지조례

1765년 영국이 북아메리카 식민지에서 강제적으로 실시한 최초의 과세법. 각종 증서·증권류에서 신문·광고·달력 등에 이르는 인쇄물에 인지를 붙일 것을 요구한 것이며, 그 수입으로 북아메리카에 주둔하고 있던 영국 본국군의 유지비에 충당하려는 것이 주목적이었다. 인지법은 당시 본국에서도 이미 실시하고 있었고, 식민지에서의 세율은 그보다도 더 낮았으나 식민지의회를 무시한 본국 정부의 강제 과세였기 때문에 거센 반발을 불러일으켰다. 식민지는 '대표 없이 조세 없다'라는 구호를 내걸고 인지조례의 무효를 결의하고(버지니아 결의), 인지조례 회의를 열어 식민지인의 권리를 선언하는 한편 비밀결사 '자유의 아들'은 이 법령의 시행을 실력으로써 방해하였다. 이와 같은 저항운동에 부딪쳐 영국 정부는 1766년 초 실시 후 약 3개월 만에 폐지하였으나, 본국 정부에 대한 식민지인의 불신은 소멸되지 않고 종래의 본국에 대한 부분적 저항이 전식민지적인 반항운동으로 확산되어 미국독립전쟁의 한 유인(誘因)이 되었다.

## 타운센드법

1767년 영국의회가 제정한 일련의 법률. 종이·유리·차(茶) 등에 대한 수입세를 신설, 그 징수를 위한 세관의 설치 등을 정한 것으로서, 당시 영국의 재무장관인 C. 타운센드가 제안하였다. 아메리카 식민지 측의 강력한 반대에 부딪쳐 1770년 차세(茶稅)만 남기고 철폐되었으나, 이 차세에 대한 반대운동이 계속되어 미국 독립운동의 유인(誘因)이 되었다.

이후의 문학에 중대한 영향을 미쳤음이 틀림없지요. 혁명이 절대왕정의 모순이 빚어낸 역사적 사건이라고 할 경우, 같은 절대왕정이라고 해도 루이 14세 시대의 17세기의 절대왕정은 탄탄하고 동요가 없는 모습을 보이는 반면, 18세기에 들어와서는 절대왕정이 끊임없이 공격과 비판의 대상이 될 정도로 취약함을 드러냈다고 할 수 있겠지요. 그런 공격과 비판을 감행한 것이 계몽주의운동이라고 한다면, 계몽주의 문학 전체가 프랑스대혁명을 낳은 지적 토대였다고 할 수도 있을 것 같습니다. 그러나 계몽주의를 혁명과 직접적으로 연결하는 것은 대체로 혁명 이후의 결과론적

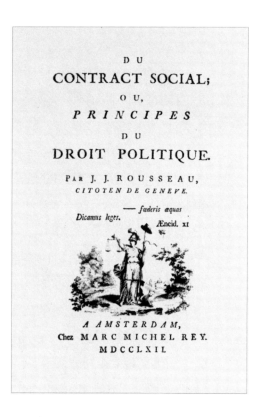

고찰로서 얼마간 단순화의 위험을 내포하고 있는 것 같습니다. 볼테르나 루소 같은 계몽사상가들이 흔히 프랑스대혁명의 선구자로 떠받들어지기도 하지만 계몽사상가들이 혁명을 예상하거나 그것을 계획하고 선동한 흔적은 발견할 수 없습니다. 지적·사상적 활동으로서의 계몽주의가 혁명과 관련을 맺는다면 그것은 간접적이고 우회적인 방식으로서의 관련이라고 할 수 있을 것입니다.

# 미국혁명의 허와 실

**정정호**　미국 독립선언서에 나오는 문장을 보면 아주 미문에다가, 신 앞에 만인의 평등과 자유를 주장하는 것입니다. 하지만 그것도 말하자면, 당시 식민지 지배자들, 즉 대토지 소유자들의 자기 재산을 종주국 영국으로부터 지키기 위한 것으로 폄하되기도 합니다. 독립선언서에 나타난 이데올로기와는 달리 그 내용은 그게 아니었다는 거죠. 거기서 인간이라는 것은 백인만을 말하거든요. 그래서 당시에 많은 영국의 지식인들이 미국 독립을 주장하는 사람들을 배은망덕한 사람들이라 생각했다는 거죠. 영국이 군대를 풀어 외적, 특히 프랑스의 침입으로부터 지켜주었는데, 대부분의 가진 자들이 자기 재산 지키려고 저런다고요……. 조지 워싱턴만 해도 엄청난 토지를 소유했거든요. 그러니까 무역 재벌들과 토지 귀족들이 영국의 간섭이 심해지니까 거기서 벗어나려고 했던 거라고 보기도 했죠. 반면, 토착민들에 대한 백인들의 탄압(실제로는 몰살)을 보고, 미국혁명을 프랑스혁명과는 다른 것으로, 즉 백인들의 허위 이데올로기로 미화해서 보기도 했습니다. 최근에 밝혀졌지만, 제퍼슨도 흑인 하녀 사이에 자녀를 낳았지만 인정도 안 했죠. 즉 미국혁명은 백인 지배자들의 자기 지키기의 합리화이며, 대단한 걸로 이념적으로 포장을 한 것이라는 것, 그런 점이 지적돼야 하지 않을까 합니다. 이건 여담 같은 얘기지만, 미국에 처음 당도한 유럽의 목사들이 처음에는 인디언들을 인간으로 안 봤다는 것입니다. 목사들이 그럴 정도니까……. 저는 미국혁명의 역사적·정치적 중요성과 의미를 결코 무시하는 것은 아닙니다만, 어쨌든 미국혁명의 이상주의 위에 숨겨져 있는 정치적·경제적·도덕적인 허구는 짚고 넘어가야 하지 않을까 합니다.

운디드니 크릭 학살

**백인호** 정 선생님 말씀에 전적으로 동의하는데요. 예를 들어 인디언의 입장에서 본다면, 16~17세기에 영국 사람들이 처음 신대륙에 도착했을 때, 인디언들은 이들을 아주 호의적으로 대접했습니다. 예컨대 추수감사절(Thanksgiving Day)이 미국에서 시작한 연유를 보면, 이민 초창기에 굶어 죽게 된 영국 사람들에게 인디언들이 재배법을 알려주어 자생할 수 있도록 도와주었는데, 영국인들은 인디언들 덕분에 처음 추수한 날을 기념하여 추수감사절을 제정했습니다. 요즘에는 미국 인디언에 대한 억압을 두고 대학살(American Holocaust)이라는 말을 쓰지 않습니까? 어느 통계에 따르면, 1492년 당시에 인디언 인구가 85만 명이었는데, 인디언 학살사건을 종결시킨 1890년 운디드니 크릭 사건(149면 참조) 때에는 5만 명에 불과했다는 것이죠. 평화적으로 지내기 원했던 인디언들을 기어코 말살하고만 미국인들의 잔혹성을 엿볼 수 있는 대목이지요.

## 운디드니(Wounded Knee)

북아메리카 인디언과 미국 정부군 사이에 2차례의 충돌이 벌어진 미국 사우스다코타주 남서부 파인리지 인디언 보호구역에 있는 작은 마을과 강. 1890년 12월 29일에 200명 이상의 수족(族) 남녀와 어린이들이 운디드니 전투라고 불리는 싸움에서 미국 군대에 의해 살해되었는데, 이는 북아메리카 인디언 정복을 결정짓는 사건이었다. 1880년대 말 보호구역 축소로 인해 반아사 상태에 빠진 테톤수족은 곤경으로부터 벗어나고자 하는 희망에서, 일정한 의식을 벌이고 춤을 추면 백인들이 사라지고 원주민의 토지와 들소를 되찾을 수 있다는 파이우트족 예언자 워보카의 말을 따르기로 했다. 고스트댄스로 알려진 이 의식은 백인들에게 경종이 되었으며, 이로 인해 연방 정부군이 개입하게 되었다. 연방 군대가 고스트댄스 행사를 저지했으나, 체포 과정에서 시팅 불 추장이 보호구역 경찰대에 의해 살해되었으며, 수백 명의 수 부족민은 파인리지에 있는 자신들의 보호구역을 떠나 베들랜즈로 피신했다. 정부군은 이들이 보호구역을 떠난 것을 적대행위로 규정했다. 인디언들은 폐렴으로 죽어가고 있던 빅 풋 추장을 중심으로 집결하여 12월 28일 밤 제7 기병대 추적대에 조용히 투항했다. 인디언들은 포위되어 거의 무장해제당했으나, 젊은 용사가 갖고 있던 새로운 소총 때문에 한 차례 난투극이 벌어졌고 기관총으로 무장하고 있던 군인들은 인디언들에게 총격을 가했다. 죽은 인디언의 숫자는 알려져 있지 않지만, 다음해 봄 날씨가 풀려 군대가 철수하면서 44명의 여자와 16명의 어린이를 포함한 144명의 인디언들이 공동묘지에 매장되었다. 이 전투에서 군인들은 약 30명이 죽었다.

(브리태니커백과사전에서 인용)

**정정호** 요즘의 인디언 보호구역(Indian Reservation)이라는 것도 거기다 술·마약을 거의 공공연하게 투입한다는 것 아닙니까. 아주 공식적으로 그런 거거든요. 이런 작태는 토착민을 무력화하고 멸절하기 위한 소위 인종청소라는 폭력 행위입니다. 그리고 당시에 연방정부와 수많은 인디언 부족장들이 맺은 백 몇 가지의 공식적인 조약을 하나도 안 지켰답니다. 모두 백인들이 자신들의 이익을 위해 일방적으로 파기했다는 것입니다.

**백인호** 좀 더 부연하자면, 백인들은 인디언과 맺은 협정도 안 지켰을 뿐더러, 인디언 부족을 분열시키기 위해 한 부족만 지원한다든지, 또는 스파이를 파견해서 인디언들을 교란한다든지 하는 말살정책을 폈습니다. 다만 미국과 영국의 관계만 살펴본다면, 미국혁명을 통해서 처음으로 공화국체제가 세워졌다는 점을 정치적으로 높이 살 수 있겠습니다. 미국인의 시각이 아닌 우리의 시각에서 인디언들에 대한 백인의 도덕적 허구성을 지적하신 정 선생님의 시각에 동의합니다. 아마도 미국 역사에서 가장 커다란 모순은 노예제도와 민주주의가 같이 발전했다는 점이라고 봅니다. 미국 초대 대통령들이 대부분 노예를 소유한 대농장주였습니다. 백인 농장주들은 인디언들을 진압하는 과정에서 배운 인종적 혐오를 흑인 노예에게도 그대로 적용하였고, 백인과 흑인 노예를 분리하기 위해 체계적으로 인종주의를 발전시켰습니다. 따라서 모건(Edmund S. Morgan) 교수에 따르면 미국의 노예제도와 인종주의는 백인 농장주들의 고안물이었다는 것입니다. 모건 교수는 식민지 초기 버지니아 식민지인들이 노예제도를 성립시킴으로써 공화주의적 자유와 평등을 향유할 수 있었다는 모순을 정확하게 지적하고 있습니다.

**정정호** 18세기 서양이 어디로 가고 있었는가? 하는 논의에서 자본과 결탁해 시장 개혁과 노동력 착취, 원자재 획득 등 식민주의와 제국주의로 가고 있었고, 크게 보면 잘못된 방향으로도 가고 있었다는 것을 꼭 지적하고 넘어가야 할 것 같습니다. 미국 인디언의 경우는 하나의 작은 예죠. 미국 독립선언서가 허위 지배 이데올로기의 텍스트가 될 수도 있다는 것입니다. 다시 말해 서구의 어떤 담론도 탈식민주의적인 시각에서 해체할 수 있어야 한다는 것입니다.

**이영석** 사실 역사적 사건이나 현상에 대해서 의미를 부여하거나, 인과관계를 따지거나 하는 것은 후방 가늠자 식의 작업입니다. 왜 우리나라에서는 미국혁명을 항상 시민혁명의 중요한 사례로 받아들이고 있는가. 이건 아마도 미국의 문화사 서술이 그대로 영향을 미쳤기 때문이라고 봐요. 미국 독립전쟁도, 독립의 아버지라는 제퍼슨도 대지주이자 자본가라는 점에서 알 수 있듯이, 영국과 식민지 지배층(또는 엘리트) 내부의 이해관계 대립에서 나온 것이라고도 볼 수 있습니다. 여기서 중요한 것은 이들이 왜 공화정을 미래의 정치적 이념으로 받아들였느냐 하는 점이죠. 전 이렇게 생각합니다. 공화주의가 정치사상으로 전해져 왔지만, 18세기 영국에서 공화주의는, 해밀턴의 사상에서 보듯이 소농의 독자적인 자유와 경제적 자유를 추구하는 것인데, 이는 그만큼 18세기가 상업적으로 역동적이며, 자본 축적

도 활발하게 이루어졌던 사회임을 반영한다는 거죠. 식민지 미국의 엘리트들이 이해관계의 대립 때문에 독립을 결정했을 때, 이들이 추구할 수 있는 정치체제나 이데올로기는 무엇이었을까요. 그들은 영국과 같은 입헌군주제를 취할 수 없었겠죠. 그렇디면 이들이 택할 수 있는 대안은 공화주의일 수밖에 없죠. 즉 선택의 여지가 적었던 것이지요. 사실 그들이 말하는 인권은 '그들의' 인권인데, 그것이 오늘날 확대되면서 보편적 인간의 인권으로 자리 잡았다고 할 수 있습니다.

## 프랑스혁명은 계급혁명이었나?

**백인호** 그런 점에서 프랑스혁명은 상대적으로 보편적인 측면을 가지고 있었다고 볼 수 있습니다. 예컨대 여성의 입장에서 보면 그들은 혁명을 계기로 활발하게 정치활동을 하였습니다. 50개가 넘는 여성 정치클럽이 허용되었고, 정치적 폭동도 여성들이 앞장서서 선동하였습니다. 1789년 10월에 파리 시민이 루이 16세를 파리로 데려온 사건에서도 가장 선봉에 섰던 사람들은 파리 여성이었습니다. 1793년에 이르면 여성이 지나치게 정치에 참여한다고 해서 가정으로 돌려보내는 한계를 보이기도 했지만, 여성에게 정치적 참여의 계기를 마련해 줬다는 점에서 프랑스혁명은 보편적 의미를 갖는다고 봅니다. 또한 프랑스혁명 중에 노예를 해방했던 점에서도 미국혁명과 차이를 보이지 않나 합니다.

혁명에 앞장선 여성

**이동렬** 역사에서는 프랑스혁명을 부르주아지가 귀족계급의 권력을 빼앗기 위한 봉기였다고 보는 견해가 있지 않습니까? 계몽사상 내지 계몽사상가들이 프랑스혁명에 끼친 영향은 역사학에서 어떻게 평가하는지요?

**백인호** 이 선생님이 말씀하신 해석은 정통파 해석인데요. 정통파 해석에 따르면, 프랑스혁명은 반(反)봉건적이고 반(反)귀족적인 부르주아혁명이었다는 겁니다. 이들은 혁명의 기원을 1780년대 귀족의 반동에 직면한 부르주아들의 적극적인 계급투쟁으로 파악했습니다. 정치적으로 상대적 열세에 있던 부르주아지가 정치적인 지위를 획득하고자 했다면, 18세기 후반에 귀족들은 오히려 더욱 반동적으로 나간 것이 원인이었다는 겁니다. 예를 들어 1780년대에 4대째 귀족가문이 아니면 장교 직을 맡을 수 없도록 폐쇄조치를 합니다. 부르주아지가 귀족의 지위에 올라올 수 없도록 폐쇄하는 반동 현상이 더욱 심해졌다는 거죠. 그래서 이를 귀족계급과 부르주아지 사이의 계급갈등으로 파악하고, 프랑스혁명은 귀족의 반동에 대한 부르주아지들의 적극적인 계급투쟁으로 보는 것이 정통파 해석입니다.

그런데 수정파 해석은 엘리트혁명이라고 봅니다. 혁명 전에 부르주아지와 귀족 사이에는 의식적인 계급투쟁은 없었으며, 일부 계몽된 귀족들은 오히려 18세기에 상층 부르주아지와 동질적인 가치관을 공유하는 하나의 엘리트 계층을 이루었다는 겁니다. 문화적 동질성을 공유한 귀족과 부르주아지는 자유주의를 표방하면서 혁명 초기에는 서로 협력을 아끼지 않았습니다. 그러나 삼부회 소집 때 우연히 귀족과 제3 신분 사이에 오해가 발생하면서 혁명이 발발했다는 것이죠. 따라서 수정파 해석에 따르면, 혁명은 우연히 발발한 것이며, 자유주의적이고 엘리트 중심의 통치를 향해 가던 경향에서 벗어난 일탈이었다는 것이죠. 그러니까 구체제 아래 귀족과 부르주아지 사이에는 계급갈등이 아니라, 귀족 내부의 정책을 둘러싼 정치투쟁이 있었다는 겁니다. 정통파 해석이 계급갈등에 따른 혁명의 필연성을 역설하였다면, 수정파 해석은 계급투쟁설을 거부하고 정치의

**베르사유 건설**
루이 14세는 30년 이상을 들여 파리에서 32km나 떨어진 곳에 자리 잡은 사냥막사 터를 수천 명의 장인과 노동자를 동원하여 수많은 건물과 미로와도 같은 정원, 마구간, 온실, 동산과 연못을 갖춘 궁궐로 바꿔 놓았다.

우연성과 자율성을 강조한다는 점에서 상당히 다르다고 하겠습니다. 1980년대 이후로는 역사학계의 근본적인 연구 경향의 변화와 더불어, 혁명기의 정치문화를 조명하는 새로운 해석들이 등장하고 있습니다.


## 계몽사상이 프랑스혁명에 미친 영향

**김영한** 이동렬 선생님이 물어보신 계몽사상이 프랑스혁명에 끼친 영향에 대해서는 시간관계상 제가 간단히 정리를 해보겠습니다. 일반적으로 계몽사상이 미국혁명과 프랑스혁명에 많은 영향을 주었다고 강조를 합니다. 예를 들어 미국 독립선언서에 나오는 자유·평등·행복의 추구 같은 개념들은 기본적으로 계몽사상에서 나왔다고 보고 있으며, 프랑스혁명의 경우에서도 절대군주제를 지탱해 준 종교와 교회를 비이성적이라고 비판하였습니다. 계몽사상은 종교와 정치를 분리하는 데 기여했고, 내세에 대한 기대 대신에 현세의 행복과 안락을 중시하였으며, 세속적인 윤리개념을 제시해서 사회봉사와 인도주의를 표방하였습니다. 그리고 비판과 분석을 통해 사회의 부조리와 모순을 공격하였는데(대표적인 것이 정부의 과세라던가, 교회세 납부 등이었음), 이러한 사실들이 결과적으로 혁명을 낳은 원인이 되었습니다. 그리고 계몽사조의 역사의식, 인간 진보에 대한 확신, 자유·평등·박애의 이념이 혁명의 기본원리와 정신에 영향을 주었다고 할 수 있겠습니다.

　다만 제가 혁명에 대해 말하고 싶은 것이 있습니다. 지금까지 미국혁명과 프랑스혁명에 대해서 부정적인 측면, 예를 들면 백인 중심주의 같은 지적들을 해 주셨습니다. 그러나 그것은 우리가 지금 21세기에 살고 있어서 18세기 역사가 어디로 갈 것인가를 이미 알고 있기 때문에 가능하다고 하겠습니다. 그러므로 우리가 역사를 평가할 때는 당대의 입장도 고려할 필요가 있습니다. 우리는 인권선언 하면 마그나 카르타, 권리청원, 권리장전 등을 즉시 떠올리게 됩니다. 그러나 그것을 오늘의 시각에서 보면, 귀족들의 자기 이익 옹호 외에 아무것도 아닙니다. 그렇다면 민주주의와 인권사상이 이러한 전통과 전혀 관계없이 발전되었느냐 하면 그렇지 않습니다. 미국혁명도 독립혁명의 측면에서 볼 때(물론 이것도 식민지의 못 가진 자와 영국의 가진 자와의 싸움으로 볼 수도 있지만), 제국주의로부터 식민지가 독립한 첫 케이스라는 데 중요성이 있습니다. 남미를 비롯한 다른 식민지들의 독립에 미국혁명이 준 영향은 참으로 크다고 하겠습니다. 3·1 운동이 일어났을 때, 윌슨의 평화원칙이 중요한 영향을 준 것처럼, 아시아·아프리카의 독립운동에 미국의 독립운동이 준 영향은 매우 중요합니다. 예를 들면, 월남 헌법도 미국 헌법의 영향을 받았고, 미국의 지배에서 독립한 필리핀의 헌법도 미국 헌법을 모델로 하였습니다. 그리고 민주혁명으로서의 미국혁명의 중요성은, 19세기의 역사가 랑케(Leopold von Ranke)의 언급에서 잘 드러납니다. 그는 바바리아의 왕 막시밀리안 2

세 앞에서 역사를 강의하면서 미국혁명은 역사상 가장 위대한 혁명이라고 주장하였습니다. 왜냐하면 미국혁명은 군주정의 원리를 공화정의 원리로 완전히 대체했기 때문에, 오늘날 표현을 빌리자면 패러다임을 완전히 바꾼 혁명이었기 때문이라고 하였습니다. 이러한 면에서 앞에서 지적하신 점들도 중요하지만, 역사적 사건은 그 당시의 관점에서 조명할 필요가 있습니다.

**정정호** 선생님이 말씀하신 것처럼 당시의 의미를 무시해서 안 된다는 것은 당연한 것입니다. 제가 드리고 싶은 말씀은, 서양 사람들이 하지 않았던 말들도 다시 말해 지배자가 쓰는 담론인 역사에서 숨겨지고 감추어진 부분들을 캐내어 미셸 푸코 식의 고고학적 또는 계보학적으로 드러내서 집고 넘어가야 된다는 그런 것입니다. 이러한 비판적 태도는 서양 학문(洋學)을 공부하는 우리가 주체적 학문을 수립하는 데 필수적입니다. 이것이 없다면 우리는 저들의 장식윤리와 표면논리에 속아 넘어갈지도 모릅니다.


## 계몽절대군주의 특징

**김영한** 그러면 절대주의국가 가운데서, 계몽절대주의와 계몽절대군주의 역사적 의미를 살펴보기로 하겠습니다.

**백인호** 계몽군주제는 18세기 계몽사상가들의 이론일 뿐만 아니라, 실제적으로 적용된 면도 있습니다. 대부분의 절대군주들은 이론보다는 그 나라의 역사와 전통에 의해 영향을 받아 계몽적인 개혁을 실행했습니다. 예를 들어 당대인들에게 대표적인 계몽군주로 뽑혔고 최초로 계몽군주제를 실현했던 인물인 프리드리히 2세는 개인적으로는 계몽사상에 호의적이었고 볼테르와 사적으로 교제를 하면서 세상 사람들에게 깊은 인상을 준 군주이지만, 실질적으로 그의 정책들이 당대의 계몽사상에서 영향 받은 것은 별로 없다는 것입니다. 그의 정책들 가운데 성공했다고 평가받는 것은 사법개혁 정도에 불과합니다. 또한 러시아의 예카테리나 여제를 보더라도 실질적으로 그가 했던 개혁들은 단지 이전 황제들의 정책을 계속 수행한 것에 불과했다는 거죠. 예카테리나 여제가 개인적으로 계몽사상을 추종했던 것은 사실이지만, 실질적인 정책 실행에서는 제한적이었습니다. 예카테리나 2세는 당초 프랑스 계몽사상의 강한 영향을 받아 신법전의 편찬 등 철학적 입법을 의도했으나, 푸가초프(159면 참조)의 난과 프랑스혁명에 직면하여 보수주의로 회귀하였고, 그 결과 귀족의 특권과 농노제가 오히려 강화되어 농노가 예전보다 훨씬 더 증가했다는 사실은 그의 보수성을 잘 보여준다고 하겠습니다. 총체적으로 볼 때, 계몽군주제는 절대군주제의 변형된 형태로, 계몽사상을 부분적으로 채택하여 군주제 통치를 합리화하고 보강하였다고 봅니다.

**이동렬** 불문학과도 연관이 되는 것이어서 몇 마디 덧붙이겠습니다. 볼테르·디드로 같은 주요 계몽사상가들의 전기를 보면 계몽군주와의 관계를 중요하게 취급하고 있습니다. 프리

### 푸가초프(1742?~1775)

러시아의 대표적인 카자크 농민 반란인 푸가초프 난(1773~1775)의 지도자. 돈카자크 출신으로 문맹이었던 그는 러시아군에 복무하면서 7년전쟁 종반의 전투, 폴란드 원정, 러시아-투르크 전쟁에 참전했다. 벤데리 포위공격 및 점령 후에 부상한 몸으로 고향에 돌아온 그는 복고신앙파(Raskolnik)의 정착촌을 찾아다녔다. 이 종파는 반정부적인 종교집단으로서 그에게 많은 영향을 주었다. 여행 중에 야이크(우랄) 카자크인의 반란과 그에 대한 잔혹한 진압을 알게 된 푸가초프는 여전히 불만을 품고 있는 카자크인들이 있는 야이츠키고로도크(지금의 우랄스크)로 갔다. 그곳에서 그는 군대탈영죄로 체포되어 카잔에 수감되었다가 시베리아 유형을 선고받았으나 탈출하여 1773년 6월 볼가강 동편의 초원지대에 나타났다. 스스로 황제 표트르 3세(표트르 3세는 황후 예카테리나 2세에 의해 폐위되어 1762년에 암살되었음)라고 주장하면서 농노제 폐지를 선언하고 상당한 추종세력을 규합한 그는 1773년 가을 우랄 지역의 상공업 중심지인 오렌부르크로 돌진하여 포위했다. 반란의 심각성을 깨달은 예카테리나는 1774년 1월 A. I. 비비코프 장군이 지휘하는 토벌군을 보내 타티시체보에서 푸가초프를 패배시켰으나, 푸가초프는 1774년 7월 카잔으로 진격하여 도시를 불태워버렸다. 며칠 후 그는 다시 패배했으나, 돈카자크인 중에서 증원군을 규합할 생각으로 볼가강을 건넜다. 그는 1774년 8월 사라토프를 장악하고 차리친(지금의 볼고그라드)을 포위했다. 그러나 그곳에서 1774년 9월 3일 마침내 A. V. 수보로프 장군에게 패했다. 푸가초프는 탈출했으나 야이크 카자크인의 배반으로 모스크바에 압송되어 처형되었다.

드리히 2세는 왕세자 시절부터 볼테르를 스승으로 여겼고, 왕으로 즉위한 후에는 자기 궁전에 그를 초대해서 상당한 기간을 스승으로 예우하며 함께 지냈습니다. 딸의 지참금 마련을 위해 장서를 팔겠다고 내놓은 디드로를 후원하기 위해 러시아의 예카테리나 2세는 디드로의 장서를 비싼 값에 사주었습니다. 그러면서 디드로의 생전에는 그 장서를 디드로가 그대로 이용하도록 했습니다. 학자의 자존심을 존중하면서 그를 돕는 방법이었지요. 디드로는 말년에 예카테리나 여제의 궁전에 초대받아 가서 여제를 위해 대학 계획안을 작성하기도 했습니다. 계몽군주들은 계몽사상가들의 진보적 이념을 채택하려 했고, 계몽사상가들은 당연히 계몽군주들에게 많은 기대를 걸고 자기들의 계몽적 이념이 그들을 통해 실현되기를 바랬습니다. 그러나 볼테르의 경우를 보면 양자의 관계가 불행한 결과로 끝났고, 디드로와 예카테리나 여제의 관계도 겉으로 나타난 것만큼 그렇게 이상적인 것은 아니었습니다. 계몽전제군주라 하더라도 자신의 절대권력을 유지하려는 점에서는 일반 전제군주와 다름이 없었던 것 같습니다. 즉 절대주의를 양보할 만큼 진보적일 수는 없었던 것입니다. 따라서 계몽사상가들은 계몽전제군주와의 관계에서 대체로 환멸을 경험했던 것으로 보입니다.

프리드리히 2세

**김영한** 그러면 우리가 계몽절대군주라 부르는 것에서 굳이 차별성을 찾으려 한다면 어떤 것이 있겠습니까?

**이영석** 같은 절대군주지만 후진 콤플렉스를 좀 더 심하게

**공론 영역 등장**

혁명 전 프랑스의 카페에서 주요한 토론거리는 만인을 위한 자유를 주장하는 체제 전복 논리였다. 거기에 모든 계층의 사람들이 모여 토머스 페인과 다른 자유사상가들의 저술에 대하여 토론을 하였다.

느낀 군주가 계몽절대군주가 아니었을까요. 계몽사상이 18세기에 이르러서는 공론의 영역으로 확대되자, 후진 콤플렉스 때문에 부국강병에 매달렸던 군주들은 계몽사상에서 부국강병의 책략이나 술책을 기대했던 겁니다. 하지만 계몽사상가들이 주안점을 두었던 것은 인간의 문제이기 때문에 그런 점에서 실망을 느꼈을지 모르겠습니다. 결과적으로는 계몽군주들이 실제적으로 한 일이 없었다고 볼 수도 있겠지만, 그래도 후진성을 벗어나려고 여러 노력을 했을 테니까, 그것이 여러 가지 시책이나 정책에서도 나타났을 것이고요. 다만 전제군주라는 태생적 한계 때문에 괄목할 만한 성과를 거두지 못하지 않았나 저는 그렇게 생각합니다.

**백인호** 프러시아 같은 경우도 약소국가였고 러시아도 동부의 끝에 위치했던 후진지역이었기 때문에, 18세기 유럽에 별다른 영향을 끼치지 못한 점도 있습니다.

**정정호** 일종의 장식 논리였다고 볼 수 있겠습니다. 좀 뒤떨어져서 뭘 좀 배워보겠다는 거죠. 그래야 백성들이 아— 우리 군주가 당대의 학자를 모시고 그래도 뭘 좀 하는구나 그러니 좀 기다려 보자는 거죠. 하지만 결과는 아무것도 없었고 결과적으로 국민들을 속인 것이 되었지요.

**백인호** 예를 들어 러시아의 예카테리나 여제의 계몽적인 개혁의 동기는 신민의 복지를 위한 것이 아니라 기본적으로 자기 선전에 불과했던 것이죠.

**정정호** 예, 자신의 정권을 더 강화하고, 더 오래가게 하기 위한 수단이었던 겁니다.


## 계몽군주에 대한 역사적 평가

**김영한** 저는 그것보다는 좀 더 적극적으로 평가하고 싶은데요. 우선 계몽절대군주가 이영석 선생님이 말씀하신 것처럼, 유럽에서 낙후된 지역에서 나왔고 낙후된 것을 보상받고 명분을 찾기 위해 계몽사상가들을 초빙한 것은 사실입니다. 그러나 계몽사상가들의 초빙은 장식용만은 아니었고 실제적인 효용이 있었다고 생각합니다. 다시 말하면, 계몽군주들은 그들이 추구하는 목적이 있는데, 이 목적을 위해 계몽사상가들을 끌어들여 적극적으로 활용했다고 볼 수 있습니다. 그들은 그 나름의 이상적 군주상(像)을 추구하였습니다. 방금 백 선생님이 얘기한 것처럼 러시아·오스트리아·프러시아의 국가 사정에 몇 가지 공통점이 있습니다. 그것은 첫째, 국가의 중앙집권을 강화하고 둘째, 국가의 통일을 달성하며 셋째, 오늘날의 경영합리화처럼 통치의 합리화를 도모하는 것이었습니다. 그러면 이 같은 발상을 제공해 준 사람들이 누구였는가, 그것은 계몽사상가들이었습니다. 그들은 봉건지배체제가 이성과 정의와 자연법에 어긋난다고 주장하였습니다. 계몽군주들은 실제로 봉건제를 청산하려고 한 것은 아니었지만, 귀족층을 억누르고 왕권을 강화할 필요성은 절실하였습니다. 계몽사상가들의 이론이 계몽군주들의 정책에 좋은 명분이 된 것입니다. 가장 대표적인 경우가 프러시아의 프리드리히 2세입니다. 그는 왕이 되기 전까지는 『반마키아벨리론』을 저술할 정도로 마키아벨리즘에 반대했는데, 막상 왕이 된 후에는 가장 마키아벨리스트적인 수법을 이용한 사람이었습니다. 그러므로 계몽사상은 단순한 장식용이 아니라 낙후한 국가를 강화하고 국력을 보강하기 위해 활용되었다고 하겠습니다. 어떻게 보면 계몽군주들은 위로부터의 개혁을 추진한 사람들입니다. 물론 이들이 추진한 개혁이 민주적인 개혁은 절대 아니었습니다. 그러나 그들은 17세기 절대군주들과는 차이가 있습니다. 17세기의 절대군주들은 왕권신수설을 내세웠지만 프리드리히 2세는 "군주는 국민의 공복이다"라고 말함으로써 계몽사상의 영향을 받았음을 알 수 있고 이 점이 계몽군주들의 특징이 아닐까 생각합니다.

흄(David Hume)은 계몽절대군주들은 네로 같은 절대군주들과는 다르다고 하였습니다. 그러나 17세기 절대군주들도 완전히 멋대로 한 것은 아니지 않습니까? 과세부과만 하더라도 의회의 동의를 얻어야 했으니까요. 그렇다면 서양의 절대군주와 동양의 군주와는 어떠한 차이가 있을까요. 한국사 하는 사람들은 조선시대 왕은 결코 전제군주가 아니라고 보고 있는 것 같습니다. 『18세기 연구』 지난번 호를 읽어보니까 이태진 선생은 정조를 서양의 계몽군주를 앞서가는 인물로 보는 것 같던데, 만약 그렇다면 서양의 18세기 계몽군주들과 조선시대의 국왕들을 비교해 볼 수 있지 않을까 합니다.

## 18세기의 전쟁과 국제질서

**김영한** 그러면 계몽주의에 대한 얘기는 그만하고 18세기의 전쟁과 국제질서에 대해 논의하도록 하겠습니다.

**백인호** 제가 우선 개략적인 것만 말씀드리겠습니다. 18세기에는 매년 전쟁이 없는 해가 없었다고 할 정도로 전쟁은 이 시기의 가장 중요한 요소라고 할 수 있습니다. 대개 1648년의 30년전쟁(166~167면 참조) 이후부터 적어도 서유럽에서는 전쟁이 점차적으로 덜 파괴적이 되었고, 일반시민들에 대한 영향력도 점차 감소했습니다. 그러나 18세기에도 전쟁은 여전히 중요한 현상이었습니다. 특히 전쟁이 18세기 국제관계사에 끼친 영향은 컸다고 할 수 있는데요. 예컨대 전쟁을 통해 러시아와 프러시아가 강대국으로 성장하였고, 또한 스웨덴의 영향력이 감소하고 오스만제국의 몰락이 가속하였습니다. 또한 전쟁을 통해 영국은 거대한 식민제국을 거느리게 되었고, 이를 발판으로 19세기에는 전세계에 걸쳐 대영제국을 건설하는 기반을 마련하였다고 볼 수 있습니다. 그리고 18세기 전쟁은 당대의 경제에 엄청난 영향을 끼쳤습니다. 또한 18세기 전쟁의 성격도 변했는데요. 예전의 왕조 간의 전쟁이 민족 간의 전쟁으로 바뀌었습니다. 18세기 전쟁에서 가장 우선시된 문제는 해상전략과 경제전쟁이었는데, 18세기에 최초로 세계적인 규모의 전략과 전쟁이 선보이게 되었습니다.

**이영석** 아까도 잠깐 나온 이야기입니다만, 18세기에는 국가 간의 전쟁이 여러 번 있었지요. 문제는 18세기의 전쟁, 이를테면 9년전쟁, 오스트리아 계승전쟁, 7년전쟁 등 이들 전쟁의 주역이 영국과 프랑스였다는 점입니다. 월러스틴의 말대로, 두 나라의 전쟁이 자본주의 세계체제의 주도권을 누가 잡느냐 하는 헤게모니 싸움이었다는 것은 거시적으로 볼 때는 맞는 것 같고요. 다만 저는 18세기 전쟁이 사회에 어떠한 영향을 끼쳤을까, 이 점에 역사가들이 관심을 가져야 한다고 생각해요. 물론 전쟁이 총력전이나, 국민과 직접적으로 관련된 형태로 자리잡은 것은 20세기에 들어서였습니다. 역시 18, 19세기만 하더라도 전쟁은 지배층들의 전쟁이었습니다. 문제는 18세기에 이르면 어쨌든 자본주의도 발전하고, 이에 따라 군대가 좀 더 조직적으로 동원된다는 것이지요.

## 30년전쟁

1618~1648년 독일을 무대로 신교(프로테스탄트)와 구교(가톨릭) 간에 벌어진 종교전쟁. 최대의 종교전쟁이며, 최후의 종교전쟁으로 그 기간은 대체로 4기(期)로 구분되는데 전반의 2기는 종교적 색채가 짙고 후반의 2기는 정치적 색채가 짙다.

① 제1기(1618~1620): 독일의 신교(프로테스탄트)와 구교(가톨릭) 양교도 간의 반목은 1555년에 있었던 아우크스부르크화의(和議) 이후에도 그 응어리가 가시지 않아, 17세기 초 양파의 제후(諸侯)들은 각기 신교 연합과 가톨릭교 연맹을 결성해서 대립하였다. 이와 같은 정황 속에서 1617년 가톨릭교도인 페르디난트가 보헤미아의 왕위에 올라 가톨릭 절대 신앙을 강요하려 하자 보헤미아와 오스트리아의 프로테스탄트 귀족들이 반란을 일으켰다. 1619년 페르디난트 2세가 황제가 되자 보헤미아인들은 팔츠선제후(選帝侯) 프리드리히 5세를 국왕으로 받들고 이에 대항하여 싸웠으나 1620년 바이서베르크 싸움에서 패배하여 프리드리히 5세는 네덜란드로 망명하고 보헤미아의 신교(프로테스탄트)도들은 탄압을 받기 시작하였다.

② 제2기(1625~1629): 진작부터 독일에 영토적 야심을 가지고 있었던 덴마크왕 크리스티안 4세는 이를 기화로 영국 및 네덜란드로부터 군자금을 얻어 1625년 신교(프로테스탄트)도군의 총수로서 독일에 침입하였으나 황제군의 장군 발렌슈타인과 틸리에게 패배하여 1629년 양측은 뤼베크 조약으로 화해하였다. 이에 따라 황제는 배상령(賠償令)을 내려 종교제후(宗敎諸侯)의 영지(領地) 회복과 루터파(派)의 공인(公認)을 선포하였다.

③ 제3기(1630~1635): 그러나 이듬해 스웨덴왕 구스타브 2세가 신교를 옹호하고 프랑스의 후원을 얻어 다시 독일에 침입하였다. 스웨덴군은 황제군을 라이프치히전투에서 격파하고 틸리를 전사시켰으나 1632년 뤼첸전투에서 구스타브 2세도 전사하였다. 이후에도 스웨덴군은 전투를 계속하였으나 패배를 거듭하여 1634년 황제군 사령관 발렌슈타인이 모반혐의로 암살되자 1635년 황제와 그리스도교군의 작센 선제후 사이에 프라하 화의가 성립되었다.

④ 제4기(1635~1648): 프라하의 화의 직후인 1635년, 1631년 이래 배후에서 신교 세력을 밀었던 프랑스가 전면에 나서서 독일에 출병하고 에스파냐에도 선전을 포고, 스웨덴과 연합전선을 폈다. 전쟁은 일진일퇴의 전황 속에 끌어가다가 1637년 황제위를 계승한 페르디난트 3세는 전세의 불리와 국내 제후들이 오랜 전쟁으로 시달려 1641년 종전을 제의하였다. 1644년부터 열린 강화회의는 지지부진하다가 1648년 베스트팔렌조약이 성립되어 30년간의 종교전쟁은 종지부를 찍었다. 이로써 독일 제후국 내의 가톨릭·루터파·칼뱅파는 각각 동등한 지위를 확보하였다.

영국과 프랑스의 전쟁을 보면 대부분 영국이 승리를 거뒀어요. 하지만 당시 국력이나 특히 상비군 같은 군대의 규모 면에서 영국은 프랑스에 비해 상대가 안 됩니다. 그런데도 어떻게 승리를 거둘 수 있었는가. 그건 바로 정부가 얼마나 시장을 이용할 수 있었는가의 문제에 달려 있었던 것 같아요. 영국은 해군 위주였지만, 평화 시에 함대 규모는 생각보다 작았습니다. 다만 전쟁이 임박하면 국채를 통해 대규모의 자본을 동원하여 집중적으로 투입함으로써 효율적인 함대를 무장할 수 있었지요. 이에 비해서 프랑스는 항상 상비군을 유지하니까 지출이 많은 데 비해, 막상 전쟁이 일어나면 강력하게 힘을 투입할 수 있는 여지가 오히려 적었습니다. 결국 인구와 군대 규모의 차이보다는 상업력이라든지, 자금 동원력 등에서 차이가 중요했던 셈이지요.

또 18세기쯤 되면 군대를 동원하고 배치하는 그런 과정에서 여러 가지의 의식과 제도가 발전하고 이러한 것들이 국가체제를 좀 더 강화하는 역할을 했다는 겁니다. 이와 함께 전쟁을 통해서 이른바 애국주의라고 할 수 있는 국민으로서의 의식, 국민적 정체성이 상당히 형성이 됐다는 걸 얘기할 수 있어요. 예를 들어 스코틀랜드인은 잉글랜드인에게 상당히 적대감을 가지고 있었음에도 18세기에 오면 영국과 프랑스와의 전쟁에서 가톨릭 프랑스와 프로테스탄트 브리튼의 싸움이라는 대립구조를 통해 오히려 브리튼이라는 정체성을 확립해 나갔다고 할 수 있습니다. 말하자면 전쟁이 단순한 전쟁으로 끝나는 것이 아니라 근대국가로 발전하는 데 중요한 역할을 담당한 것이지요.

**머스킷 총**
종전의 화승총을 대체한 무기로 18세기 초 200년간 뇌관식 소총이 나올 때까지 보병의 표준 무기가 되었다.

# 승리의 관건으로서의 시장 활용

**김영한** 그러니까 영국이 프랑스에 항상 승리한 이유가 해상국가의 이점, 경제적 발전, 시장체제의 활용 등에 있었다는 것이지요. 이야기를 요약하면 18세기의 국제전쟁은 국가 간의 이해문제 때문에 일어났고, 이것은 세력 균형의 원리에 입각한 새로운 국제질서를 초래하여 이른바 외교혁명을 낳게 되었습니다. 그 결과 국제적 동맹관계가 새롭게 편성되어 영국과 프랑스의 대립으로 압축되었으나 영국이 최종적으로 승리함으로써 제국주의 국가로 발전하게 되었습니다. 결국 18세기에서는 절대주의국가로부터 누가 빨리 탈피하는가 하는 것이 국제사회에서 승자가 되는 관건이 되었다고 하겠습니다.

**이영석** 그렇게 볼 수도 있겠지만, 정부가 시장을 얼마나 능동적으로 활용할 수 있었는가 하는 것이 절대주의와 꼭 상관이 있는지는 잘 모르겠는데요.

**김영한** 그 시대의 강국이었던 영국·프랑스·독일·스페인 등을 놓고 보았을 때, 결국 영국이 승리하게 된 것은 시장관리를 잘한 것뿐만 아니라 정치적으로도 앞서 있었기 때문이라고 생각합니다. 인구와 군사력이 열세인 데도 영국이 이길 수 있었던 것은 경제적·정치적 근대화가 빨랐기 때문이라고 볼 수 있지 않겠습니까?

**이영석** 18세기 전쟁은 대륙에서 대규모로 전투력을 배치해서 싸우기보다는 해외에서 또는 해상에서 싸우는 것이 더 일반적이었습니다. 하여튼 제가 말하고 싶은 것은 정부의 유연성이 중요하다는 점입니다. 대응력 또는 순발력이라고도 할 수 있습니다. 영국은 의외로 재정 규모가 프랑스에 비해 적었어요. 그래서 유연성이 풍부할 수 있었고요. 반면에 프랑스는 체제가 경직되어서 그때그때 대응하는 능력이 부족했다고 설명하는 견해도 있거든요. 궁극적으로 유연성이 좋다는 건 제한된 자원을 적재적소에 제때에 투입을 하는 것을 뜻하고, 영국은 이를 위해 시장을 활용했습니다. 그래서 결과적으로 보면 같은 절대주의 국가라 하더라도 절대주의의 부정적인 측면을 좀 더 일찍 벗어나지 않았나 합니다.

**김영한** 결국 이 선생님의 논리를 따르면 같은 근대적 성격의 국가라 해도 더 근대적인 국가가 승리하기 나름이다, 이런 뜻이지요?

**이영석** 물론 그것도 후방 가늠자적인 성격이 있어서 위험성을 가지고 있습니다.

**김영한** 사실상, 해외에서의 싸움은 영국이 이겼지만 대륙에서의 싸움은 영국보다도 오스트리아·프러시아·프랑스 간의 싸움이었지요.

**이영석** 유럽대륙에서 싸울 때 영국은 자기들 군대를 파견한 것이 아니라 프랑스의 동맹군을 도와주는 식으로 했죠.

**김영한** 그러니까 영국은 세력 균형의 원리를 유지해 주는 저울추의 역할을 했다고 하겠습니다. 그 결과 200년 이상이나 유지되었던 오스트리아와 프랑스의 우호관계가 결렬되고, 이제는 국제관계가 국익에 따라 수시로 변하는 새로운 양상을 띠게 되었습니다.

## 유럽중심주의적 전쟁관

**정정호** 저는 프랑스와 영국의 전쟁에 집중해서 말씀을 드리겠습니다. 다른 타지역에서의 전쟁, 즉 유럽 말고, 북미라던가 아프리카라든지 인도 등에서의 전쟁은 영국과 프랑스가 맞붙었지만, 결정적으로 북미에서 프랑스가 패퇴함으로써 캐나다가 영국령이 되었습니다. 지금까지 선생님들께서 전쟁을 유럽 내부 국가들에 집중해서 말씀하셨는데, 유럽 외 지역에서 있었던 패권 다툼을 보면 실은 완전히 제국주의적 침략이죠. 당시 북미의 경우 영국과 프랑스의 전쟁은 당하는 토착민(인디언)들의 입장에서 보면 자신들을 폭력으로 정복해 훔친 전리품을 놓고 외부침입자이며 도둑들인 유럽인들끼리 싸우는 것이었다는 겁니다.

**김영한** 그러니까 옛날에 한국을 놓고서 일본 · 러시아 · 중국이 우리 의사와는 상관없이 자기들끼리 싸운 것과 마찬가지지요. 그렇지만 우리는 우리 나름의 주체적 노력이 있었음을 강조하려는 경향이 있는데, 그쪽도 마찬가지 아닐까요? 어쨌든 그들이 당하는 입장에서 어떻게 반응했는가를 알아보면 한국이 외국에 대응했던 것이 과연 수동적이었는지 능동적이었는지를 평가하는 데 도움이 될 것입니다.

**정정호**  18세기 국제전쟁에 대한 논쟁이 너무 침략자인 유럽 중심으로 수행된 문제는 우리가 반성해 봐야 할 것 같습니다. 앞으로는 해당지역의 피해자인 토착민들의 입장도 고려해야 할 것입니다.

**이동렬**  당시의 계몽사상가들이 전쟁을 어떻게 바라보았는가 하는 것도 흥미로운 사항입니다. 자기 나라가 전쟁을 할 경우에도 애국적인 관점에서 자기 나라 편을 드는 것이 아니라 보편적인 인간의 입장에서 전쟁을 비판하는 계몽사상가들의 면모는 아주 인상적이었습니다.

볼테르의 『캉디드』 같은 콩트에서 그런 면모의 문학적 형상화를 볼 수 있을 것 같습니다. 계몽사상의 놀라운 점의 하나가 대단히 보편적인 성격을 띠고 있다는 것일 텐데, 몽테스키외 같은 계몽사상가의 모습에서 그런 성격이 잘 드러나고 있습니다. 자기 국가에는 이익이 되고 유럽에는 해로운 것이거나, 유럽에는 이익이 되지만 인류에게 해로운 것을 안다면 자기는 그것을 죄악으로 여기겠다는 요지의 말을 몽테스키외는 하고 있습니다. 이처럼 인간에 대한 보편적인 입장에 서서 인류 전체를 대상으로 생각하려는 계몽사상가들의 관대함과 이상은 정말로 진지했던 것으로 보입니다.

**정정호**  비판 세력으로서 계몽주의자들의 역할이 컸다는 건데, 하지만 실제로는 큰 영향을 못 끼치지 않았나요?

## 계몽주의의 보편성

**이동렬** 물론 정치사회적 현실에서 그들의 실제적 영향력은 크지 않았을 것입니다. 하지만 편협한 국가적 이익을 넘어서는 보편적 성격으로서의 계몽주의의 성격은 높이 평가해야 할 것이며, 그와 같은 흐름은 계몽주의 이후에는 쉽게 보기 힘든 것이 아닌가 생각합니다.

**정정호** 더 완악해진 거죠, 19, 20세기로 들어서면서요. 특히 최근의 서구 주도의 신자유주의적 세계화도 결국 서구의 세련된 신식민주의적 전략이 아니겠습니까?

**백인호** 더 연구를 해 봐야 할 주제라고 생각합니다. 계몽주의자들의 보편성을 얘기할 때, 보편성에 과연 아프리카 흑인들과 인디언, 여성까지 포함했는지는 우리가 한 번 생각해 봐야 할 문제입니다. 물론 프랑스혁명기에 흑인 노예도 해방되었습니다만, 그들이 말하는 보편성이란 사실은 근본적으로 백인 남성들만을 대상으로 한 것이 아닌가 하는 것이죠.

**이동렬** 아주 분석적으로 보면 그럴지 모르지만, 적어도 명시적으로 드러나는 몽테스키외나 볼테르 같은 주요 계몽사상가들의 생각에서는 모든 인간을 보편적인 시각에서 바라보려는 그런 관대한 이상을 지적할 수 있을 것 같습니다.

**백인호** 18세기 국제질서에 대해서 제가 아까 말씀드리려 했던 것이 있었는데요. 18세기 국제질서에서 두 가지 중요한 변화가 있었는데, 첫 번째로는 1709년에 러시아가 급격히 흥기하고 1740년 이후에 프러시아가 대두함으로써 유럽 내에 힘의 균형에 근본적인 변화가 나타나서, 유럽의 국제질서의 지리적 범위가 동쪽까지 크게 확대됐다는 것입니다. 두 번째 변화는 유럽 국가들이 식민지를 취득함으로써 경제적으로 정치적으로 강력해졌고, 그래서 유럽 내부의 힘의 균형이 점차 유럽 바깥에 있는 식민지 사건들에 더욱 의존하는 경향이 나타났다는 점을 들 수 있습니다.

**김영한**  그러면 18세기의 정치와 국제관계에 대해 간단히 정리해 보기로 하겠습니다. 우선 18세기는 정치적으로는 절대주의시대라고 하겠습니다. 그런데 절대주의국가의 성격에 대해서는 두 의견이 제시되었습니다. 이영석 선생님은 시장 확대라는 측면에서 봤을 때 근대적 성격이 강한 국가라고 주장을 했고, 백인호 선생님은 절대주의국가는 과도기적 성격, 즉 봉건적 성격과 근대적 성격이라는 양면성을 갖고 있다고 주장하였습니다. 그 다음 계몽절대주의는 근본 성격에서는 절대주의와 별로 차이가 없어 보입니다. 그러나 계몽절대주의는 계몽주의가 제시하는 이념을 활용하여 국가를 개혁하고자 했다는 점에서 절대주의와 다르다고 하겠습니다. 셋째, 절대주의의 여러 가지 한계로 인하여 미국혁명과 프랑스혁명이 일어나게 되었습니다. 미국혁명과 프랑스혁명을 이해하기 위해서는 혁명에 대해 서양 사람들이 미화한 해석에 너무 경도될 필요가 없다는 점, 다시 말하면 서양 중심주의나 백인 중심주의의 해석에서 우리가 탈피할 필요가 있다는 점이 제기되었습니다. 끝으로 18세기의 국제질서와 전쟁에 관해서는 다음과 같이 요약할 수 있겠습니다. 18세기의 국제질서는 영국과 프랑스의 대결로 집약되는데, 이 대결에서 영국이 승리하게 된 것은 시장을 능동적으로 활용할 수 있었던 능력 때문이었다고 하겠습니다. 그리고 이 당시 전쟁은 유럽의 지리적 확대 즉, 동유럽 지역으로의 확대와 해외식민지 팽창의 길을 열어주었고 종국적으로는 19세기의 제국주의를 위한 발판을 제공해 주었습니다. 그러면 18세기의 정치와 국제관계는 이것으로 마무리를 짓겠습니다. 다음은 18세기의 경제와 사회인데, 이에 관해서는 지금까지의 논의만으로도 충분하다고 생각하기 때문에 생략하고 18세기의 사상과 문화로 넘어가겠습니다.

## 계몽주의의 개념

**김영한** 그러면 오늘 주제의 하이라이트라고 할 수 있는 계몽주의에 대해 살펴보도록 하겠습니다. 계몽주의란 무엇인가에 대해 이동렬 선생님께서 먼저 말씀해 주시죠.

**이동렬** 우선 계몽주의란 용어 문제인데요, 계몽주의는 영어의 Enlightenment, 프랑스어의 Lumières, 독일어의 Aufklärung의 관습적인 번역어라고 할 수 있습니다. 고전주의 · 낭만주의 · 사실주의 등 소위 '~주의'라는 말로 끝나는 여타의 문예사조들과 맞추기 위해 일본인들이 처음 번역했던 것으로 보이는

'계몽주의'란 용어를 우리가 그냥 편의적으로 사용하고 있는 것입니다. 그러나 이것은 사실 하나의 문예사조보다는 훨씬 포괄적인 큰 개념인데, '주의'라고 번역을 해서 자칫 하나의 기법적 차원의 문예사조로 볼 위험이 내포되어 있습니다. 계몽주의는 18세기 유럽을 관류하는 지적 · 사상적 흐름 전체를 통칭하는 명칭으로서 대단히 포괄적이고 큰 개념이라고 할 수 있습니다. 그럼 계몽주의가 구체적으로 뭐냐 하는 문제가 제기될 텐데, 그것은 포괄적인 것이어서 정의하기가 대단히 어렵겠지만, 우리는 칸트의 정의를 논의의 출발점으로 삼을 수 있을 것 같습니다. 칸트는 인간이 미성숙에서 벗어나는 것이 계몽주의라고 말하고 있습니다. 미성숙은 타자의 지도 없이는 자신의 이성을 사용할 수 없는 상태를 뜻하는데, 그런 상태에서 벗어나는 것이 계몽주의라고 칸트는 정의하고 있는 것입니다. 그러니까 칸트의 정의에 의하면 계몽주의는 일정한 철학적 체계 내지 철학적 이론이 아니라 인간정신의 한 지향을 의미하는 것 같습니다. 그것은 일종의 정신의 해방이며, 진보의 정신으로 고양된 이성의 자유로운 검증에 모든 것을 맡기고자 하는 용기 있는 결단, 즉 하나의 철학적인 태도를 지칭하는 것이 아닌가 합니다. 그러나 18세기의 계몽사상을 하나의 동질적인 큰 흐름으로 정의하는 것은 어디까지나 18세기 이후의 편의적인 정리 방법일 뿐 실질적인 내용에 있어서는 계몽주의도 여러 가지 내부의 다양한 흐름을 내포하고 있는 조류이며, 또 각자 기질과 성격이 상이한 많은 사람들이 다양한 방식으로 참여한 운동이라고 할 수 있습니다. 그렇기 때문에 계몽주의 전반의 흐름을 보려면 다양한 많은 요소들을 두루 고려하는 미세하고 섬세한 고찰이 필요할 것입니다.

**정정호**  저도 계몽주의를 이성과 합리주의를 토대로, 조금 전 말씀하신 것 같은 무지몽매와 미성숙에서 벗어나는 중요한 계기라고 말할 수 있을 것 같습니다. 다만 enlight라는 것이 빛을 비추다의 뜻이거든요, 빛이 너무 눈부셔서 눈이 머는 점도 있었던 것 같습니다. 이성과 합리주의를 맹신한 나머지 그 빛에 눈이 멀어 이성의 타자인 광기를 보지 못한 것이지요. 그 결과 자본주의·개발주의·과학기술주의·식민제국주의·유태인 학살 등이 생긴 것이지요. 좋은 계몽주의에서 출발한 이러한 도구적 이성에 토대를 둔 서구의 나쁜 근대주의를 반성하고자 하는 것이 탈근대론이 아닙니까? 계몽주의라는 말은 이제 포스트계몽주의라는 말과 함께 논의해야 한다고 봅니다.

**김영한**  일반적으로 '주의'라는 말을 쓸 때, 영어에서 'ism'이란 말이 끝에 붙지 않습니까? 그런데 계몽주의는 'ism'이라는 말이 없는데, 왜 '주의'라고 번역하는지요? 이탈리아어 Illuminismo에는 '주의'라는 말이 들어갑니다만…….

**정정호**  조금 전 이 선생님이 말씀하신 것처럼 일본 사람들이 잘못 번역한 거죠. 계몽의 울타리를 축소하는 결과를 낳는…….

**김영한**  흔히 계몽주의에 반대되는 사조를 낭만주의(Romanticism)라고 하지 않습니까? 그런데 왜 계몽주의에는 'ism'이 안 붙지요?

**이동렬** 꼭 Romanticism이 계몽주의와 반대되는 개념이라고 하기는 힘들겠죠. 계몽주의는 아까 말씀드렸듯이 문예사조뿐만이 아니라 지적·사상적 흐름 전체를 말하는 거니까요.

**이영석** 저는 번역을 할 때, '계몽운동'이라고 번역을 했어요. 오히려 이 흐름의 핵심은 백과사전의 편찬 같은 데서 나타나거든요. 이전의 17세기에 이미 근대 학문의 체계가 성립하지 않습니까, 이러한 지식을 좀 더 많은 사람들에게 알려줌으로써 아까 말씀하신 미성숙·무지 같은 것에서 의식의 각성으로 나아가자는 운동인 것 같아요. 일종의 지식인들의 운동이죠. 지식인들의 내면화된 운동이 아니라 대 사회적 운동 또는 그러한 분위기랄까, 뭐 이렇게 생각하는 것이 낫지 않을까요?

**정정호** 그럼 계몽사상이라고 해도 되겠네요.

**백인호** 예, 그래서 저 같은 경우는 계몽사상이라고 번역합니다.

**이동렬** 운동과 사상 두 가지 성격을 다 포함하는 흐름 아닐까요? 실천적으로는 계몽운동이 있었고, 정신적 측면에서는 계몽사상이고…….

**이영석** 그런데 '계몽사상'이라고 할 때 그것이 '탈철학적인' 것으로 보이지는 않는데요. 이전에 있어 왔던 지식들을 갈무리해서 자기 나름대로 얘기한 것들이 오히려 더 많고……, 그래서 어떤 철학이라기보다는 분위기나 태도 또는 운동으로 보자는 겁니다.

**김영한** '주의' 속에 운동이란 말은 없지요. '주의'란 말은 주장한다는 뜻이니까. 어찌 됐든 계몽주의의 개념은 이 정도로 하지요. 그런데 아까 정 선생님이 이성에 의한 진보와 발전을 말씀하셨는데, 엄밀하게 말하면 양자는 구분되는 것 같습니다. 진보는 계몽주의 용어로 사용되고 발전은 낭만주의 용어로 쓰이고 있습니다. 역사학에서는 진보란 미성숙에서 성숙으로, 미완성 상태에서 완성 상태로 무한히 나아가는 것을 의미하고 발전은 하나의 완성체에서 또 하나의 완성체로 나아가는 과정을 뜻합니다. 그러니까 진보사관의 입장에서 말하면 아버지보다는 아들이 반드시 더 낫다고 보아야 합니다. 그러나 발전의 개념에서는 아버지가 반드시 아들보다 못하다고 할 수 없으나 자식 대로 내려가면서 전반적으로 나아지는 것을 뜻합니다.

**이동렬** 계몽주의의 개념에 그런 구분이 엄밀히 존재하는지는 잘 모르겠습니다만, 김 선생님 말씀을 듣고 계몽주의의 낙관적 신념 같은 것을 생각해 보면, 발전보다는 진보란 개념이 더 어울리는 것 같습니다.

## 이성 중심의 합리주의

**김영한** 그러면 계몽주의의 기본원리와 특징이 있다면 무엇일까요.

**이동렬** 계몽주의 하면 제일 먼저 떠오르는 것이 이성 중심의 합리주의가 아닌가 합니다. 그러나 인간의 여러 기능 가운데 감성이나 상상력보다 이성에 우위를 부여하며, 이성을 앎의 근거로 삼는 사고는 18세기가 처음은 아니었습니다. 데카르트의 세기인 17세기도 이성 우위의 시대였다고 할 수 있습니다. 하지만 17세기의 합리주의와 18세기의 합리주의의 다른 점은, 프랑스의 경우를 얘기하자면, 17세기가 데카르트의 형이상학적 존재론을 모델로 한 합리주의라고 한다면, 18세기의 계몽주의는 뉴턴의 과학적·경험론적 인식론을 사유의 모델로 삼았다는 점일 것입니다. 그리고 비판적 합리주의로서의 계몽주의는 인간 이성의 작용에 의해서 모든 문제가 해결될 것이라는, 또 인간 이성의 완전한 계발과 행사에 의해서 밝은 미래가 펼쳐지리라는 상당히 낙관론적인 비전을 포함하는 것 같습니다.

**김영한** 지금 말씀하신 내용 중 키워드를 말하면, 이성·합리·낙관론이라 하겠습니다. 그러면 계몽주의가 다른 사조와 비교하여 또 다른 특성이 있다면 무엇이겠습니까? 아까 이동렬 선생님의 정의에 의하면 계몽주의는 18세기를 관류하는 문화적·지적 체계라고 하였는데 그 핵심이 무엇입니까?

**이동렬** 글쎄요, 아까 비판적 합리주의라고 한 것에 대해서 조금 보충해 말씀드리자면, 17세기의 데카르트적 사고만 해도 초월적이고 초경험적인 원인을 현상의 최종적 설명의 근거로 삼았습니다. 즉 신의 존재는 건드릴 수 없는 유보의 영역이었지요. 그런데 계몽주의적 사고는 경험을 통해서 인간정신의 명석함을 행사하는 순전한 인간적 지성의 소산이라고 할 수 있습니다. 이러한 사고에서는 정치와 도덕은 물론 17세기의 합리주의에서 터부시했던 신학의 영역까지 비판적 검증을 벗어날 수 없게 되겠지요. 그리하여 절대성의 쇠락이 시작하고, 근본적으로 세속적인 사고를 형성하는 것입니다. 그 어떤 것도 더 이상 인간 이성의 비판적 검토에서 벗어날 수 없게 되었다는 의미에서 계몽주의를 앞선 세기의 합리주의와 구별해 비판적 합리주의라고 지칭할 수 있지 않을까 합니다.

**정정호** 18세기 영국의 이신론(理神論, deism)이라는 게 있지 않습니까? 그것도 선생님께서 말씀하신 합리주의 정신에서 나왔다고 할 수 있겠네요…….


## 진보사관

**이영석** 진보 얘기가 아까 나왔는데, 저는 두 가지만 지적하고 싶습니다. 우선 당시에 진보라는 것을 구체적인 개념으로까지 생각하지 않았나 싶습니다. 예를 들어 스코틀랜드 계몽운동(Scottish Enlightenment)이 있지 않습니까? 애덤 퍼거슨(Adam Ferguson)의 글인지 기억이 확실하지 않습니다. 어쨌든 18세기 말에 쓰인 그 글에서 학문을 이렇게 분류합니다. 서구사회는 진보한다는 전제 아래, 진보하는 사회는 정치학·사회학 같은 학문으로 분석해야 한답니다. 다음으로 변화하지만 지금 말씀하신 것처럼 진보가 아닌 경우가 있습니다. 이것이 동양사회인데, 이를 분석하고 이해하기 위한 학문으로 오리엔탈리즘(Orientalism),

즉 동양학이라는 말을 사용합니다. 마지막으로 전혀 변화하지 않는 사회가 있는데, 당시 태평양이나 신대륙의 원주민사회이지요. 이들을 이해하기 위한 학문으로 인류학이 형성된다는 것입니다. 그러니까 이러한 담론은 결국 서양 중심적인 사고를 보여주지만, 그러면서도 이미 이들이 진보라는 개념을 뚜렷하게 인식한 것이 아닌가 생각합니다. 또 주목해야 할 것은 계몽사상가들이 비판적 지식을 통해 사회를 바꿔 보려는 경향을 지녔다는 점입니다. 이들이 지식을 '계몽'한 것은 무엇을 지향함이냐, 그것은 오늘날의 관점으로 보면 '근대적 주체'가 아닐까요? 근대적 주체라 했을 때는 자기 스스로 판단하고 행동할 수 있는 자율적인 존재를 말하는데, 이들은 그것이 지식을 통해서 가능하다고 생각한 것 같습니다.

**정정호** 조금 전 선생님이 말씀하신 근대적 주체론은 데카르트에게서 나온 것 아닌가요?

**이동렬** 지금 이영석 선생님이 말씀하신 것 중에서 인간의 역사가 누적적으로 진보해 나간다는 생각은 역사에 대한 유일한 시각은 아니겠죠? 가령 고대 그리스 사람들은 역사를 질서에서 무질서로 나아가는 순환과정으로 생각했고, 서양 중세의 사관에는 원래 발전이란 개념이 없었던 것으로 보이며, 또 동양 고대의 사고에서도 인간의 황금기를 옛 태고적으로 보고 있지 않습니까?

**김영한** 계몽사상의 역사관도 기독교사관의 영향을 받았습니다. 기독교사관은 진보와 퇴보의 두 가지 측면을 다 갖고 있습니다. 사관에는 단선이론(linear theory)이라는 것이 있는데 여기에는 다시 두 형태가 있습니다. 하나는 '진보적(progressive)'이고 또 하나는 '퇴보적(regressive)'입니다. 고대의 헤시오도스는 역사가 황금시대 · 은시대 · 동시대 · 철시대로 퇴보해 왔다고 주장하였습니다. 이 같은 퇴보설은 기독교사관에서 인간이 타락하여 에덴동산에서 추방당한 것과 통합니다. 그런데 예수가 속죄를 하고 나서 인간은 다시 구원을 받을 수 있다는 희망을 가지게 됩니다. 그래서 역사는 일정한 목표를 향해 앞으로 나가는(progressive) 것이 되는데, 계몽주의의 진보는 여기에서 영향을 받았습니다.

그런데, 지금 합리주의라는 말을 쓰셨는데, 이성과 합리주의는 같은 개념입니까?

## 자연 · 이성 · 진보

**이동렬** 이 점은 깊이 생각해보지 못했는데, 상식적으로 생각해서 인간의 이성을 중시하고 이성의 밑받침이 되면 이치에 맞는 합리주의로 나아가는 것 아닐까요.

**김영한** 영어로 rational하다는 말하고, reasonable하다는 말하고의 차이가 무엇입니까? 제 생각에는 좀 다른 것 같은데…….

**백인호** rational은 수학적으로 계산이 가능한, 그래서 예측이 가능하다는 뜻이거든요.

아이작 뉴턴(左)과 그가 만든 반사망원경(右)

**김영한** 그래서 전자는 합리성이라 하고, 후자는 정합성이라고 구분하여 쓰는 것 같습니다. 합리성이라고 다 좋은 것은 아니지 않습니까? 우리가 합리주의를 비판하는 것은 합리주의에 내포한 비합리성 때문입니다. 그런데 reasonable에는 그러한 뜻이 없는 것 같습니다. 지성사에서는 특히 크레인 브린튼(Crane Brinton)의 정의에 의하면 합리주의는 우주와 자연은 인간의 정신이 움직이는 것과 같은 방식으로 움직인다는 신념에 바탕을 두고 있다는 것입니다. 따라서 합리주의는 인간이 간단한 수학문제를 이해하듯이 그가 경험하는 모든 것을 궁극적으로 이해할 수 있다는 믿음을 뜻합니다.

그리고 계몽주의의 역사적 배경을 설명할 때 이 선생님은 데카르트를 비판적 합리주의자로 뉴턴을 경험적 합리주의자로 보셨는데, 이에 대해서는 논의의 여지가 있어 보입니다. 사실 뉴턴은 『광학(Optica)』에서는 경험적인 귀납법을 썼어도, 『프린키피아(Principia)』에서 만유인력을 설명할 때는 수학적인 연역법을 썼습니다. 근대의 과학적 방법 하면 뉴턴의 방법을 말하는데, 이처럼 뉴턴이 평가받는 것은 그가 귀납적 방법과 연역적 방법을 종합했기 때문입니다. 따라서 뉴턴을 경험적 방법의 대표로 말씀하시는 것은 재고할 필요가 있어 보입니다. 계몽주의의 역사적 배경을 크게 합리주의와 과학주의로 나눠서 전자는 데카르트에게서, 후자는 뉴턴에게서 영향받은 것으로 설명하는 것은 온당하다고 생각합니다. 지금까지 우리가 논의한 계몽주의에서 주요한 개념이 빠졌다고 생각하는데 그것은 '자연'이라는 개념입니다. 제가 보기에 계몽주의를 설명해 주는 3개의 키워드가 있는데, 그것은 자연·이성·진보입니다. 계몽주의는 자연은 모두 좋은 것으로 전제하고 있습니다. 그러므로 계몽주의자들이 제일 싫어하는 것은 비자연과 부자연입니다. 비자연적인 것은 종교와 형이상학이고 부자연적인 것은 사회의 부정·부패와 악습입니다. 자연은 두 가지로 나눌 수 있는데 하나는 외계의 자연이고 다른 하나는 우리 내부의 세계인 인간의 본능과 본성을 말합니다. 그러므로 계몽주의에서 이미 낭만주의의 기원이 시작한다고 하겠습니다. 인간의 자연, 즉 인간의 본능과 욕구는 충족할수록 좋다고 주장함으로써 계몽주의는 공리주의와 낭만주의의 싹을 잉태하고 있었습니다.

어쨌든, 계몽사상가들은 자연에는 자연의 법칙이 있고 인간에게는 이 법칙을 이해할 수 있는 이성이 있다고 믿었습니다. 인간이 이성을 통해 자연법칙을 이해하고 자연의 일부인 인간 사회의 방향을 예측함으로써 사회가 무한히 진보할 것으로 그들은 낙관하였습니다. 계몽사상가들의 저술을 보면, 인간의 무한한 진보는 완전한 상태(perfect)는 아니지만─완전한 것은 신 뿐이므로─'완전 가능한 상태(perfectibility)'까지 도달할 수 있다고 보고 있습니다.

## 계몽주의의 종교관

**김영한** 다음은 계몽주의에 대한 각론으로 들어가겠습니다. 계몽주의는 이성을 중시했습니다. 따라서 계몽주의자들은 종교를 비이성적이라고 제일 많이 비판을 하였습니다. 그러면 이성·합리주의·과학에 대한 계몽주의의 강조를 염두에 두고 계몽주의의 종교관부터 살펴보도록 하겠습니다. 정정호 선생님이 아까 이신론을 말씀하셨으므로 먼저 이야기를 해 주시지요.

**정정호** 계몽주의는 종교의 맹목적이고 몽매적인 계시를 벗어나서, 자연의 법칙이라든지 신의 섭리까지도 종교의 원인으로 봐서 자연종교라든가 이신론 같은 것, 즉 반기독교적인 것을 낳았습니다. 종교에 대해서 이성이나 계몽주의가 가장 영향을 미쳤던 것이 바로 이신론이었습니다. 영국의 경험주의적 맥락에서 살펴보면, 당시 많은 영향을 끼쳤고 커다란 논쟁을 일으켰던 이신론(deism)은 계시종교이며 제도권 종교인 기독교에 반대하며 이성적으로 초월적인 존재인 조물주 또는 자연의 원리를 믿는 일종의 자연종교(religion of nature)였습니다. 또 다른 맥락에서 기독교 내에서 감리주의(Methodism)가 있었습니다. 이것도 어떻게 보면 전통적인 기독교와는 조금 다른 것인데요. 이것의 내용은 크게 두 가지인데, 하나는 보통사람, 소외된 계층에 관심을 가져서 기존 종교처럼 제도권을 받쳐주는 것이 아니라 제도권을 벗어나는 측면을 보였고, 또 하나는 '만인구원설'로서 칼뱅 같은 사람의 예정설(Predestination)처럼 모든 구원이 다 결정되었다는 것이 아니라 누구든지 신을 믿으면 그 믿음에 의해 구원받는다는 것이었습니다. 이것이 어떻게 보면 18세기 중산층의 대두라든지 산업화·도시화 같은 여러 가지 사회 분위기와 맞물려 그 특징적인 점을 보이는 것 같습니다. 제도를 벗어나고 소외된 자를 껴안고, 특권의식을 배제하고 누구든지 구원받는다는 점에서 이것도 언급해야 할 것 같습니다.

**이동렬** 프랑스 계몽주의와 종교의 관계를 살펴보면, 계몽주의시대는 반(反)기독교시대와 동일시될 정도로 반기독교적인 분위기가 프랑스 계몽주의의 큰 특징이었다고 말할 수 있습니다. 17세기까지만 해도 거론할 수 없었던 신의 존재도 이성의 검증 영역에 들어오는 만큼, 계몽의 세기에는 17세기까지 함부로 다룰 수 없었던 종교적인 문제가 검토와 비판의 대상이 되는 것을 볼 수 있습니다. 따라서 계몽사상에 의해 제일 타격을 받은 것이 계시종교로서의 기독교였습니다. 볼테르 같은 사람에 의해서 기독교의 모든 것, 심지어 성경도 검증의 대상이 되기 때문에, 계시종교로서의 기독교가 격렬한 비판의 대상으로 떠오르게 되죠. 구체적으로 종교에 대한 태도는 계몽사상가들에 따라 편차가 많기는 합니다. 볼테르는 대표적인 이신론자였습니다. 시계가 있다면 시계를 만든 사람이 있는 것과 마찬가지로 세계가 있으니 그것을 창조한 신이 있을 것이라고 말하면서 볼테르는 계시종교로서의 기독교를 부인하면서도 세계를 창조한 신의 존재는 인정하는 이신론적인 입장이었습니다. 반면 루소의 경우는 전통 기독교적인 입장과는 많이 다르고, 교회 세력으로부터 심한 핍박을 받기도 했지만, 근본적으로 신앙인의 심성을 지닌 사람이었습니다. 계몽주의의 논리를 가장 극단으로 밀고 나간 경우가 무신론으로서, 18세기 유물론자들, 특히 디드로 같은 사람이 무신론의 입장에 섰습니다. 이런 반종교적인 계몽주의의 흐름을 생각해 볼 때, 계몽주의는 세속주의라고도 할 수 있을 것입니다. 계몽주의의 특징의 하나는 지상적인 행복에 대한 믿음을 가지고 있다는 것입니다. 이전까지 기독교에서 이승의 삶을 원죄에 의해 단죄된 것으로 보았던 것과는 달리, 계몽주의자들은 지상의 삶에서 행복을 실현할 수 있다는 철저한 신념을 가지고 있었습니다.

# 유신론·이신론·무신론

**김영한** 이 선생님께서 아주 잘 설명해 주셨습니다. 제가 정리 겸 보충 설명을 좀 더 해보겠습니다. 18세기에 에드워드 기번(Edward Gibbon)이 『로마제국 쇠망사』를 썼습니다. 그는 로마가 왜 멸망했는가라는 질문에 대해 한 마디로 기독교 때문이라고 하였습니다. 이것은 에드워드 기번이 이성을 중시한 계몽주의시대 역사가로서 기독교에 대한 반감을 품고 있었기 때문입니다. 그 당시의 종교는 크게 유신론·이신론·무신론으로 구분할 수 있는데 이신론과 무신론에 대해서는 이동렬 선생님이 설명을 잘 해주셨으므로 유신론에 관해 말해 보겠습니다. 계몽사상가들이 모두 기독교를 부인한 것은 아니고, 루소처럼 기독교를 믿는 사람도 있었습니다.

그러면 그들은 이성을 강조하면서 어떻게 계시종교를 믿었는가 하는 문제가 제기됩니다. 여기에는 세 가지 입장이 있습니다. 하나는 원시 기독교는 이성적이고 자연적이었는데 그 후에 사회제도가 잘못되어 타락하였다는 입장입니다. 그러므로 이들은 잘못된 제도를 타파하고 초기의 기독교로 돌아갈 것을 주장합니다. 또 하나는 기독교의 불합리한 요소를 제거하여 기독교를 합리적 종교로 만들자는 입장입니다. 대표적인 인물이 산소를 발견한 조지프 프리스틀리(Joseph Priestley)라는 화학자입니다. 그는 삼위일체설을 부정하고 성부만 인정한 유니테리언(unitarian)이었습니다. 그 대신 그는 예수의 부활이나 기적을 믿었습니다. 왜냐하면 인간이 분해한 것은 합성이 가능한 것처럼 신이 인간을 분해했다면 언젠가 합성이 가능하다고 믿었기 때문입니다. 우리가 합성을 못하는 것은 아직까지 과학적 지식의 수준이 낮기 때문이지, 예수의 부활과 기적이 불가능한 것은 아니라는 것입니다. 프리스틀리는 유물론자를 자칭했으나 내용상으로는 완전히 정신론자였습니다. 세 번째가 이신론인데 이것은 신을 완전히 부인하기 어려운 상황에서 초래한 불완전한 타협 내지는 절충적 입장을 반영한 것입니다. 신이 스스로 창조한 우주 밖에 있는 존재라면 분명히 그는 필요 없는 존재가 되어 버릴 것이기 때문입니다. 하지만 당시 사회 전체를 놓고 보면 기독교도가 압도적으로 많았던 시대였습니다.

그리고 이 선생님이 계몽주의 특징의 하나로 지상적 행복을 말씀하셨는데 제가 보기엔 이것이 역사적으로 아주 중요한 대목인 것 같습니다. 왜냐하면 계몽사상의 가장 큰 의의는 세속주의로서, 기독교의 내세적 행복 개념을, 지상의 현세적 행복 개념으로 끌어내렸기 때문입니다. 인간의 자유·평등·행복을 피안의 세계가 아닌 '지금', '여기'에서 실현할 수 있다는 신념이 진보사관의 핵심이 되었고, 유토피아 사상의 기초가 되었습니다. 18세기 이전까지 서양의 유토피아는 공간상에 위치해 있었습니다. 예를 들면 외딴 섬, 산 속, 땅 속 등이었습니다. 그러나 18세기 이후에는 유토피아가 시간상으로 미래에 위치하게 됨으로써 실현 불가능한 관념적 유토피아 개념이 실현 가능한 현실적 유토피아 개념으로 바뀌게 되었고 그것이 근대의 세속화 과정을 크게 촉진했다고 하겠습니다.


## 계몽주의의 도덕관

**김영한** 이제부터는 계몽주의의 도덕관으로 넘어가겠습니다. 이성과 합리성을 강조한 계몽사상가들은 도덕과 윤리를 어떻게 보았을까요? 17, 18세기에는 타락과 번영의 문제가 문학적 · 도덕적 주제로 널리 유행했던 것 같은데요.

**정정호** 조금 전 18세기 전체를 계몽주의시대, 진보의 시대라고 했는데, 이 시기의 영국을 보면 상당히 다르거든요. 이는 인간관에 있어서도 마찬가지인데, 크게 보면(이는 상당히 성선설적인데), 인간 중심적이고 낙관적인 계몽주의의 인간관을 계승하는 것입니다. 하지만 이는 어디까지나 지식인사회에서나 있었던 일이고 일반사회를 보면 기독교의 세력과 영향력이 아직도 막강했습니다.

**이동렬** 말씀 중에 죄송하지만, 18세기의 프랑스도 국민의 대부분이 기독교를 믿는 근본적으로 기독교 국가죠.

**정정호** 그러니까 그런 말도 해야 한다는 거죠. 당시에 사상이 이런 게 있었다고 해도 그것이 실제로 얼마나 파장을 일으켰으며, 당시 기독교에 영향을 끼쳤는지 하는 것 말입니다. 영국 사람들 안에 물론 이신론같이 완전 뒤집어 보려는 사람들도 있었지만, 그래도 대부분은 기독교 내부에서 어떻게 해보려는 입장이었습니다. 이성 자체에 대한 거부도 있었고, 대륙과는 달리 인간의 이성뿐만이 아니라 비이성, 감정적인 것도 상당히 강하거든요.

**이동렬** 말씀 들으니까 생각이 나는데, 영국인들은 온건하고 중용적인 측면이 강한 데 반해서 상대적으로 프랑스인들은 좀 극단적인 측면이 있는 것 같습니다. 그런 경향이 계몽주의에도 영향을 끼치지 않았나 합니다. 데카르트주의자들이라고 할 수 있는 프랑스인들은 흔히 논리를 극단까지 밀고 나갑니다.

**김영한** 사회 사상에서도 영국과 프랑스 사이에는 차이가 있습니다. 프랑스인은 각자 자애(自愛)에 충실하다 보면 궁극적으로 사회와 조화를 이루게 된다고 주장함으로써 융통성 없는 합리주의를 표현해 주고 있습니다. 이에 비해 영국인은 인간은 본래 자애설과 함께 개인을 결속하는 동정심을 갖고 있는 존재라고 생각했습니다. 따라서 인간은 동료와 동족을 사랑하는 사회적 존재이기 때문에 개인과 사회가 조화를 이룰 수 있다고 보았습니다.

**정정호** 조금 다른 얘긴데, 프랑스의 경우는 합리적이고 경직할 정도로 밀어붙이는 반면, 영국은 균형과 통제(balance and check)를 중시하지요. 프랑스적인 신고전주의와 영국의 신고전주의를 비교하면, 프랑스의 몰리에르 같은 전형적인 신고전주의자들은 삼일치 법칙 같은 극작 법칙을 그대로 지키려고 한데 비해, 영국 사람들은 훨씬 자유로웠습니다. 셰익스피어의 경우에는 소위 삼일치 법칙은 내던져 버리고 인간 본성에 따라

극을 썼었죠. 물론 18세기의 벤 존슨같이 몰리에르만큼 엄격한 삼일치 법칙을 지킨 사람도 있었지만, 어쨌든 영국은 프랑스보다는 이런 작가, 저런 작가들이 다양하게 있었던 것 같습니다.

**김영한** 제가 보기에는 푸리에, 사드 같은 사람은 인간의 욕망과 본성을 강조하지 않았습니까? 오늘날 페미니즘의 선구자이기도 하고……

**이동렬** 사드는 대혁명 이후에 문학활동을 했고, 푸리에는 19세기 사람이라고 할 수 있으므로 18세기의 주류와 직접 연결하기가 좀 어렵겠지만, 어쨌든 흐름의 다양성을 보여주는 예가 될 수 있겠죠.

**김영한** 제가 궁금한 것은 이들이 정말 이성에 반감을 갖고 있었는가, 아니면 계몽주의에 내포한 자애심과 본능에 충실하려다 보니까 반이성적으로 비치게 되었는가 하는 점입니다. 이들은 결과적으로는 계몽주의에서 벗어나 있었지만, 출발은 계몽주의에서 시작했다고 보아야 하겠지요.

**이동렬** 그런 관점이 있는 것으로 알고 있습니다.


## 도덕에서의 '즐거움'과 '괴로움'의 법칙

**김영한** 앞에서도 말했지만 계몽주의는 자연과 우주뿐만 아니라 인간사회에도 법칙이 있다는 신념 체계입니다. 계몽주의의 도덕관이 가장 잘 나타나 있는 것은 『백과전서』입니다. 『백과전서』에 깔려 있는 정신은 과학주의와 공리적 도덕관이라고 할 수 있습니다. 백과전서파에 의하면 자연에는 뉴턴의 법칙이 작용하는 것처럼 인간사회에는 이해(利害)의 법칙이 작용한다는 것입니다. 다시 말하면 인간의 도덕에는 쾌고(快苦)의 법칙 또는 즐거움과 괴로움의 법칙이 있다는 것입니다. 인간은 누구나 즐거움을 취하고 고통을 피하려 하기 때문에 쾌락에 대한 추구는 인간의 본성이라고 생각했습니다. 이런 점에서 인간의 감정과 욕망과 욕구를 충족하는 것을 적극적으로 평가하여 볼테르는 스스로 "나는 쾌락을 추구하는 철학자다"라고 자랑할 정도였습니다. 정 선생님이 계속 계몽주의의 과도한 이성중심주의에 비판적 입장을 보이셨는데, 제가 보기에는 계몽사상가들은 이성을 중시했을 뿐만 아니라 자연의 개념을 중시하였기 때문에 실제로 인간의 감정과 욕구도 상당히 인정했다고 생각합니다. 다만 이들에 대한 이해방법과 접근태도에서는 이성적이었다고 하겠습니다.

**이동렬** 인간의 현세적 행복에 대한 강렬한 취향과 그 실현 가능성에 대한 믿음이 계몽주의의 한 특징이라고 할 때, 계몽철학자들이 인간의 욕구를 존중하고자 하는 것은 당연할 것입니다. 그들이 내세우는 이성은 인간을 짓누르고 불행하게 만드는 각종의 미신과 편견과 압제와 싸우기 위한 이성일 것입니다. 김 선생님이 말씀하신 것처럼 볼테르의 철학은 현세적 삶의 쾌락을 적극적으로 옹호하는 철학이었고, 디드로 같은 계몽철학자는 행복의 추구를 인간의 의무라고까지 말하고 있습니다. 종종 왜곡하여 쓰긴 하지만, '자연으로 돌아가라'는 표어와 더불어 알려져 있는 루소의 자연 옹호는 계몽의 세기의 이성중심주의와 정면으로 배치하는 인상을 주기도 합니다. 어떤 면에서 루소는 계몽주의의 주류와 맞서고, 주류를 거슬러감으로써 역설적으로 계몽운동에 참여한 사람이라고 할 수 있겠죠. 다만 계몽주의의 주류에 맞서는 방법에서 늘 이성적인 추론이 작용한다는 점에서 계몽주의의 흐름에 합류한다고 할 수 있겠습니다.

## 18세기의 문학: 실천적 전투적 특성

**김영한** 18세기 문학은 실천적·전투적 성격이 강하다고 볼 수 있는데 이것은 지상적·현세적 행복의 개념과도 무관하지 않을 것 같습니다. 이 선생님이 주요 계몽사상가들인 루소·몽테스키외·볼테르·디드로 등을 중심으로 이 당시 문학의 특징을 설명해 주시죠.

**이동렬** 프랑스 문학사를 중세부터 20세기까지 쭉 훑어볼 때, 한 세기의 문학의 성격이 가장 실천적이고 전투적이었던 시기가 바로 18세기라고 할 수 있습니다. 이건 앞서 얘기한 이성 중심의 비판적 합리주의라는 계몽주의의 일반적 성격하고도 연관이 되는 것일 텐데, 비합리적인 일체의 현상에 대해 격렬한 비판을 가한 것이 계몽주의 문학의 일차적인 특성이라고 할 수 있겠습니다. 이런 비판적·전투적인 문학을 최초로 연 계몽주

의 작가는 연대가 가장 빠른 몽테스키외라고 할 수 있습니다. 몽테스키외의 대표작은 물론 『법의 정신』이지만, 그의 최초의 저작인 소설 『페르시아인의 편지』도 계몽주의 문학의 최초의 위대한 텍스트라고 일컬어지는 중요한 작품입니다. 별로 길지는 않지만, 계몽주의가 나중에 전개하고 발전하게 할 모든 것이 맹아의 형태로 다 들어 있어 계몽주의의 기폭제 역할을 한 책이 이 『페르시아인의 편지』라고 할 수 있겠습니다. 그 다음에 계몽주의의 대표적 투사로서 시대적인 역할에서나 지적 영향력에서나 비중이 가장 컸던 인물은 역시 볼테르라고 할 수 있습니다. 아마 서양 문화사를 다 뒤져 봐도 생전에 유럽 전체에 걸

처서 일종의 지적 제왕과도 같은 위치를 누린 볼테르 같은 규모의 지식인은 찾아보기 어려울 것입니다.

**김영한** 르네상스의 에라스뮈스와 비교하면 어떻습니까?

**이동렬** 글쎄요, 직접 비교하기는 어렵겠지만, 18세기에 교류가 더 많았던 걸 감안하면 시대적 영향력은 볼테르가 더 크지 않았나 개인적으로는 그런 생각이 듭니다. 어쨌든 볼테르의 활동은 격렬하게 전투적인 것이었죠. 그의 글은 사변적인 것이 아니라, 자기 눈앞에서 벌어지는 것에 대해 직접적으로 개입하는 성격이었고, 그래서 참여 문학을 주장했던 20세기의 사르트르가 18세기를 문학의 황금기로 보았던 것은 볼테르 같은 작가를 본보기로 생각해서 그러지 않았을까 생각합니다. 그리고 18세기 계몽사상가들이 부러운 점 하나는 진보에 대한 믿음에 회의의 그림자가 없었던 것입니다. 20세기 오늘날의 과학문명의 발달은 18세기 과학자들이 상상한 것 이상일 텐데, 우리는 오히려 미래에 대해 불안에 떨고, 생물학적 종으로서의 인류의 존속 자체에 대해 회의를 가질 정도의 세상에 살고 있지 않습니까? 18세기 계몽사상가들은 일체 그런 회의의 그림자 없이 인류의 진보를 믿었던 사람들이라는 점에서 행복했던 사람들이 아닌가 합니다.

**정정호** 동시에 상당히 철없었던 사람들이 아닌가 합니다. 아까 사회자께서 제가 이성을 물고 늘어진다고 하셨는데, 물론 저도 계몽주의가 비이성적인 것을 공격하려 했던 노력을 평가절하할 생각은 전혀 없습니다. 누가 무어라 해도 우리가 기댈

것은 이미 언제나 '이성'이 아니겠습니까? 다만, 선생님이 말씀하신 것처럼 아무런 회의 없이 지나치게 낙관적으로 이성과 진보를 믿었던 것은 문제가 있고, 또한 그것은 우리가 너무 18세기의 계몽주의에 열광하다 보면, 빠뜨리기 쉬운 부분이 아닌가 합니다. 계몽이란 말 자체는 enlightenment로 빛이란 말로서, 이대로 가다보면 희망의 빛으로 가득 찬 지상천국이 온다는 말이죠. 이는 맹목적 낭만주의라 할 수 있는데, 그러나 빛이 너무 밝으면, 일시적으로 맹인이 된다는 걸 생각하지 못했던 말입니다. 그래서 20세기의 비극이 어떻게 보면, 이때 철없이 이성을 맹신하고, 진보를 너무 믿어 자연을 파괴하고, 제국주의로 빠진 것에서 비롯됐다고 볼 수 있습니다. 즉 '빛'이 너무 밝아 빛 바깥에 있는 주변부의 타자를 생각지 못한 거죠.

**이동렬** 저는 이런 생각도 해봅니다. 18세기 계몽주의의 낙관적 비전이 꼭 사변적인 논리의 소산인가, 아니면 18세기의 유례없는 경제적 발전, 대단히 유리한 경제 사회적인 조건들, 이런 것들의 자연스러운 반영이라고 볼 수는 없는가 하는 생각 말입니다.

## 과학에 대한 신뢰와 낙관주의

**김영한** 지성사적인 측면에서 보면 18세기에 가장 큰 영향을 미친 것은 과학입니다. 그 당시 사람들의 과학에 대한 신뢰는 거의 종교와 같다고 하겠습니다. 그전까지는 성경의 말씀(Word)을 통해서 신에게 접근할 수 있다고 믿었지만, 이제는 신이 역사(力事)하신 작품(Work), 즉 자연을 통해서 신에 접근할 수 있다고 믿게 되었습니다. 그래서 뉴턴은 만유인력을 발견한 다음에 스스로를 제2의 예수에 비유하였습니다. 즉 예수가 말씀을 통해 신에 이르는 길을 마련했다면, 자신은 자연의 법칙을 통해 신에 이르는 길을 찾았다고 믿었습니다. 그런데 아이러니컬한 것은 결과적으로 그 '예수'가 신을 몰아냈다는 사실입니다. 기계론적인 우주관에서 신은 더 이상 존재할 수가 없게 되었기 때문입니다. 이처럼 계몽주의시대에 오면, 사회적·경제적 요인도 중요하지만, 자연과학에 대한 믿음이 거의 절대적이었습니다.

**정정호** 두 선생님이 말씀하신 것처럼, 상당히 낙관적인 기운이 팽배했던 것은 사실인 것 같아요. 과학이 발달하고, 실제 생활이 좋아지고 하니까, 이 정도면 지상낙원에 도달할 수 있겠다 생각한 것 같습니다.

**김영한** 결론적으로 말씀드리면, 계몽사상가들이 대단한 사람들은 아니었습니다. 진보에 대한 신념도 19세기 사람들이 더 체계적이었다고 하겠습니다. 계몽사상가들은 가만히 있어도 이성적인 사회가 되면 모두 잘될 것이라고 낙관하였습니다. 차라리 19세기의 콩트와 생시몽 같은 사람들이 훨씬 이론적 무장이 잘 되어 있었습니다.

**이영석** 오히려 계몽사상가들은 19세기와 별 편차는 없었던 것 같습니다. 전 이렇게 생각합니다. 합리주의와 과학주의의

관계를 생각해보면, 합리주의는 대상을 법칙적으로 이해하려는 태도라 할 수 있겠죠. 과학은 애초에 '방법'의 의미를 가지고 있었지요. 그런데 대상을 법칙적으로 처음 이해하려 할 때 무에서 조금씩 특정한 법칙들이 나오니까, 이것을 대단하게 바라보았던 것입니다. 지금까지 무지했던 데서 작은 법칙들을 통해 세계를 바라보니까, 지적 환희가 앞서는 것이죠. 이제 방법을 뜻하는 과학이 대상을 법칙적으로 바라본 결과 얻어낸 지적 체계를 뜻하게 된 셈이지요. 이게 지식이죠, 자연과학의 지식. 18세기가 되면 사회과학이란 말도 쓰이고……. 그러니까 태동기

에는 당연히 지식에 대한 신뢰가 많을 수밖에 없는 거죠. 계몽 사상가들은 어쨌든 새롭게 태동된 지적 체계들에 대한 믿음이 강했습니다. 우리가 오늘날 평가해야 하는 것은 이들이 지식을 소수 몇 사람에게서 많은 사람에게 나누어주려는 데 관심을 기울였다는 것이죠. 근대 기획이 바로 그런 거 아닙니까? 저는 오늘날 오용하고, 잘못 이용하는 이성이며 지식, 그에 대한 책임을 계몽사상가들에게 돌릴 수 없다고 생각합니다. 태동기에는 당연히 지식에 대한 낙관적인 신념이 쌓일 수밖에 없었던 겁니다.

**김영한** 새로운 과학에 대한 그들의 확신이 얼마나 컸는가 하는 것은 데카르트의 예에서 잘 알 수 있습니다. 종래까지는 원을 그리려면 장인(匠人)의 숙련된 기술이 요구되었습니다. 그러나 컴퍼스가 발명된 후에는 누구나 완전한 원을 쉽게 그릴 수 있게 되었습니다. 따라서 데카르트는 컴퍼스, 즉 새로운 과학적 방법만 발견하면 모든 사람을 지적으로 평등하게 하는 지성혁명이 가능하다고 주장하였습니다. 17, 18세기에는 유명한 '고대인과 근대인' 논쟁이 일어났습니다. 근대인들은 자신들이 지적으로 고대인보다 열등하지만 새로운 방법의 발견으로 인해 고대의 천재들을 앞서고 있다고 자부하였습니다. 한편 베이컨은 자연의 모든 현상은 복잡하지만 그것은 조직적 · 체계적으로 되어 있다고 생각했습니다. 따라서 우리의 언어구조가 복잡하지만 따지고 보면 26개의 알파벳으로 조합하여 있는 것처럼, 자연 현상도 그 원리만 찾으면, 복잡한 신비가 풀리게 되어 자연을 마음대로 해체하고 복원할 수 있다는 것입니다. 과학에 대한 이 같은 신뢰가 있었기 때문에, 18세기 사람들이 자신(自信)과 낙관에 가득 차 있었던 것 같습니다.

**이영석** 그런 지식을 가진 사람들이 많이 나타나고, 전파될 수 있는 것은 경제적인 힘 때문이기도 합니다. 17세기는 그야말로 천재의 시대였다면, 18세기 계몽사상가들은 일종의 저널리스트들이었죠. 그동안 쌓인 단편적 지식들을 긁어모아서 많은 사람에게 전파하는…….

**김영한** 그러니까 계몽이죠, 대중을 깨우친다는 뜻에서.


## 점진적 개혁가로서의 계몽사상가

**이동렬** 계몽사상가들 가운데 지적 폭이나 깊이에 있어서 그런 지적을 들을 만한 사람들이 많이 있겠죠. 볼테르만 해도 독창적인 철학적 체계가 있는 사람은 아니었던 것으로 보입니다. 하지만 사람에 따라 그렇지 않은 경우도 있겠죠. 『법의 정신』을 쓴 몽테스키외는 깊이 있는 학자적 면모를 보여주며, 루소만 해도 후세에 굉장히 영향이 큰 철학자라고 할 수 있습니다. 칸트도 루소 없이 생각하기 힘들 정도로……. 디드로도 시대적인 역할은 『백과전서』를 20여 년에 걸쳐 편찬한 것으로 평가받지만, 최근에 와서는 그의 유물론적 사상 등으로 더 많은 조명을 받는 것 같습니다.

**이영석** 디드로의 저술로 최근에 새롭게 발견하거나 재해석한 것이 있나요?

**이동렬** 디드로의 경우는 개인적인 저작들이 생전에는 거의 출판이 안 됐죠. 그의 사후 19세기와 일부는 20세기에 와서야 원고를 발견하고 출판하였기 때문에, 『백과전서』 편집자로서의 역할 말고 개인적 저작을 통해서 디드로가 연구되고 평가된 것은 비교적 일천하다고 할 수 있습니다.

**김영한** 제 생각으로는, 계몽사상가들이 서양사에서 차지하고 있는 위치는 고대의 소피스트, 르네상스시대의 휴머니스트, 현대의 포스트모더니스트와 유사합니다. 지적 전통 가운데는 기존의 학문과 이론을 체계화하는 것이 있고, 체계화한 이론을 공격하고 비판하여 새로운 문제를 제기하는 것이 있습니다. 소피스트·휴머니스트·계몽사상가들은 학문을 집대성하거나 체계화한 것이 아니라, 비판과 부정을 통해 새로운 문제들을 제기한 측면이 강합니다. 정치사상만 보더라도 계몽사상가들은 뚜렷한 강령이나 목표가 없으며 민주주의와 공화정을 철저히 지지할 만큼 진보적이지도 못합니다. 몽테스키외는 영국식 귀족정을 지지하였고, 주권재민설을 주장한 루소를 제외하면 대부분의 사람들이 혁명과 폭력을 반대한 보수주의자들이었습니다. 그저 그들은 매사가 자연적으로 놓아두면 이성적으로 풀릴 것으로 믿었습니다. 오히려 역사의 진행과정을 잘 모르는 무지한 사람들이 혁명을 일으키고 폭력을 쓴다고 생각하였습니다. 결과적으로 보면 자신들이 자각하지 못하는 사이에 그들의 이념은 프랑스혁명, 미국혁명에 영향을 주었으나 그들은 사실상 점진적 개혁론자들이었지 혁명가들은 아니었습니다.

**이동렬** 그렇습니다. 혁명의 프로그램을 세웠다든지, 혁명을 선동했다든지 하는 의미로서는 어떤 계몽사상가도 혁명가가 아니었습니다. 또 그들 중 누구도 프랑스같이 큰 나라에서 공화정이 적절한 징치체세라고 생각한 적이 없습니다. 하지만 혁명 직후에 볼테르와 루소를 혁명의 아버지로 추대하여 팡테옹으로 유해를 모서간 상징적 예가 보여주듯이, 계몽사상과 계몽주의 운동이 없었다면 프랑스혁명도 생각하기 어려운 것 또한 사실입니다.


## 시민 담론의 대두와 독자 중심의 문학


**김영한** 그러면 18세기의 문화와 예술 분야에 대해 이야기를 나누어 보도록 하겠습니다. 우선 문학에서 시작해서 다른 예술 분야로 넘어가도록 하지요. 서양사 개설에서는 이 시대를 문화 예술적인 측면에서 바로크시대라고 부릅니다. 특히 건축과 음악에서 바로크라는 말을 많이 쓰는데 바로크 양식은 르네상스 양식을 거부하면서도 내용상으로는 그것의 기하학적 요소와 고전적 형태를 받아들여 조화를 이룬 것이 특징입니다.

**정정호** 18세기 영국 문학의 흐름은 한 마디로 말해서 시민 담론(Civil Discourse)이 대두되고, 궁극적으로는 시민사회(Civil

Society)에 맞는, 즉 부르주아사회에 적합한 동질적인 공동체를 만들려는 노력을 앞서 논의된 계몽주의적 문학인들이 수행했다고 할 수 있습니다. 그것이 구체적으로 나타난 것이 시민 담론, 문학 담론인데, 이것은 다음과 같은 특징을 지니고 있습니다. 우선 문학을 지금 생각하는 것처럼 귀족적인 장르로 생각을 안 했다는 겁니다. 데이비드 흄, 아담 스미스 같은 사람도 자기를 문학가라고 생각했거든요. 이 당시에는 문학이란 개념이 참 넓었어요. 크게 보면 모두 문(文)이었죠. 글자 가지고 시도 쓰고, 철학도 쓰고, 정치적 글도 쓰고, 에세이도 쓰고, 기행문도 쓰고, 전기도 쓰고, 전 이것이 요즘처럼 귀족화되고, 세부적이고 전문 가적인 순수 문학보다 좋은 것 같은데요, 일종의 다양성과 시민 성의 문학이라고 할까요. 말하자면 그 당시 설교 문학 같은 것, 기행문, 전기 등이 모두 상당히 중요한 비중을 지녔던 거죠. 시 나 소설과 맞먹을 정도로. 이러한 문학의 개념 자체가 방금 말 씀드린, 시민 담론, 시민사회를 만들기 위한 장치로서 작용했던 것 같습니다. 요새 문학이 상당히 귀족화된 이유는 그것이 설 자리가 없어졌기 때문입니다. 18세기 문학은 그 기능이 컸거든 요. 적어도 중산층, 보통 독자들에게는 문학이 토론과 논의의 대상이었고……. 이젠 그 기능이나 폭이 확 줄어들어서 더 소 외가 되는 거죠. 그래서 이 시대 문학의 특징은 독자, 특히 중 산층을 중시했다는 것입니다. 문학사적으로 보면, 고전주의시 대는 법칙이라든지, 시를 어떻게 쓸 것인가 하는 것을 중시하였 지만, 이 시대에 오면 이젠 문학이 독자 중심으로 오게 되고,

그 다음에 낭만주의시대에 와선 천재적인 독창성을 가진 작가 중심으로 오게 되는 것이죠. 그리고 20세기에 와서는 작품 자체에 중요점이 놓여집니다. 이렇게 18세기에 '독자'를 중요시하였다는 것에는 많은 시사점이 있습니다.

당시 부상하던 시민사회에서 중산층들이 지켜야 할 교양과 덕목들을 문학을 통해서 교육해야 한다, 이런 선략에서 나왔다고 할 수 있죠. 그리고 당시 중산층 독자가 상당히 힘이 세어지지 않았습니까? 특히 경제적 부분에서 여가도 생기고 저축도 할 수 있었습니다. 작가의 경우도 이전에 르네상스시대부터 18세기 초까지만 해도 작가들이 귀족의 도움을 받거나 해서 겨우 살았는데, 이 시대부터는 작가들이 직접 글 쓴 걸 팔아서 출판자금·인쇄자금 등을 마련하게 됩니다. 그래서 독자들이 절대적인 영향력을 가지게 됐고, 이젠 독자의 비위를 안 맞출 수 없게 되었죠. 모든 문학 작품의 가치 판단을 보통 독자들에게 굉장히 의존하게 된 겁니다. 어쨌든 18세기에는 문학·예술 자체를 하나의 공동예술(Communal Art)로 생각했다는 겁니다. 이것이 이후 낭만주의시대로 오면 독자를 포기하게 되니까 독자의 영향이 줄어들게 되지만, 이때만 해도 중산층의 영향이 컸고 결국은 작가가 작품을 팔기 위해 독자에 의존하는 근대적인 생산양식이 영향을 주기 시작한 때였습니다. 문학은 공공예술로서 부르주아 구성원을 다 포섭하는 것이었고, 다 같이 즐길 수 있는 것이었습니다.

그리고 또한 '모방'이란 단어가 중요했습니다. 오늘날처럼 모방이란 단순히 남의 것을 베끼는 것이 아니었습니다. 낭만주의시대의 작가가 자기 내면에서 나오는 소리만 쓰면 이것은 절대로 공동예술이 될 수 없다는 것입니다. 이것은 반드시 검증된 그리스·로마의 작가들의 작품에 기대서 써야 하는 것이다, 이러한 상호텍스트성 속에서 우리 시대에 맞게 새롭게 써야 하지요. 그것은 일종의 역사의식이며 공동체의식이지요. 이것은 연암 박지원이 말한 '법고창신(法古創新)'의 글쓰기 전략이지요. 또 계몽주의의 특징 중 하나를 비판정신이라고 했는데, 이 시대의 문학 지식인들은, 작가 지식인들은 문화의 파수꾼이었습니다. 대중들, 일반독자들의 취향이 타락하는 것을 막고, 사회 현상을 제대로 보게 하는, 그리고 이 시대의 지나친 낙관주의에서 파생하는 여러 가지 모순들에 대한 풍자 같은 양식이 대표적인 것입니다. 그래서 시민사회, 시민 담론을 이루는 핵심 문학 장르가 에세이·소설이었던 것입니다. 특히 '에세이'는 상당히 많은 영향력을 끼쳤습니다. 에세이는 길지도 않고, 언제나 읽을 수 있는 것이기 때문에 중산층의 담론 양식이었죠. 그래서 작가 지식인들이 한 일은 근대 담론을 만들기 위해 이들을 교육한 것이라 할 수 있습니다. 시가 귀족적이라면, 산문은 중산층적인 글이었습니다. 그러니까 이 당시 작가들의 역할은 지금 생각하는 것과 전혀 다른 것이었죠. 지금 우리가 작가의 역할로 생각하는 것은 주로 낭만주의시대의 천재성과 독창성을 지녀야 한다는 작가들의 전통이거든요. 이런 맥락에서 조금 전에 이동렬 선생님이 말씀하셨듯이, 참여 문학을 주창했던 20세기의 사르트르가 18세기를 '잃어버린 낙원'의 시대라고 불렀던 것이 아닌가 합니다. 이 시대의 작가들은 대부분 공적 지식인들(public intellectuals)이었기 때문입니다.

## 고전주의와 신고전주의

**김영한**  그러면 정 선생님, 고전주의와 바로크와의 관계를 문학·음악·미술 등을 통하여 설명해 주시죠.

**정정호**  일단 이 시대는 모순적인 시대죠. 한쪽으로는 단순하고 분명하고 명증한 가치를 추구하였지만, 동시에 다른 한편으로는 굉장히 화려하고 장대했거든요. 바로크·로코코가 이를 말해 주는 것인데, 문학에서도 이런 점은 나타나고 있습니다. 화가 루벤스와 조각가 베르니니와 같이 바로크(baroque)는 치밀하게 계획하고 균형잡힌 토대 위에 화려한 색깔, 과장, 놀라운 대조, 활력과 다양성의 분출, 풍요로운 장식을 선호하는 양식이고, 로코코(rococo)는 바로크보다 좀 더 정교한 형식입니다. 음악가 헨델의 장대한 코러스, 건축가 벤브로의 브레님궁전, 화가 레이널즈의 화려한 초상화, 가구예술가 치펜데일의 장식적인 가구들이 그 예입니다. 문학에서는 로렌스 스턴이라는 소설가가 있어요. 『트리스트럼 샌디』라는 소설을 썼는데, 이 책은 지금의 포스트모던 소설 Metafiction의 원조의 위치를 차지하고 있는 것이었습니다. 문학뿐만 아니라 음악에서 헨델·바흐·몬테베

야콥 프란타우어, 안토니오 베두치, 요제프 뭉겐나스트가 꾸민 〈메르크수도원〉 예배당 내부(바로크 양식)
그들은 장소에 따라 장식에 차등을 둠으로써 눈에 띄지 않는 곳은 화려한 장식을 삼가고 돋보이고자 하는 부분에서는 효과적으로 부각되도록 애썼다. 그리하여 보는 사람으로 하여금 천국의 영광을 미리 맛보게 하려고 하였다.

르디·비발디 같은 사람과 그 외에 수많은 건축가들·초상화가들 등이 문학·음악 등 문학 전반에서 바로크·로코코가 우세했습니다. 프랑스·이탈리아·독일·스페인·오스트리아 등은 어땠는지 잘 모르지만 비슷했을 거라 생각합니다.

**김영한** 18세기의 문학·음악·미술은 각기 언제까지를 바로크시대로 보고 있습니까?

**정정호** 18세기 중반까지를 바로크라고 하고 그 이후를 로코코라고 합니다. 그러나 이러한 시대 구분에 대해서는 나라마다 편차가 있습니다.

**김영한** 그것은 주로 건축에서 그렇고 문학에서는 바로크시대 다음에 고전주의시대라고 하잖아요?

**정정호** 그렇죠, 그렇게 예술 영역마다 시대 구분이 약간씩 다를 수 있습니다.

**김영한** 제가 볼 적에는 바로크를 17세기 문화의 주류로 보는 것은 이해가 갑니다. 왜냐하면 17세기는 정치·경제·철학·예술에서 모두 힘을 자각하고 추구한 시대였기 때문입니다. 정치는 절대주의를 지향하였고, 경제는 중상주의를 추구하였고, 철학은 베이컨의 주장처럼 자연 정복을 목표로 하였습니다. 그러므로 바로크가 화려하고 장대한 것은 당시 힘의 숭배를 반영하는 것이라고 이해가 됩니다. 그러나 그 다음 로코코로 넘어갔을 때 문학에서는 다시 고전주의로 되돌아가 르네상스의 영향을 받았는데, 이 부분은 우리가 볼 적에 18세기의 전반적 사조에 역행하는 것으로 느껴지는데요?

**〈강아지를 안고 있는 보울즈 양〉**
조슈아 레이놀즈, 1775, 캔버스에 유채, 런던 월리스 컬렉션.

**정정호** 그만큼 획일적인 무언가가 있었던 게 아니라, 건전한 상식과 과도한 장식이 모순적으로 공존하고 있었던 걸로 봐야 되죠. 문학에서 시를 보면, 고딕 작품처럼 법칙을 중시하고 그것에 맞춰서 쓸려는 시인들이 있는가 하면, 동시에 화려하고 길게 수식어를 붙이고, 문장 하나가 몇 페이지 넘어가고 하는 것이 있거든요. 그런 것을 보면 같은 문학 장르 내에서도 신고전적인 요소가 있고, 바로크와 로코코적인 요소가 있었다고 얘기할 수밖에 없습니다. 그러니까 다양하고 역동적인 시대라고 할 수 있죠.

**이동렬** 문학의 경우에 있어서 영국에서는 신고전주의라는 용어를 쓰는 것으로 아는데, 프랑스에서는 그냥 고전주의라는 용어를 씁니다. 18세기 프랑스 문학의 주류는 형식적인 측면에서는 17세기 고전주의 문학하고 크게 다르지 않다고 할 수 있습니다. 다만 내용이 17세기 고전주의하고는 상당히 다르기 때문에 구분을 하는 것이지, 문학 형식과 취향에서는 18세기 문학도 고전주의를 답습하는 것이 주류라 할 수 있죠.

**정정호** 18세기가 복잡하고, 모순적이었다는 얘기를 조금 더 하고 싶은데요. 18세기 영국 문학에서 신고전주의 문학이라는

게 상당히 단아하고 단순한 것으로 알려져 있지만, 모순적이게
도 셰익스피어나 밀턴 같은 작가들은 신고전적인 사람이 아니
었지만, 당시에 계속해서 인기가 있었다는 겁니다. 이 시대가
이성이나 문학 법칙들의 시대였다면, 셰익스피어나 밀턴의 작품
들은 잘 안 읽혔어야 하는데, 희랍이나 로마식의 고전적인 작품
을 생산하면서도 그들의 작품이 계속 인기가 있었거든요. 그러
니까 이 시대는 단일한 시기는 아니었고, 서로 반대되는 현상이
같이 일어났던 모순과 불일치의 시대이기도 했던 것 같습니다.


## 계몽주의의 공간적 전파

**김영한**  이번에는 계몽주의의 공간적 전파를 얘기해 보겠습
니다. 이 주제를 잡은 것은 계몽주의가 독일·스페인·이탈리
아 특히 아메리카 대륙에서 어떻게 수용되고 또 어떤 영향을
주었는가를 검토해 보기 위해서였습니다. 더 나아가 계몽주의
가 아시아·아프리카에 어떤 영향을 미쳤으며 셰익스피어·볼
테르·몽테스키외 같은 사람들은 동양을 어떻게 보았는가를 포
괄적으로 다루어 보고 싶어서였습니다. 그러나 시간이 없으므
로 시간적 전파도 함께 말씀해 주시기 바랍니다.

**백인호**  유럽에서 계몽사상의 공간적 전파에 대해 간단히
말씀드리면, 유럽에서 계몽사상의 시대를 연 것은 프랑스보다
영국이었습니다. 영국의 경우 이미 18세기 초부터 로크와 뉴턴

을 중심으로 계몽사상이 발달하였지만, 프랑스에서는 몽테스키외의 『페르시아인의 편지』의 출간을 기점으로 영국을 앞서 가기 시작했습니다. 유럽대륙의 다른 국가들, 예컨대 독일·스웨덴·폴란드·러시아에서는 계몽사상이 상당히 늦게 나타납니다. 가장 눈부시게 발전한 프랑스의 계몽사상은 1760년대 말까지 유럽으로 전파됩니다.

그러면 계몽사상이 프랑스 내부에서는 어떻게 전파가 됐고, 프랑스혁명과는 어떻게 관계가 되는가에 대해서 말씀드리겠습니다. 계몽사상이 어떻게 전파되었는가에 대한 고전적 연구로 다니엘 모르네(Daniel Mornet)의 『프랑스혁명의 지적 기원』을 들 수 있습니다. 모르네는 여기서 계몽사상의 전파에 대하여 세 차원을 얘기하는데요. 첫 번째로 계몽사상이 사회 계서제 상층부에서 시작하여 하층부까지 점차로 퍼져나가 18세기 말에는 민중계층에까지 이른다는 것이고요, 두 번째는 공간적으로 파리부터 시작해서 변두리, 지방의 대도시들, 그리고 지방의 대도시에서 시골 구석구석까지 확산하였다는 것입니다. 세 번째는 시간적으로 어떻게 확산하였는가인데요. 18세기 초반에는 상당히 느린 속도로 전파되다가 1750년대부터 아주 가속해서 18세기 말로 갈수록 더욱 빠른 속도로 확산하였다고 얘기하고 있습니다. 마지막으로 한 가지 덧붙이자면 계몽사상의 비판 대상이 처음에는 종교에서 나중에는 주로 정치적 비판으로 바뀌어 갔다는 것입니다. 그러니까 계몽사상의 전파에 대해서는 계몽사상이 프랑스혁명에 상당히 중요한 역할을 했다는 것이 고전적인 시각인데요.

여기에 대해 로제 샤르티에(Roger Chartier)는 과연 책이 혁명을 만들었는가 하는 근본적인 질문을 던집니다. 오히려 거꾸로 얘기할 수 있지 않겠는가라는 것이죠. 계몽철학자들이 죽은 후에, 혁명가들이 혁명을 정당화하기 위한 필요성에 의해서 루소와 볼테르의 작품과 단어들을 자기 것으로 만들지 않았는가, 다시 말하면 혁명이 자신의 정당화를 위해 계몽사상을 만들어낸 것이 아니냐 하는 도발적인 질문을 던집니다. 물론 샤르티에가 얘기한 것은 혁명이 계몽사상을 만들었다고 단언하였다기보다는, 이제 더 이상 계몽사상이 혁명을 만들었다는 단순한 방식을 적용하기 어렵다는 것입니다.

단순히 계몽서적을 읽었다고 해서 혁명정신을 갖게 되었다는 식으로 단순화하게 되면, 남성 독자와 여성 독자가 서로 다르게 책을 읽었고, 또한 루소의 책을 탐닉했던 독자들 가운데는 혁명가들뿐만 아니라 왕당파 귀족들도 있었다는 사실을 간과하게 된다는 것이죠. 따라서 책만이 아니라 독서방식에도 주목해야 한다는 것입니다. 책을 읽고 그대로 받아들이는 예전의 방식을 벗어나서 18세기 중반부터 독서의 경건성이 약화되고, 책을 각 개인이 비판적으로 읽는 형태가 나타났다는 것이죠.

계몽사상보다는 18세기 중반에 문화적인 변화가 있었고, 이것이 프랑스혁명에 더 영향을 주었다는 겁니다. 예를 들어 여론이 등장하면서 부르주아지 공론 영역이 등장하고 새로운 정치문화가 형성하였으며, 이런 현상이 종교관행에도 나타난다는 것이죠. 18세기 중반에 들어오면서 겉으로는 완벽한 가톨릭 국가

이지만, 실제 내부로 들어가 보면, 중대한 변화가 이미 나타나고 있었습니다. 먼저 죽음에 대한 심성이 바뀌어, 18세기 초만 해도 경건한 기독교인으로 죽기를 바랐지만, 18세기 중반에 이르면 죽음은 영원한 수면이라는 계몽철학자들의 사상을 받아들여, 더 이상 선한 기독교인으로서의 죽음을 바라는 사람들이 많지 않았다는 겁니다. 즉 죽음에 대한 태도가 세속화되었다는 것입니다. 두 번째로 삶에 대한 태도가 변화해서, 피임의 관행이 증가하고, 사생아 생산율이 증가하는 것이 나타났으며, 마지막으로 종교적인 선서가 급속히 감소해서 신학생이 줄어들었고, 국왕의 이미지가 탈신성화되었습니다. 따라서 계몽사상만으로는 프랑스혁명을 더 이상 설명할 수 없게 되었습니다. 다시 말하면 18세기 중반에 정치문화의 풍토가 바뀌었는데, 이것이 프랑스혁명이 일어나게 됐던 배경으로 설명할 수 있다는 것입니다.

**이동렬** 제가 아는 것이 전공 분야밖에 없어 프랑스 얘기를 너무 많이 하는 것 같아 죄송하지만, 계몽주의에 있어서의 프랑스의 역할을 간단히 말씀드리지 않을 수 없습니다. 물론 18세기에는 영국이 경제적으로 선진이었고, 정치적 제도와 자유에서도 앞서 갔기 때문에, 계몽주의운동에 있어서도 영국이 모델이 됐던 것이 사실입니다. 뉴턴과 아울러 로크의 사유가 계몽사상에 절대적 영향을 끼쳤고, 그래서 처음에는 『영국 서한』이란 타이틀로 출판하였던 볼테르의 『철학 서한』도 영국에 대한 예찬으로 가득 차 있습니다. 그러나 계몽의 정신을 배태하고, 계몽운동을 가장 활발히 전개하였으며, 마침내 대혁명으로 계

몽적 투쟁을 종결한 것이 프랑스였으므로, 아무래도 유럽 계몽주의의 중심 무대는 프랑스가 아니었나 합니다. 여기에는 여러 가지 원인이 있겠지만, 당시의 프랑스어의 영향력을 크게 꼽을 수 있을 것 같습니다. 프랑스어는 유럽 계몽주의의 보편적 언어 역할을 했다고 할 수 있습니다. 자국은 물론 이탈리아에서 러시아에 이르기까지 유럽 전체 교양층의 공통언어가 프랑스어라고 할 정도로 프랑스어가 널리 사용된 것이 18세기였습니다. 가령 독일의 프리드리히 2세가 프랑스와 전쟁을 하면서도 대화는 프랑스어로 했다든지, 프러시아 왕립 아카데미의 공식언어가 프랑스어였다든지, 그리고 라이프니츠·볼프 같은 독일 철

**18세기 런던 풍경**
볼테르의 『철학 서한』에는 "런던의 주식시장으로 오시오. … 거기에는 유대인과 회교도인과 기독교인이 모두 하나의 종교를 믿고 있는 것처럼 행동하고, 오직 계약을 위배한 사람에게만 신을 모독하는 말을 한다오"라는 구절이 있다.

학자도 프랑스어로 글을 썼다든지 하는 것에서 보듯이, 18세기에는 국가적 영향력과는 약간 별개로 프랑스어가 커다란 영향력을 가졌죠. 그리고 프랑스어는 명료한 언어, 분석적이고 합리적인 사고에 잘 적응하는 철학적이며 현대적인 언어로 간주되었던 것입니다. 계몽사상가들이 영국을 모델로 삼았지만 계몽주의운동의 센터는 오히려 프랑스 쪽이었다고 할 수 있습니다.

**이영석** 당시 독일 지식인뿐이 아니라, 영국 지식인들도 프랑스에 대해 문화적 콤플렉스를 많이 느끼고 있었습니다. 이들도 프랑스어 하는 것을 당연하게 생각했죠. 즉 영국이 선진적이라는 것은 어디까지나 무역이나 정치적 자유, 이런 것이지 문화적인 면에서는 열등하다고 암묵적으로 인정했습니다. 역시 정신문화 면에서 18세기에는 프랑스의 영향이 절대적이었습니다.


## 계몽주의의 초심으로 돌아가자

**김영한** 마지막으로 계몽주의와 현대세계에 대해 살펴보겠습니다. 정정호 선생님이 18세기 문학이 현대에 줄 수 있는 의미를 포괄적으로 말씀해 주시죠.

**정정호** 제가 이미 말씀 드렸듯이 18세기에 문학의 개념이 시민사회, 시민 담론으로서 다시 위치를 찾고, 문학의 영역과 기능이 다시 18세기처럼 폭이 넓어지는 것이 바람직하다고 생각합니다. 독창성·천재성 중심의 작가주의를 벗어나서요. 누구나 쓰고 있었던 편지도 사실 하나의 사상을 전파하는 도구가 될 수도 있고, 이것도 하나의 문학 장르였거든요. 그러한 측면에서 낭만주의 이전에 있었던 시민 담론, 문학 담론의 생활 문학의 확산을 봤으면 좋겠고요. 제가 말씀드리고 싶은 것은 계몽주의의 장단점을 우리가 합쳐서 볼 줄 알아야 한다는 겁니다. 지나친 낙관주의, 보편성 주장에 있어서의 모순들, 과학에 대한 맹신, 자본주의, 개발주의 등이 모두 여기서 나온 것 같습니다. 그래서 계몽주의와 모더니티의 나쁜 점을 탈근대주의로 고치는, 결국 서구를 극복하고, 지나친 과학주의에서 벗어나는 것이 필요하다고 봅니다. 물론 우리에게는 아직 계몽주의의 계획이 안 끝났다고 볼 수 있습니다. 하지만 그때 당시 사람들이 생각하지 못했던, 서구 중심, 남성 중심, 백인 중심, 인간 중심주의는 개선해 나가야 되지 않나 하는 생각이 듭니다. 궁극적으로 18세기 문학은 공동체예술이며 공적인 시민 담론이었습니다. 오늘날 우리가 이러한 문학 담론의 공공성을 회복시킴으로써 효율제일주의의 전지구적 신자유시대의 소위 문학의 위기를 넘길 수 있다고 봅니다. 오늘날 금융자본주의시대에 비판인문학의 한 분과로서의 문학 본래의 역할과 기능을 회복하기 위해 우리는 18세기 문학의 이론과 실천에서 타산지석의 지혜를 얻을 수 있을 것입니다.

**김영한** 정 선생님 말씀은 초기 기독교의 순수성으로 되돌아가자는 주장과 같은 의미지요? 즉 선생님은 계몽사상가들에게서 오늘날의 필요한 지혜를 얻을 수 있다고 생각하시는 것이지요. 왜냐하면 계몽주의가 제기한 문제들이 오늘날에도 그대로 반복되고 있다고 여기시니까요.

**정정호** 그러니까 우리 시대는 무지몽매한 상태인 신야만시대가 다시 되었다는 거죠. 이것이 아이러니이고, 부메랑과 같은 건데, 무지몽매한 상태를 다시 벗어나기 위해서는 다시 계몽주의한테서 배워야 한다는 겁니다. 따라서 앞서 말씀드린 '포스트' 계몽주의 개념을 도입할 필요가 있습니다. 이것은 초기의 '좋은' 계몽주의는 수용하고 그 이후의 '나쁜' 계몽주의는 버리는 전략입니다.

**백인호** 마치 이탈리아 르네상스가 고전 고대 문화를 부활하게 한 것처럼, 18세기 계몽사상의 가장 순수했던 본질을 부흥시키자는 말씀인가요?

**정정호** 변형적 부흥이겠죠.

**김영한** 그러니까 정 선생님은 계몽주의의 초기 프로그램은 좋았는데 이성 중심의 논리를 계속 강조하다 보니까 부작용을 낳게 되었다는 말씀이지요. 따라서 우리는 계몽주의의 초기로 돌아가는 것이 바람직하다는 뜻이지요?

**정정호** 초심은 언제나 순수하고 참신한 이상들을 가지고 있지요.

**김영한** 정 선생님 입장은 당시 일부 계몽사상가들이 타락하지 않은 초기 기독교사회로 돌아가자고 주장했던 것과 마찬가지로 보입니다. 그렇다면 제가 보기에 선생님이야말로 계몽주의의 덕을 가장 톡톡히 보시고, 거기에서 현대 문제의 대안과 해답을 얻으신 현대판 계몽주의자의 모범이라 여겨지는데, 이렇게 얘기해도 되겠습니까?

**정정호** 하하, 아까부터 제가 계몽주의의 덫에 걸려 계속 허우적거리는데요. 사실 저는 계몽주의만이 아니라 그것을 포함한 18세기 초기의 가치·양식 등을 지금 우리가 후기 근대에 와서 들여다보고 갈고 닦아야 할 필요성이 있는 것이 아닌가 해서 말씀드린 겁니다.


## 18세기 연구의 필요성과 중요성

**김영한** 이제 마지막으로 18세기 연구에서 우리가 유의할 점과 개선할 방향 등을 말씀해 주시면 좋겠습니다.

**이영석** 제가 처음에도 잠깐 말씀을 드렸지만, 계몽주의를 넘어서 18세기는 우리가 근대성이라고 말하는 것, 시장이나 상품성, 근대적 주체, 산업주의, 감시체제, 자본주의 등의 원형적인 면모가 나타난 시대입니다. 요즘 탈근대론자들은 근대성 자체의 왜곡을 비판하는 경우가 많은데, 애초에 그러한 것들이 필연적으로 왜곡될 수밖에 없는 것인지, 아니면 정 교수님 말씀하신 대로 역사적 과정에서 왜곡이 발생한 것인지 알 수가 없습니다. 다만 18세기 문화나 역사 연구의 현재적 의의를 말한다면, 18세기가 바로 그러한 불분명한 문제, 오늘날 탈근대론에서 제기한 것들을 연구할 수 있는 계기가 된다는 점입니다. 제가 생각할 때는 분명 18세기의 문화적 현상에 대해 이후의 낭만주의에서 비판한 여러 가지 담론들이 있을 겁니다. 그래서 18세기 연구는 그것으로 독자성을 가지는 게 아니라, 그 이후의 낭만주의적인 문필가가 제기한 여러 가지 비판들, 이것을 같이 묶어서 살펴볼 때만이, 오늘날 근대성에 관한 여러 가지 논의에 18세기 연구가 직접적인 기여를 할 수 있다고 생각합니다.

**김영한** 18세기에서 근대성을 찾을 수 있다고 보고 연장선상에서 오늘날의 탈근대주의와 낭만주의는 어떤 관계가 있습니까?

**이영석** 글쎄요. 전에 저는 산업화 당시에 기계나 공장제들을 긍정적으로 파악하는 동시대 사람들의 저술을 검토한 적이 있었는데, 거의 비슷하게 그것들의 병폐를 비판하는 언어들도 매우 많았습니다. 그러니까 18세기에 근대성의 원형적인 것을 둘러싸고 긍정적인 담론이 있었다면, 그것에 비판적이고 부정적인 담론들도 나타났을 것이라고 생각합니다. 그러니까 양면적인 것을 동시에 살펴보아야 오늘날 근대성의 문제를 좀 더 잘 파악할 수 있지 않을까 합니다. 오늘날 탈근대 하면 너무 역사적인 변화를 생략하고 우리가 당면한 문제만 가지고 파악하는 경향이 있거든요. 분명한 것은 합리주의에 바탕을 둔 계몽정신이 꼭 진보적인 것으로 발전한 것만은 아니었다는 점입니다. 18세기가 해답을 줄 수는 없다고 하더라도, 근대성을 어떻게 비판적으로 극복할 것인가 하는 학문적인 과제에 부분적으로 도움을 줄 수 있다고 봅니다. 18세기 자체에만 매달리기보다는, 18세기를 통해서 오늘날을 바라보는 거죠. 그런 면에서 18세기 역사가, 18세기 문화가 중요한 의미를 지닙니다.

**김영한** 그러니까 이영석 선생님의 입장은 오늘의 문제점을 파악하기 위해서 우리는 18세기로 돌아가야 하고, 그 문제점을 극복하기 위해서는 낭만주의로 돌아가야 할 필요가 있다는 의미인가요? 물론 제가 너무 기계적으로 정리한 느낌이 있습니다만.

**이영석** 그건 너무 도식적입니다. 그런 게 아니고요, 지금 탈근대의 담론들이 과거의 역사성은 무시해 버리고, 근대성은 이런 것이다 하고 전제를 하고 비판을 하는데, 그것은 단순논리에 빠질 수밖에 없다는 거죠. 그러니까 역사성을 살펴봐야 하는데, 문제는 우리가 오늘날 생각하는 근대성의 상당한 구성요소들이 18세기에 그 원형적인 면모가 드러난다는 겁니다. 그러니까 19세기도 살펴보고 다른 시대도 전부 살펴봐야겠지만, 18세기의 면모를 살피는 게 의미가 있다는 겁니다. 그것이 오늘날 근대성의 담론을 둘러싼 논의를 획일화하는 게 아니라 근대성을 둘러싼 논의에 부분적으로 시사를 해준다는 겁니다.

**김영한** 해결한다는 말은 과장된 표현인지 몰라도, 그 당시에 계몽주의의 부정적 측면을 보고, 문제를 제기한 여러 비판자들 가운데 대표적인 예가 낭만주의자들이라 하겠습니다. 그렇다면 발생 당시의 문제점을 예리하게 진단했던 사람들로부터 오늘의 문제를 이해하는 데 도움이 되는 실마리를 어느 정도 시사 받을 수 있지 않겠습니까?

**이영석** 물론 시사를 받을 수가 있죠.

# 계몽주의는 미완의 기획이다

**백인호**  저는 하버마스가 얘기했듯이 계몽주의는 아직 미완의 기획이라고 생각합니다. 그런 의미에서 18세기의 근대성으로 돌아갈 필요가 있다고 생각합니다. 특히 시민사회가 등장했던 것이 18세기고, 이때 구체적으로 공론 영역이 등장하였다는 점에서 중요하다고 생각합니다. 따라서 우리가 포스트모던시대의 합리주의의 모든 왜곡된 경향들을 극복하기 위해서는 18세기의 근대성으로 돌아가야 한다고 생각합니다.

**정정호**  저는 서구의 18세기가 21세기 우리에게 해줄 수 있는 중요한 교훈과 역할이 있다고 생각합니다. 결자해지의 측면에서 서양의 근대가 가져온 여러 가지 재앙들을—자연파괴, 식민주의, 제국주의, 경제 무역 전쟁, 토착민 학살, 제3세계 수탈 등등—해결하기 위해 우리는 '근대'가 초기에 지녔던 진정한 합리주의와 참신한 계몽정신을 부활시켜야 할 것입니다.

물론 서양의 근대가 가져다 준 달콤한 열매도 많았고 지금까지 우리는 즐기고 있습니다. 제가 문제시하는 것은 '좋은' 근대가 아닌 '나쁜' 근대입니다.

나쁜 근대를 광정하기 위해서는 소위 탈근대운동으로 자연스럽게 연결할 수도 있겠습니다. 특히 요즈음과 같은 살벌한 신자유주의적 전 지구 금융자본주의시대에서 우리는 오히려 18세기의 공적 영역과 사적 영역이 균형을 이루려고 노력하는 공동체적 시민사회론과 고전적 자유주의가 다시 필요할지도 모릅니다. 현재와 미래에 대한 전망이나 대안이 불투명할 때 우리는 과거로 돌아가 대화할 수밖에 없습니다. 이것이 과거의 현재성이며 진정한 역사의식이 아니겠습니까.

**김영한**  지금까지 18세기로 돌아가자는 것은 거의 공통된 의견인 것 같습니다. 그러나 정 선생님은 18세기 계몽주의의 초심으로 돌아가자는 입장이시고 백 선생님은 18세기의 프로그램 자체가 좋은 것임에도 불구하고 그것이 아직까지 실현되지 않았으므로 18세기로 돌아가야 한다는 입장입니다. 하버마스의 주장처럼 이성의 진수도 맛보지 못하고 이성을 포기할 수는 없다는 것이지요.


## 계몽주의를 옹호해야 할 이유

**이동렬**  계몽주의에 대한 긍정적 시각보다는 혹독한 비판을 더 많이 보게 되는 것이 최근의 추세인 줄 압니다. 그러나 저는 개인적으로 계몽주의가 옹호 받을 많은 이유를 가지고 있다고 생각합니다. 계몽주의는 프랑스대혁명의 정신적 기초였을 뿐만 아니라 그 이후에 출현한 세계 각지의 민주적 공화국들에 이념과 원칙을 제공했다는 점에서 역사적으로 대단히 중요한 가치를 지닌다고 생각합니다. 또 계몽주의정신은 18세기 이후의 지식인들에게도 생생한 지적·도덕적 힘으로 작용했고, 몽매주의와 보수적 반동에 대한 방패막이 기능을 해온 많은 예를 우리는 알고 있습니다. 19세기의 지식인들 가운데서도 어떤 식으로든 계몽주의의 세례를 받은 사람은 맹목적 보수주의의 편에는 서지 않았던 것으로 보입니다. 그런데 현대에 와서 사람들은 대체로 두 가지 관점에서 계몽주의를 격렬하게 공격하는 것 같습니다. 하나는 계몽주의가 부르주아 이데올로기라는 비판입니다. 대부분의 계몽사상가들이 부르주아 출신이었고, 18세기의 계몽운동이 부르주아지의 권력 획득 과정과 일정 부분 궤를 같이한 측면이 없지 않은 만큼, 오늘날 계몽주의와 부르주아 이데올로기의 연관성을 부인하기는 어렵겠죠. 하지만 18세기에는 부르주아지가 어느 정도 역사적 당위성을 지닌 계급이었다는 점을 감안해야 할 것이고, 또 계몽주의자들이 지향했던 보편주의, 적어도 이상으로서는 진지했던 보편주의는 부르주아적 가치를 뛰어 넘는 것이었다는 변호를 받아 마땅할 것입니다. 또 하나는 18세기 이전부터 시작하여 현재까지 이어지는 서양의 기계적 세계관에 대한 비판으로서, 바로 계몽주의가 그런 기계적 세계관의 전형적 예라는 공격일 것입니다. 현대의 물질문명이 드러내는 병리적 현상을 놓고 볼 때, 계몽주의가 내세웠던 미래에 대한 낙관적 비전은 비판받을 수밖에 없을 것입니다. 그런 관점에서는 계몽주의가 신봉했던 이성은 자연을 착취하는 이성, 약자를 억압하는 이성, 마침내 인류의 위기를 불러온 사악한 물질문명의 원인으로서의 이성으로 비칠 법합니다. 그러나 이런 비판에 대해서도 계몽주의를 옹호할 여지는 있다고 생각합니다. 현대문명의 병리적 현상에 대한 책임은 이성 자체에 있는 것이 아니라, 오도되고 남용된 이성의 책임이라고 말해야 마땅할 것입니다. 계몽주의가 표방하고 지향했던 이성은 오히려 오늘날의 위기를 극복하고 치유할 기능으로서의 건전한 인간 이성이라고 말할 수도 있을 것입니다. 그래서 저는 계몽주의가 적어도 그 정신과 원리 면에서는 적극적으로 옹호할 필요성이 있다고 생각합니다. 특히 우리나라의 경우, 아직도 미신적이고 비합리적인 갖가지 현상에 시달려야 하는 경우에는 계몽주의가 여전히 교훈적이라고 생각합니다. 진정한 계몽의 시대를 겪었다면 우리 사회가 훨씬 더 살 만한 삶의 터전이 되었을 것이라는 공상을 저는 종종 해봅니다. 계몽주의에 대한 성찰과 연구는 우리에게 현재적인 의미를 지닐 수 있을 것으로 보입니다.

**김영한** 제가 이 선생님 말씀을 다시 정리해 보겠습니다. 계몽주의의 의의는 민주공화정의 이념을 보급하였고, 둘째는 지적 몽매주의와 보수반동주의를 막아 주었으며, 셋째 부르주아 이데올로기를 넘어서는 보편주의적 가치관을 제시하였다는 점입니다. 끝으로 계몽주의 세계관에 대한 비판은 오도된 것이 많다는 것입니다. 그러므로 오도되지 않은 이성과 합리주의는 우리에게 필요하며 특히 비이성적·비합리적 관행이 횡행하는 한국적 상황에서는 더욱더 그러하다는 것입니다. 이러한 면에서 계몽주의시대인 18세기는 연구할 가치와 필요성이 충분히 있다고 하겠습니다.

그러면 오늘의 좌담회를 여기서 마치겠습니다. 장시간 동안 수고하셨습니다. 감사합니다.

# 제3장
# 18세기 동·서양의 변화,
# 무엇이 달랐던가?

2001년 8월 30일, 서울대학교 호암교수회관에서 이태진(서울대 국사학과)의 사회로 금장태 (서울대, 종교학과), 김영한(서강대, 사학과), 김효명(서울대, 철학과), 심경호(고려대 한문학 과), 이동렬(서울대 불문학과), 정정호(중앙대 영문학과), 조병한(서강대, 사학과)이 좌담회를 가졌다. 이 좌담회는 허태구(서울대 국사학과 박사과정)가 녹취하고 정리하였다.

**이태진** 한국18세기학회 제3차 좌담회입니다. 이번에는 '18세기 동·서양의 변화 무엇이 달랐던가?'라는 제목으로 진행하겠습니다. 아시다시피 제1차 좌담회는 '18세기 동아시아, 무엇이 일어났던가?', 제2차 좌담회는 '18세기 서양, 어디로 가고 있었던가?'라는 주제로 권역별 조망을 시도했습니다. 이번에는 1, 2차 좌담회에 참가하시거나 그 결과를 읽으신 분들을 모시고, 동서양의 차이를 얘기해 보고자 합니다. 사전에 참가를 수락하신 여러 선생님들께 의견을 문의하여 좌담회에서 논의해야 할 사항들을 정리해 보았습니다. 그러나 이것은 어디까지나 진행을 위한 것이고 이 밖에도 중요한 문제가 있으시면 기탄없이 말씀해 주시기 바랍니다. 제가 이 항목들을 정리하면서 보니 거론된 내용이 많고 또 중요성도 높아 제한된 시간 안에 어느 정도 소화할 수 있을지 걱정입니다. 좌담회를 효과적으로 진행하기 위해 여덟 개 항목의 타당성에 대한 검토부터 할까요, 아니면……

**김영한** 조목별로 그때그때 추가하면 될 것 같아요.

**이태진** 선정된 항목에 대해 전공하는 입장에서 의문이 있으면 좌담회 기록을 읽는 독자들을 위해 꼭 지적하거나 고쳐주시기 바랍니다. 첫 번째로 17세기 유럽의 이성(理性) 제일주의 사조 형성의 역사적 배경에 대해 얘기해볼까 합니다. 18세기 인류역사를 관통해서 지금에 이르도록 지속된 이성의 발달과, 또 17세기 데카르트시대를 중심으로 이성을 크게 중시하기 시작하는 계기를 철학 쪽에서 설명해 주십시오. 주제 1, 2번을 다 포함해 얘기해 주서도 괜찮습니다.

# 근대적 사고의 출발점: 이성 제일주의

**김효명**  17세기에 이르러 이성을 크게 중시하기 시작한 계기를 말하자면 그 이전 시대, 즉 중세의 이성관을 같이 이야기하지 않을 수 없을 것입니다. 간단히 말하여 진리란 숨겨져 있는 것이어서 보통의 인간 이성으로는 접근할 수가 없고 오직 신의 계시에 의거해서만 드러날 수 있기 때문에 선택된 소수, 즉 신의 말씀을 따르는 소수에게만 진리인식이 가능하다는 것이 중세 학자들의 공통된 생각이었습니다. 이에 반하여 근대인들에게 진리란 그렇게 숨겨져 있는 것이 아니고 자연이 준 이성의 능력만으로도 쉽게 파악할 수 있는 것이었습니다. 이성이란 누구에게나 보편적으로 갖추어져 있는 인식능력으로서 이 능력만 제대로 사용한다면 누구나 진리인식을 할 수 있다는 입장으로의 전환이 바로 근대적 사고의 출발점이었다고 할 수 있겠지요.

이러한 사고의 전환은 자연히 이성을 올바르게 사용하는 방법에 대한 관심을 낳을 수밖에 없었고, 그래서 보편적 이성에 대한 각성과 이성 사용의 방법에 대한 강조, 이러한 것들이 서양의 근대과학을 성립한 원동력이 된 셈이지요. 물론 방법에 대한 관심과 연구는 근대 훨씬 이전부터 있었습니다. 근대 이전까지 방법론의 전범(典範)같이 여겨져 온 것이 바로 아리스토텔레스의 논리학이었는데 근대인들은 삼단논법을 중심으로 한 아리스토텔레스의 도식적인 방법론에 만족할 수가 없었던 겁니다. 근대인들의 관심은 인간과 자연에 대한 새로운 진리의 발견이었는데 아리스토텔레스의 논리학은 그러한 발견에는 거의 무용지물과 마찬가지였습니다. 근대인들은 새로운 진리의 발견을 위한 새 방법론의 필요성을 절감하였습니다. 그래서 베이컨 이래 영국인들은 새로운 방법론으로서 관찰과 실험을 중시하는 방향으로 나아갔고, 데카르트 이래 대륙인들은 수학을 중시하는 방향으로 나갔던 것입니다. 그 두 방향이 모두 근대과학의 성립에 결정적인 역할을 하였음은 두말할 필요가 없겠지요.

**이태진** 17세기 서양에서 사고(思考) 유형에 급속한 변화가 일어났는데 사물의 이치를 수학, 과학에 의해 설명하는 것이 증가한다는 것은 다 아는 사실입니다. 그 계기가 무엇인지 좀 설명해주시지요.

**김영한** 과학이 발달하게 된 배경은 크게 외적 조건과 내적 조건으로 구분해 볼 수 있습니다. 외적 조건이란 봉건사회가 붕괴하고 새로운 사회가 성립하면서 새로운 지식과 기술이 필요하게 되었다는 점입니다. 예컨대 화약과 대포의 발명으로 전술(戰術)이 바뀌었고 나침반의 발명으로 항해술이 발달하였으며 인쇄술의 발명으로 지성혁명이 일어났습니다. 내적 조건으로는 기계기술의 발명보다 인간의 사고방식의 변화, 즉 세계관의 변화를 들고 있습니다. 과학사가(科學史家) 토머스 쿤(Thomas Kuhn)은 패러다임의 변화라고 주장합니다. 우선 우주관이 변화하였습니다. 중세의 유기체적 우주관이 기계론적 우주관으로 바뀌었습니다. 우주는 하나의 물질체계이고 일정한 법칙에 따라 움

직이며 그 법칙은 수학공식으로 표시할 수 있다는 것입니다. 둘째는 자연관의 변화를 들 수 있습니다. 중세의 자연관은 부정적인 성격이 강했습니다. 왜냐하면 자연에는 악마의 힘이 있어 자연을 탐구하면 교만해지거나 타락한다고 믿었기 때문입니다. 그러나 근대에 와서는 자연을 긍정적으로 평가하고 자연의 탐구는 신(神)의 신비에 이르는 지름길로 생각하였습니다. 셋째는 지식관이 바뀌게 되었습니다. 종래의 순수하고 명상적인 지식관은 효용을 중시하는 공리적 지식관으로 대체되었습니다. 마지막으로 지적할 것은 연구 방법론의 변화입니다. 분석과 종합, 귀납과 연역을 결합한 뉴턴의 근대적 방법론은 과학에 혁명을 초래하였습니다. 이처럼 인간의 사고방식의 변화가 과학발

달에 획기적 영향을 주었음을 알 수 있습니다.

**정정호**  우주를 광대한 유기체적 기계로 보았던 뉴턴의 사상적 후계자인 이신론자(理神論者, deist)들은 당시 합리주의를 기독교와 조화하려 했습니다. 신은 이제 인격이 없는 자연을 합리적으로 움직이는 최고의 작동자가 되었지요. 이러한 신에게서의 이탈은 르네상스시대의 휴머니즘을 더욱 강화시켜서 인간중심주의를 더욱 공고히 하였고 영성을 상실한 사람들은 합리주의와 과학주의에 따라 인간이 이제 지상의 유토피아를 건설할 수 있다는 세속적 낙관론으로 빠지게 되었습니다. 예를 들어 이신론적 사상가의 한 사람인 독일의 라이프니츠는 현재의 세계를 "모든 가능한 세계들 중 최상의 세계"라고 주저 없이 불렀고 당대 영국의 시인 포우프는 "존재하는 것은 모두 옳다(Whatever is, is right)"라는 명제를 선언하였습니다. 지금까지의 계시종교인 기독교는 이런 맥락에서 볼 때 모순의 종교였습니다. 즉 자연은 신에 의해 창조된 것(natura naturata)이 아니라 스스로 창조력을 가진 자연(natura naturans)으로, 신은 자연 속에 내재하는 자연과 함께 움직이는 것으로 여기게 되었지요. 계몽주의자들은 자연 그 자체가 하나의 신이라는 자연종교를 믿는 이신론자(理神論者, deist)가 아니면 신을 부정하고 자연을 따르는 무신론자(無神論者, atheist)가 될 수밖에 없었던 것입니다.

**이태진**  한국학을 하는 입장에서 보면, 서양 근대사상의 신에게서의 이탈의 높은 강도가 서양 근대 이후의 역사를 결정했다는 생각을 떨칠 수 없습니다. 동양의 유교는 종교라고 하지만 그 중심인 하늘, 천도(天道)가 인물신이 아니라 관념신이었기 때문에 신앙적 구속력이 약했습니다. 다시 말하면 종교적 맹종보다 사물의 이치에 대한 존중심이 이미 형성해 있었던 것입니다. 이런 상태에서 항상 천인합일(天人合一)을 강조해 왔으니 종교적 신앙 대상에 대한 부정이란 것이 애초에 나올 수 없는 것이었지요. 반면에 서양에서는 신에 종속되었던 인간을 발견하기 시작해 신을 부정하는 단계까지 나아가게 된 것이지요. 유교의 관념신의 실체는 곧 사물의 이치란 이(理)로서, 서양 근대의 이성에 가까운 것이 이미 존중되고 있었으니, 인간 또는 인간 이성의 발견으로 신앙의 세계에서 이탈하는 현상은 일어날 수가 없었던 거지요.

**김영한** 이성의 뜻이 다른 것인가요, 아니면 개념이…….

**김효명** 수학에 관하여 잠시 말씀드리자면, 앞에서도 언급하셨다시피 수학은 관찰이나 실험과 함께 근대과학의 방법론적 토대였지요. 수학 또는 수학적 방법의 중요성을 특히 강조한 사람은 데카르트였습니다. 주지하다시피 데카르트는 당시 신의 권위가 점차 도전을 받기 시작하고 회의주의적(懷疑主義的) 사조가 만연해지면서 혼돈에 빠져 있던 학문의 상황을 타개하기 위하여 모든 것을 부수고 누구도 의심할 수 없는 확실한 지식을 찾아 이를 토대로 학문을 새로이 건축하려 하였습니다. 그런데 그가 보기에 당시의 학문들 중에서 수학만이 그러한 토대적 성격을 갖는 것이었습니다. 그래서 어떤 지식의 체계가 확실한 것이 되기 위해선 그 체계 속의 모든 지식도 수학적 지식만큼 확실한

**데카르트**
그는 수학 또는 수학적 방법의 중요성을 특히 강조하였다.

지식이 되어야 함은 물론, 그 지식들의 체계 자체도 수학적인 형태를 띠어야 한다고 생각했습니다. 수학은 또 이와 같이 데카르트 학문의 인식론적 기초 문제뿐만 아니라 그의 자연학과 연관해서도 중요성을 갖습니다. 데카르트에 의하면 물질의 세계도 정신의 세계와 마찬가지로 실체들의 세계로서 그 본질적 특성은 연장(extension)입니다. 그런데 연장은 질적인 것이 아니라 양적인 것으로서 인간 이성에 의한 분석과 측정을 허용하는 것이지요. 이성이 자연의 본질을 그렇게 분석하고 측정할 수 있도록 한 도구가 바로 수학이었습니다. 따라서 데카르트를 필두로 한 근대 사상가들에게 수학은 물질 또는 자연의 본질을 파악하기 위한 필수불가결한 유일무이의 방법인 셈이었습니다.

**이태진** '리즌(reason)'이라는 말은 데카르트 이후의 철학에 쓰이는 거죠.

**김효명** 데카르트 이전에도 라틴어 '라찌오(ratio)'라든지, 더 거슬러 올라가면 희랍어 '로고스(logos)'까지 모두 현대어 '리즌'에 해당하겠지요. '로고스'라는 말에는 이유를 설명한다든지 근거를 댄다는 뜻도 포함되어 있는 걸로 압니다. 영어 '리즌'에도 그러한 뜻이 담겨져 있습니다. 그래서 '이성' 또는 '이성적 능력'하면 합리적으로 추론하거나 이성적인 논변을 할 줄 안다는 뜻이 강하게 포함되어 있습니다. 서양의 전통에서 합리적 추론이나 이성적 논변의 가치와 중요성에 대한 믿음은 아주 오래된 것입니다. 그 가치를 가장 먼저 강조하고 실천한 사람이 바로 소크라테스라 할 수 있지요. 소크라테스가 상식적 편견과 속견들을 분석하고 비판적으로 음미하기 위해 사용한 것이 바로 이성이었습니다. 아리스토텔레스도 인간의 최대의 행복은 '테오리아(theoria)'에 있다고 했는데, 이 테오리아란 바로 순수 이성적 추리능력의 행사를 말하는 것이었습니다. 17, 18세기에 유행한 '합리주의자(rationalist)'라는 말은 주로 반종교적인 경향을 띤 비판적 자유사상가들을 지칭하는 데 사용되었는데, 여기에도 합리적이고 이성적인 추론의 능력이 전제해 있다고 보아야 하겠지요. 합리성이 전제하지 않은 비판과 자유는 있을 수 없을 테니까요.

**김영한** 종교개혁시대에 오면 이성을 인정 안 하죠. 이성을 믿을 수 없다는 거예요. 그러므로 오직 하나님만을 믿는 것이 중요하다고 주장합니다.

**이태진** 수학의 발달이 이성을 중요시하는 기반을 만든 것이란 말이죠?

**김영한** 이성이란 말이 원래 그리스 말의 로고스(logos)이니까…….

# 소빙기 자연재해와 과학적 세계관

**이태진** 아직 검토 중에 있는 가설이라서 이 자리에서 말을 해도 좋을지 망설여집니다만, 문제는 왜 16, 17세기에 이렇게 큰 변화가 생기느냐? 앞에 말씀하신 대로 하나님의 질서를 파악하는 방식이 왜 이렇게 갑자기 변하게 되느냐 하는 것이 큰 의문이지요. 토마스 쿤은 근대과학의 발달이 지식의 누적에 의한 것이 아니라 이해하는 틀 곧 패러다임의 변화라고 지적했는데, 그럼 이 변화를 가지고 온 계기는 뭐냐 하는 물음을 또 제기할 수 있지요. 이에 대한 가설적 답을 얘기해 보고 싶습니다.

제가 『조선왕조실록(朝鮮王朝實錄)』에 기록된 천재지변(天災地變) 자료를 분석한 결과를 말씀드려 보겠습니다. 『조선왕조실록』의 천재지변 기록 약 2200여 건을 분석해 봤더니 1500년부터 1750년까지 약 250여 년간 장기(長期)에 걸쳐 기후와 기상이 대단히 불안한 상태가 확인되었습니다. 기온이 내려간 상태가 오래 지속되어 농작물 수확이 감소하고, 기근과 전쟁 등이 자주 발생하여 모든 부면에서 '위기'가 닥쳐오게 되는데, 그 원인이 외계충격 곧 대기권에 대량의 유성[隕石]이 장기적으로 돌입하는 우주 현상 때문인 것으로 확인되었습니다. 유성의 대기권 돌입으로 유성군을 싸고 있는 우주 먼지(cosmic dust)와 유성의 폭발 시 발생한 먼지가 함께 대기권에 가득 차 태양의 열과 빛을 차단하여 기온이 내려가게 되었습니다. 유성폭발의 굉음, 우주 먼

1586년 8월 18일 프란디스 지방 상공에서 유성이 폭발하여 광풍으로 집이 부서지고 날아가는 광경.

1591년 10월 5일 독일 뉘른베르크 상공에 펼쳐진 유성 폭발 광경. 뉘른베르크 독일민족박물관 소장.

지에 의한 굴절 현상으로 해무리가 거의 매일 나타나고, 태양이 두 개, 세 개씩 보일 때도 있었지요. 기온강하로 많은 동물이 죽을 정도의 우박이 자주 내리고 심지어 여름에 눈이 올 때도 있었습니다. 홍수와 한발이 심하게 교차 발생하는 경우도 많았습니다.

당시 조선 사람들은 이런 천재지변에 대해 유교식으로 이해했습니다. 즉 천재지변은 사람이 무엇인가를 잘못하고 있는 것을 하늘이 견고(譴告)하는 것이라고 해석했습니다. 이런 이해 아래 사람이 행동을 바르게 해야 한다는 신념으로 성리학에서는 심학(心學)의 중요성을 강조하였습니다. 천명(天命)사상이 강조되는 가운데 도덕성을 극히 강조하는 퇴계(退溪)·율곡(栗谷)의 학문이 중심이 되는 사조가 형성됩니다. 같은 시기 유럽에서 종교개혁·종교전쟁이 일어났던 것도 우연이 아닙니다. 기독교에서는 이런 이상 현상을 하나님의 최후심판의 표시로 이해하여 그간 가톨릭교회에 대한 불만이 폭발하는 계기가 되었습니다. 다른 한편으로는 계속되는 악천후로 빚어지는 폐농(廢農)에 대해서 마녀(witch)들이 악마(satan)의 사주를 받아 일으키는 것이라고 해석해 이른바 마녀 사냥(witch hunt)이 수십 년간 폭증하는 사태가 빚어집니다. 조선에서 천변(天變)의 책임 소재를 따지면서 사화 당쟁이 심해지는 것에 비하면 훨씬 더 잔인한 반응이지요.

그런데 유럽에서 일어난 하나의 중요한 반응은 이상 현상에 대한 과학적 탐구입니다. 각종의 자연 이상 현상이 심하게 일어나는 가운데 자주 나타나는 혜성을 관찰하던 사람들이 그 궤도를 추적해 천문(天文) 이상이 그 자체의 원리를 가지고 있다는 것을 발견합니다. 아이작 뉴턴의 프리즘 이론도 자주 출현하는 해무리 현상에 대한 해답 구하기였던 것 같습니다. 그리고 데카르트의 「빛에 관한 논문(Treatise on light)」도 해가 하늘에 세 개가 나타나는 이유에 대한 제자의 질문에서 비롯했다고 하지 않습니까. 저는 이렇게 16~17세기의 소빙기(小氷期) 자연 이상 현상을 이 시기 여러 사상적(思想的) 변화의 계기로 주목할 필요가 있다는 가설을 가지고 있습니다. 앞으로 좀 더 구체적으로 논증해 나가고자 합니다만, 이것이 입증이 되면 토마스 쿤의 패러다임 이론이 말하는 갑작스런 설명 틀의 변화에 대한 해답도 얻을 수 있을 것으로 기대합니다.

**정정호** 제 생각에도 이 시대에는 거대한 인식론적 단절 같은 것이 있지 않았나 하는데요. 일종의 '빅뱅 이론' 같은 거지요. 물론 17, 18세기의 대격변을 과학적·실증적으로 설명할 수도 있겠습니다만, 그러한 논리적 설명을 뛰어 넘는 어떤 거역할 수 없는 커다란 힘 또는 흐름이 거의 집단무의식처럼 작용한 것은 아닐는지요. 지금까지와는 전혀 다른 새로운 인식과 가치체계의 등장, 다시 말해 활력과 에너지가 충만하고 풍요롭고 역동적인 호기심을 지닌 세속적 유토피아주의 같은 것이 어느 날 갑자기 등장하는 식으로 말입니다.

**이태진** 제가 얘기하는 소빙기(小氷期) 현상의 기간은 서양 근대의 변화 시기와 거의 일치합니다. 제가 우리 조선왕조의 실록만 언급했습니다만, 독일에서도 같은 시기에 생산된 플루크블레터(Flugblaetter), 즉 전단(傳單) 자료가 있습니다. 신문지 한 장짜리 형태로 거기에 자연 이상 현상들이 그림으로 그려져 있습니다. 그림 아래나 위에 놀라운 이상 현상을 '누가 어디서 봤다, 무엇을 의미하는 거니까 어떻게 해야 한다'는 내용이 기록되어 있습니다. 제가 이 전단 자료를 250종 정도 수집했는데, 여기에 그려진 이상 현상이 『조선왕조실록』에 기록된 모습과 거의 일치하는 것들입니다. 서양에서는 이상 현상에 대해 종교적 반응이 먼저 나오고, 천문가들이 천체 관측을 하고, 그 다음에 데카르트·뉴턴 등이 등장하여 수학·과학의 발달로 이어지는 과정을 보이고 있습니다. 쿤이 말하는 새로운 패러다임이 일어나는 과정은 이 1~2세기를 포괄하는 것이 되겠지요. 잠깐 언급하셨지만 지식의 정보량이 늘면서 이를 분류(classify)하는 데 수학이…….

**정정호** 잠깐만, 지금까지 과학적 낙관주의가 강조됐는데, 저는 이 기간이 완전히 이성의 시대만은 아니었다고 생각합니다. 이 선생님께서 영국의 물리학자이며 수학자인 아이작 뉴턴에 관해 말씀하셨으니까 저도 한 말씀드리고 싶습니다. 뉴턴은 실로 18세기 유럽을 사상적인 공동체로 묶는 데에 기여한 가장 중요한 인물로 생각됩니다. 뉴턴은 자연적인 우주의 질서를 하나로 묶어 과학적으로 종합하는 철학을 마련하였기 때문에, 18세기 사람들은 뉴턴을 과학자 이상의 사상가로 이해했습니다. 우주의 모든 질서가 통일된 하나의 물리적인 법칙에 의하여 지배되며 이 법칙은 수학의 기술로 표현할 수 있다는 생각은 18세기 당시에는 사상적·지적 충격을 가져왔습니다. 이러한 뉴턴의 사상은 18세기에 유럽 전역에 엄청나게 유행하여 그의 책 『자연철학과 수학적 원리』는 여성용 요약본으로 나왔고 많은 여성들이 '뉴턴을 읽는 여인들'이 되었다고 합니다. 이러한 수학적이고 기계론적인 우주관은 18세기의 종교와 문학에도 엄청난 영향을 끼쳤습니다.

그러나 이 시대에 이렇게 이성과 합리주의에만 빠졌던 것은 아닌 것 같습니다. 이성과 합리주의를 풍자하고 비판하는 경향도 컸습니다. 18세기 영국의 대표적 작가인 스위프트와 포우프는 특히 이 시대의 과학적 낙관주의가 가져오는 인간의 자만심(pride)을 경계했습니다. 스위프트는 『걸리버 여행기』에서 맹목적 이성주의를 풍자하며 당시의 과학기술주의와 지식주의의 어리석음을 풍자하였지요. 스위프트는 '인간이 이성적 동물'이라는 정의가 잘못되었다고 보고 인간은 단지 '이성이 가능한(rationis capax)' 존재라고 다시 정의를 내릴 정도였습니다. 스위프트처럼 포우프도 18세기 사람들이 겸손의 미덕을 상실하고 지적 자만심과 도덕적 오류에 빠진 존재라고 보았으며, 인간은 "세계의 영광인 동시에 웃음거리이고 풀 수 없는 수수께끼"라고 지적하고 있습니다. 여기서 수수께끼라는 말은 인간을 결코 이성적이고 합리적이라고 보는 태도는 아닌 것 같습니다.

**이태진** 어쨌든 서구인의 이성에 대한 신뢰를 살펴본 결과, 동양 쪽도 서양의 이성과 같은 개념이 무엇인가 있었을 텐데

…… 흔히 이기론(理氣論)에서 이(理)가 서양의 이성에 해당하는 것으로 짚어 볼 수 있겠습니다만, 물론 똑같은 것은 아닙니다. 이기론의 이(理)를 통해서 동양의 특징이라든가 서양의 이성과 비교했을 때의 한계, 이런 걸 토론해 볼 필요가 있지 않겠습니까.

## 도덕적 이(理)와 합리적 이성

**금장태** 이기론이라는 철학적 이론의 틀은 처음부터 도덕 지향적인 것이 특징이지요. 우주와 만물의 현상이나 법칙은 이(理) 또는 기(氣)로 파악되고 그것은 동시에 인간 내면의 도덕적 심성이나 인간사회의 윤리적 질서를 설명하는 데로 나아가고, 인간관계 속에서 인간의 행위가 조화를 이루는 예법(禮法)이나 의리(義理)의 가치체계로 연결되고 있지요. 그만큼 서양의 이성이 합리성 내지 과학성을 중시하고 있다면 동양의 이기철학이나 성리학은 정당성 내지 도덕성을 중시하고 있는 점에서 차이와 특징을 찾아볼 수 있을 것이라고 생각합니다.

**이태진** 이(理)를 보편적인 하늘의 기준, 사물을 옳게 판단하는 기준, 인간을 동물과 구분하게 하는 것, 이렇게 근접할 수 있다는 생각도 드는데요.

**김효명** 데카르트의 경우에도 이성은 인간과 동물을 구분해 주는 기준이 되지요. 데카르트에 의하면 동물은 일체의 이성적

능력은 물론 영혼마저 없는 단순한 기계와 같은 거지요. 그러나 데카르트를 위시한 서양인들이 본 이성이란 무엇보다 먼저 인간의 인식능력을 뜻하는 것이기 때문에 거기에는 동양의 이(理) 개념에서 볼 수 있는 바와 같은 어떤 형이상학적인 내용은 없다고 보입니다. 만약 동양의 이 개념에 '진리'라는 뜻도 들어 있다면 그 차이점은 더 분명해지겠지요. '진리(眞理)'라고 할 때의 '리'자와 '이성(理性)'이라고 할 때의 '이'자가 한자(漢字)로서는 같은 것이지만 서양에서는 인식 대상으로서의 진리(truth)와 인식주관으로서의 이성(reason)은 말이 다른 만큼이나 서로 완전히 구별되는 것이지요.

**금장태** 성리학에서는 이(理)를 인간이나 사물에 공통되는 보편적 개념으로 인식하고, 성(性)도 이(理)가 개체에 부여된 것이므로 근원에서는 인간과 사물에 차이가 없지만 기질적 요소에 따라 차이가 나타나게 된다는 견해가 일반적이지요. 여기서 이(理)는 보편적이고 선(善)의 기준이 되는 것이지만, 중요한 것은 선과 악의 어느 쪽으로도 나올 수 있는 개체적 요소인 기질 내지 감정을 어떻게 다스림으로써 보편적 기준인 이(理)와 조화시킬 것인지가 문제입니다.

**김효명** 학자마다 조금 다르지만, 서양에서는 '감정이 지나쳐서 거기에 끌리니까 여러 윤리 도덕적 문제가 생기지 이성만 잘 따르면 문제가 없다'라고 본 사람들이 훨씬 더 많았어요. 안 그렇게 본 사람들도 물론 있었습니다만……. 그런 면에서 본다면 유사한 점도 있는 것 같습니다.

**이태진**  이런 문제는 어떻게?

**금장태**  성리학의 입장을 대체로 주기론(主氣論)과 주리론(主理論)으로 나눕니다. 이(理)를 중심으로 하는 입장과 기(氣)를 중심으로 하는 입장은 차이가 있습니다. 이 중 기 철학(氣哲學)은 성리학 전통 안에 상당히 중요한 흐름을 형성해서 소강절(邵康節)·장횡거(張橫渠) 등으로 계승되어 내려갑니다. 그런데 이 입장이 자연과학과 연결이 잘 안 되었던 것 같아요. 예를 들어 소강절의 상수학(象數學)에서처럼, 기 철학에서도 수리적(數理的)인 이해가 분명 시도됩니다. 그러나 그 수리적인 이해는 경험과학적으로 관찰하는 게 아니고 일종의 자연질서에 대한 법칙을 연역해 내려는 성격이 강하죠. 그런 점에서 기 철학 자체가 과학적으로 발전하지 못한 한계가 있습니다. 그리고 기 철학은 도덕성의 보편적 근거를 정립하는 데 소극적이라는 점에서 주리론의 이 철학(理哲學)으로부터 비정통화(非正統化)되고, 억제당하고 말았던 것이 사실입니다.

**김효명**  그 점과 관련하여 아까 이야기할 때 조금 빠뜨린 게 있어서 첨가를 하겠습니다. 아까 수학을 상당히 강조했습니다만, 수학만 가지고 서양의 과학발전을 다 설명할 수는 없지요. 종교와 달리 과학에서는 가설(假說)을 가지고 이야기한다든지 과감한 가설을 세우는 것을 용인하였습니다. 그런데 거기서 끝나는 게 아니고 항상 경험과 관찰이 따라가서 그 가설을 확정하려는 노력이 잇따랐습니다. 그러니까 수학적인 것 말고 경험적인 것, 관찰하고 실험하는 것과 같은 요소도 서양 과학의 발전을 이루는 데 중요한 계기가 되었다고 생각합니다. 그런데 지금 금 선생님께서 말씀하신 주기론을 들어보니까, 부분적으로는 서양과 비슷한 점이 있지만 어떤 가설을 확정하고 검증해 보려는 정신이 없었다는 점에서는 차이가 있었던 게 아닌가 합니다.

**조병한** 중국은 명말(明末)부터 청대(淸代)에 걸쳐, 17세기 이후로는 기론(氣論)이 아주 발달하기 때문에 중국 사상을 서양 근대화와 결부해서 유리하게 해석하려는 경향이 강합니다. 기(氣)의 역할이 뭐냐 할 때 실용적인 사고와 경험적인 태도를 갖게 하고, 심지어는 주지적(主知的)인 입장을 강화했다고 주장합니다. 미국의 프래그머티즘(Pragmatism)을 중국에 도입한 호적(胡適)도 이 같은 평가를 내린 바 있습니다. 기 철학(氣哲學)은 경험주의나 주지주의적 성격이 있음에도 불구하고 이것이 유교의 도덕성이라는 문제에서 유리한 게 아니라 유교 경전의 테두리 안에서 논의한 것이기 때문에, 결국은 인간이나 사회문제에 학자들의 관심이 집중되지 자연의 문제로는 관심이 기울여지지 않았다고 지적하는 사람들도 있습니다. 그리고 청조(淸朝)의 『사고전서(四庫全書)』까지 이어져 오는 중국의 전통적 학문체계는 경(經) · 사(史) · 자(子) · 집(集) 4부 체계로 구성되어 있는데, 이것을 서양 중세의 7개 리버럴 아트(Seven liberal art)와 비교할 때, 학문 간 자율성이 상대적으로 적고 경학(經學)의 통일적 지배가 강해서 타 학문의 전문적 독립이 어려운 점도 근대성의 발전에 장기적으로는 영향을 주었으리라 생각합니다.

**김영한**  철학에서 reasonable하다는 것과 rational하다는 것을 어떻게 구분해요?

**김효명**  별로 자신은 없습니다만 reasonable하다는 게 넓은 의미고, rational하다는 건 좁은 의미가 아닌가라는 생각이 듭니다. 다시 말해 rational하다는 건 수학적이고 논리적인 엄밀성을 말하는 것에 가깝고, reasonable은 그러한 논리적인 영역을 넘어서는 일상적인 경우에까지 적용하는 말로서 상식과 경험에 부합하고 누구나 동의할 수 있는 것에는 어디에나 적용할 수 있는 것이지 않나 싶습니다.

**김영한**  동양에서 말하는 이기론의 이(理)가 이 문제와 관련이 있어 보입니다. 계몽사상에서 말하는 '합리적', '이성적'이라는 개념은 자연에는 그것을 움직이는 질서와 법칙이 있고 인간에게는 그 질서를 파악할 수 있는 능력과 기능, 즉 이성이 있다는 것입니다. 그러므로 우리가 자연을 이해하는 것은 우리의 사고기능과 자연의 질서가 같은 구조로 되어 있기 때문에 가능하다고 보는 것입니다. 이것이 이른바 rational한 것, 즉 합리적인 것이지요. 그런데 reasonable한 것은 자연질서의 세계보다 자연질서의 일부로서의 인간질서에 적용하는 개념이 아닌가 합니다. 인간질서의 세계란 주로 심성·성품·도덕의 세계를 말하는데 이 세계가 이성적이고 정당하고 정의로울 때 reasonable하다고 하겠습니다. 만일 동양의 이(理)와 서양의 이성을 결부한다면 김효명 선생님도 말씀하셨듯이 서양의 비판적인 것, 계산적인 능력과 동양의 이(理)와는 거리가 멀다고 하겠습니다. 다시 말하면 현상을 파악하고 설명하는 도구적 이성이라는 개념이 동양의 이(理)에는 희박했었다고 하겠습니다. 그러므로 만일 동양에 도구적 이성에 해당하는 이(理)가 존재했다면 과학이 발달할 수 있었다고 봅니다. 그러나 실제로는 그렇지 못하고 윤리 도덕 문제에만 경도되어 과학의 발달이 지체하였다는 생각이 듭니다.

**금장태** 김 선생님 말씀하신 것 중 하나만 다시 생각해보고 싶습니다. 아까 조 선생님도 말씀하셨지만 유교적인 사고가 항상 경전(經典)에 집착하도록 요구하는 사실과 연관된 것입니다. 이성적이란 것이 중국과 서양이 비슷하다고 가정하더라도 서양에서는 기독교 전통에서 신앙과 과학의 영역이 서로 다른 것으로 인식되면서 과학적인 지식에 대해서 아주 구체적으로 이성을 전개해 가도록 허용하거나 방임해 주었던 것으로 보입니다. 그 반면에 유교의 경전적 전통에서는 예를 들어 『주역(周易)』에서 음(陰)·양(陽)이라든지 원(元)·형(亨)·이(利)·정(貞)의 경우처럼 둘이나 넷이라는 수리적 구조가 경전에서 한번 제시되면 이 경전의 권위에 도전하지 못하고 오직 이를 연역하여 서술할 뿐이라는 것이지요. 그것이 유교전통에서 이성이고 천리(天理)고 심성(心性)의 본질이라고 생각해 왔다는 것입니다. 이런 면에서 경전에 근거하는 연역적 사유의 틀을 근본적으로 회의하고 깰 수 있었던 비판적 반성능력으로서의 이성은 서양 문화가 들어오기 전까지 유교사회 안에서는 사실상 매우 미약하지 않았던가 하는 생각이 듭니다.

**이태진** 조금 정리하고 넘어갑시다. 그러니까 쉽게 얘기하면 한국의 16, 17세기에 이기론(理氣論)을 주리적(主理的)으로 실천하는 대표적 인물인 퇴계(退溪) 이황(李滉)은 하늘의 도리를 본받아 실천하는 데 학문적 목표를 두고 있지만, 서양의 대표적 이성적 인물인 데카르트는 이에 근접하기 어려운 면이 많다고 하겠습니다. 이 문제는 이렇게도 생각해 볼 수 있을 것 같습니다. 즉 동양 유교사상의 중심개념인 천(天)은 인물신(人物神)이 아니잖아요? 관념의 절대 세계를 설정해 놓고 그 윤리체계를 실천한단 말이죠. 반면에 서양 기독교의 신은 인물신이고, 모든 것이 그 신에게서 비롯하다가 이제 여기에서 벗어나 사람이 모든 것의 주체로 바뀌게 됩니다. 그러니까 여기에서 양자 사이에는 능동성에 큰 차이가 있기 마련입니다. 외계충격이든, 체제 변동이든 특별한 역사적 상황에 부딪혔을 때 동양에서는 이미 정립해 있는 천도(天道)의 세계를 따르면 모든 문제가 해결된다고 생각한 반면, 서양에서는 인물신에 대한 회의(懷疑) 속에 인지(人知)의 힘을 개발해서 풀어 보려 한 것이라고 할 수 있을 것 같습니다. 다시 말하면 기존에 설정한 기준으로부터의 이탈 정도에 큰 차이가 있었다는 말이지요.

**김영한** 농담 삼아 말하면 서양인은 문제를 자기 밖에서 푸는 데 반해 동양인은 안에서 푼다고 하겠습니다. 사람이라면 누구나 공중을 날고 싶은 충동을 갖고 있습니다. 그런데 서양 사람들이 비행기를 만들어 날 생각을 하는데 비해 동양 사람은 가만히 앉아서 정신 통일을 통해 날려고 합니다. 만약에 성공

한다면 동양 것이 훨씬 더 심오하고 멋있어 보이지요. 이처럼 동양은 내면의 합일정신을 중시하고 서양은 방법을 통해 외적 해결을 시도하는 데 차이가 있다고 하겠습니다.

**이동렬** 문제를 조금 단순화해서 우리가 서양의 17세기나 18세기를 '이성의 시대'라고 부를 때, 그 이성을 어떤 뉘앙스로 사용하느냐 하는 문제를 생각해 보기로 하죠. 이 경우 우리는 이성을 도덕적 함축을 지닌 개념으로 쓰기보다는 사물과 세계를 인식하는 인간의 논리적 기능, 즉 도구적 이성이란 개념으로 쓴다고 생각합니다. 이런 맥락에서 이성의 시대에 대비되는 용어를 찾아본다면 '감성의 시대' 정도가 될 것입니다. 따라서 지금까지 동양의 이(理)에 관해 나눈 말씀을 참작해 볼 때, 서양의 17세기 또는 18세기를 '이성의 시대'라고 지칭하는 그런 의미에서의 이성과 동양의 이(理)는 합치하는 개념으로 보기 힘들 것 같습니다.

**김영한** 그것이 바로 과학이 발달하고 안 하고 하는 기로점이라 하겠습니다.

**이동렬** 지극히 상식적인 얘기가 되겠지만 수학이나 과학은 논리적 사고의 소산인 만큼 인간 이성의 작용을 절대적으로 필요로 하는 것이겠죠. 이성을 배제해서는 과학이나 수학의 발달은 상정할 수 없을 테니까요. 프랑스에 관한 한 17세기는 수학과 과학이 발전한 시기이고, 18세기는 그것이 기술문명의 발전으로 연결되어 물질생활이 비약적으로 향상된 시대로 얘기하는 것으로 알고 있습니다. 서양에서 왜 17세기에 특히 수학과 과학이 폭발적인 진전을 이루었느냐 하는 점에 관하여 여러 가지 설명을 해주셨는데, 저는 그 현상을 르네상스와의 연관 하에서 생각해 볼 수도 있을 것 같습니다. 본질적으로 신(神) 중심의 사회로서 인간의 관심이 신에게 경도되어 있던 중세에는 모든 것을 신의 섭리로 돌리는 것이 당연한 일이었을 것입니다. 반면에 모든 것이 인간 중심으로 바뀌는 르네상스를 거치면서 자연히 인간은 자신의 이성의 힘에 의해서 사물과 세계를 합리적으로 이해하고 해석하려는 방향으로 관심을 바꾸게 되었습니다. 따라서 17세기의 과학 발전은 인본주의적(人本主義的) 르네상스의 자연스러운 귀결로 생각해 볼 수 있는 측면이 있을 것입니다.

**이태진**　역사학자 트레버 로퍼는 이런 얘기를 했지요. 15세기에 르네상스를 일으킨 유럽인들이 16세기에 마녀 사냥을 한 것은 도저히 이해할 수가 없다고. …… 교과서적인 역사에서는 르네상스를 바로 자연과학의 발달로 이어지는 것으로 설명합니다만, 그 사이에는 굉장한 파동과 혼란이 있었기 때문에 직선적 발전으로 볼 수는 없지요. 16, 17세기 서양에 자연과학과 이성의 발달이라는 성과가 있었다면 그 이면에는 그만큼 큰 파동이 있었다고 얘기할 수도 있을 것 같습니다.

**김영한**　그런데 거기에는 하나의 단서가 붙습니다. 과학 발전에 공이 큰 대표적 사람들 속에서 그런 흔적을 발견해야 한다는 것입니다.

**이태진**　그게 좀 보이는 것 같아 앞으로 논증을 해 보고자 합니다.

**김영한** 어쨌든, 이태진 선생님의 주장이 주변 사람들로 하여금 관심을 갖게 하는 것은 좋다고 여겨집니다.

## 공론 영역의 등장

**이태진** 다음 순으로 넘어가야겠습니다. 얘기를 하다보니까 준비된 사항들이 섞여서 거론되어 17세기까지는 대체로 얘기가 된 것으로 종결하고, 18세기로 들어가겠습니다. 여기서는 먼저 유교적 지성과 계몽사상을 비교해 보고 싶습니다. 각자의 전공 영역을 너무 의식하지 말고 자유분방한 의견을 내주시기를 다시 한 번 부탁드립니다. 1, 2차 좌담을 통해서 보니까 18세기 동·서양의 공통적인 요소로서 얘기할 수 있는 것 중 가장 주목할 만한 것이 계몽사상시대의 퍼블릭 스피어(Public Sphere, 공론 영역)가 아닌가 생각하였습니다. 이에 비견하는 것으로 공론(公論)이란 것이 한국의 16~17세기 유교정치, 유교정치사상에서 강조되었는데 이 둘을 서로 비교해 볼 만하지 않을까 생각합니다.

**김영한** 우선 한국사에서의 공론이라는 것이 어떤 것인가를 말씀해주시면 좋겠습니다.

**이태진** 조선시대 유교정치에서 공론이라는 것은 시대마다 조금씩 다릅니다. 15세기에는 중앙 조정에서 인사(人事) 문제에 영향을 끼칠 수 있는 사대부(士大夫)들의 의논을 공론이라고 했습니다. 그리고 16세기 이후로는 조정 중심이 아니라 지방의 서원(書院)을 중심으로 선비들이 조성하는 정치적 여론을 공론이라고 했습니다. 지방 사림들의 여론은 지방사회 자체의 향론(鄕論)으로 관장(官長)의 지방통치에도 영향력을 미치고, 중앙정치에 대한 의견이 있을 때는 유소(儒疏)의 형식으로 제출하였습니다. 군주는 대체로 이를 존중했습니다. 유럽에서는 공론이 18세기에 세몽사상이 발달하는 가운데 부르주아사회의 형성과 관계해서 만들어지는데 한국의 공론 형성이 시간적으로는 앞서 있습니다. 그래서 이를 어떻게 비교하고 평가해야 되는지가 문제일 것 같습니다. 유럽 쪽에 대해 먼저 얘기해주시지요. 지난번에 얘기가 나왔지만 좀 더 구체적으로 얘기해 주서도 좋겠습니다.

**김영한**　지난번에는 백인호 선생이 이 대목을 주로 이야기했는데 그 분이 빠지니까 자세히 얘기하기가 어렵게 됐네요.

**이태진**　프랑스의 공론은 살롱 같은 데서 이루어졌습니까?

**이동렬**　프랑스의 경우 17세기에는 궁정(宮庭)이 국가의 중심이고 여론 형성의 장소였던 것이 18세기에 오면 상황이 바뀌게 됩니다. 계몽의 시대인 18세기는 사상적 흐름이 본질적으로 궁정에 반대하는 방향에 서게 되므로, 더 이상 궁정이 여론 형성의 중심지가 될 수 없는 것입니다. 귀족과 상층 부르주아의 살롱들이 사교생활의 중심지가 되고, 그곳이 시대의 흐름을 좌우하는 대화의 주요 공간이 되는 것입니다. 그 밖에도 17세기 후반에 출현하기 시작한 카페가 18세기에는 매우 많이 늘어나서, 살롱과 더불어 지식인들의 사교장인 동시에 여론 형성의 장이 되기도 합니다. 또한 영국식 제도인 클럽이 프랑스에 도입되는데, 쟈코벵 클럽 등의 예에서 볼 수 있듯이 클럽은 특히 프랑스 대혁명기에 중요한 역할을 하게 됩니다. 이처럼 17세기와 비교할 때 18세기의 프랑스는 살롱을 비롯해서 여론 형성의 장소가 다양해지는 모습을 보이게 됩니다.

**이태진**  거의 도시 중심으로 이루어집니까?

**이동렬**  그렇죠, 프랑스는 일찍부터 중앙집권적 국가가 되었으므로 주로 수도인 파리 중심으로 모든 것이 이루어집니다. 그러나 18세기의 지적 활력은 지방 도시에도 넓게 확산하여 여러 지방 도시에 아카데미들이 만들어지고, 지방의 아카데미들이 계몽사상의 전파에 일정한 역할을 한 것도 사실입니다. 가령 몽테스키외는 젊은 시절 자신의 고향인 보르도의 아카데미에 과학 논문들을 제출했었고, 루소에게 처음으로 문명(文名)을 얻게 해준 『학문 예술론』과 『인간 불평등 기원론』은 디죵(Dijon)이라는 지방 도시의 아카데미에 현상논문으로 응모했던 작품들이었습니다.

## 신문 · 잡지 · 살롱 · 클럽 중심의 공적 담론

**정정호**  영국도 보면 이 선생님 말씀하신 것하고 비슷한 점이 있었습니다. 커피하우스, 그리고 특히 문학 지식인들이 앞다투어 창간한 당시의 정기간행물(Periodical Essay)이라는 것이 있었어요. 정기간행물, 즉 신문 · 잡지죠. 요새 식으로 말하면 주간 아니면 일주일에 두세 번씩 나왔는데, 그것을 문학 지식인들이 공론의 장으로 생각했죠. 그래서 그것을 왕정이나 귀족계급에 대항하는 하나의 방식이라든가, 아니면 어떤 일반시민사회의 담론으로서 시민들을 교육하는 장치라고 볼 수 있습니다. 또는 당시 자기들이 생각하는 어떤 이상사회라고나 할까요. 그런 사회에서는 대중들이 시민사회(Civil Society), 시민 담론(Civil Discourse)을 만드는 기능을 문학에 굉장히 많이 부여했습니다. 사회 교육적 기능까지 포함해서 말입니다. 당시의 커피하우스나 신문·잡지를 선도적인 문학 지식인들이 일반대중들, 즉 바

런던의 문인클럽에서 보스웰을 영접하는 장면
L. Crowe의 판화.

로 그 당시 생겨나는 쁘띠 부르주아들을 교육하는 하나의 장으로 이용한 것이지요. 그렇게 함으로써 어떤 공통적인 가치의 공유라든지, 공통적인 사회 기준을 제시한다든지 해서, 하나의 공적 담론(Public Discourse)을 만들어 나가게 되었습니다. 이러한 운동이 그 이전 시대에는 거의 없지 않았습니까? 과거에는 예를 들면 궁정 중심이라든지, 대성당이나 대학 중심이었지요. 당시 런던엔 커피하우스가 3천여 개 정도 있었다는데, 18세기 초에 그 정도면 요새 기준으로 봐도 꽤 많은 겁니다. 그곳에 수시로 모여서 대화하고 토론하고, 글로 써서 발표할 수 있는 잡지나 신문이 엄청나게 많이 생기게 되었던 거지요.

**조병한**  신문이나 잡지가 서유럽에서는 언제부터 많이 생깁니까?

**정정호**  17세기 말부터인데 가장 많이 나온 때가 18세기 초입니다. 오히려 지금보다도 더 많아서, 그것이 국민의 여론 나아가 하나의 시민사회를 형성하는 아주 중요한 매체가 되었습니다. 그것을 만든 주체는 국가도 아니고 대학도 아니었습니다. 부르주아 문학 지식인들이 자진해서 주도한 것이죠. 하버마스의 공적 담론의 개념도 여기에서 나온 것입니다.

**이태진**  지금 해주신 말씀들을 들으니까 비교 가능한 것들이 많이 있는 것 같습니다. 한국에서는 16, 17세기에 사림(士林)의 공론세계가 형성돼 있었지만, 왕정에 대한 자기 의견을 표시하는 대단히 정치적인 것이었지요. 문제는 그게 18세기에 와서 어떤 변화가 있었냐는 것입니다. 18세기 이후에 사림, 양반 구성에 변화가 생긴 것은 사실입니다. 17세기까지 전체 가호의 12%가 양반이었다면, 18세기에는 신흥 양반층이란 것이 생겨서 30~40%가 호적상으로 양반이 되어 있었습니다. 이 신흥 양반은 도시에서 대두한 것이 적지 않습니다. 이렇게 도시에서 자리 잡는 지식인들이 늘어났다면, 유럽과 비교할 여지가 생긴다는 것입니다. 18세기에 신흥 양반사회가 형성될 때 나름대로 새로운 공론 형성의 모습이 있었는지, 또 지식의 확산에 어떤 새로운 수단을 동원하였는지, 이런 것이 중요한 문제인 것 같습니다. 심경호 선생께서 그쪽에 대해 얘기해 주시면 고맙겠습니다.

**심경호** 문학 방면에서도 여러 형태의 집단활동이 일어났다고 하겠습니다. 17세기에는 문집(文集) 교정을 위해서 집단적인 활동이 성하였다고 말할 수 있죠. 예를 들면 가장 중요한 사실로 퇴계 이황의 문집을 편집할 때 문인들이 병산서원(屛山書院)에 모여서 논의한 것을 들 수 있어요. 정치적인 것은 아니지만 그러한 문인들의 모임이 이루어졌다는 것은 공론의 장을 자연스레 만들어 낼 기회가 되었다고 생각합니다. 그런데 18세기에 와서는 시사(詩社)가 많이 나타납니다. 이것은 마치 명대(明代)의 중엽에 복고파의 문인들이 시사를 결성하였던 것과 유사한 양상을 보입니다. 다만 우리는 그 쪽보다 조금 늦게 17, 18세기에 와서 시사 활동이 활발해집니다. 먼저 이태진 선생님께서, 17세기 사림이 왕정에 대한 직접적인 건의를 중심 과제로 삼았으나 18세기에는 그러한 측면이 약화됐다고 말씀하셨는데, 문인들의 이합집산(離合集散) 사실을 보면 왕정에 대한 직접적 참여는 아

**병산서원 만대루**
이러한 넓은 공간은 지방 유생들이 한자리에 모여 의견을 수렴하는 공론의 장 역할도 수행하였을 것이다.

니라고 하더라도 18세기에 들어와 역시 시사(時事)와 관련하여 집단별로 의사를 공유하고 의견을 모으는 일이 더욱 활발해진 것은 아닐까 생각합니다. 예를 들어 18세기에 와서는 서얼들이 특정 당색(黨色)과 연합하여 자기들의 정치 투쟁 목표를 관철하기 위하여 노력하는 모습을 보이거든요. 이때 당색별로 문인들이 이합집산을 하면서 자기들의 정치적인 의견을 모으고 때로는 여러 가지 방식으로 그것을 개진하는데, 그 경우 정치적인 의견이란 것은 왕정에 관한 것만이 아니라 신분상승 문제와 같은 사회적인 운동으로 나타난 것이 아닌가 하는 생각이 듭니다.

그리고 왕정의 개선에 대한 방안도 근본이념이 조금 달라지는 것 같습니다. 우선, 17세기까지는 기본적인 테마가 역시 '일정군(一正君)'에 있었던 것 같아요. 『맹자(孟子)』에 나오는 것처럼 '군주의 마음을 바로잡으면 모든 것이 해결될 수 있다'고 하는 테제를 버리지 못한 것 같아요. 말하자면 8조목에서 수신제가치국평천하(修身齊家治國平天下)가 일도연속(一途連續)이라고 하는 관념을 버리지 못하였던 것이라고 하겠습니다. 실제로는 개인의 수양 문제하고 가정이라든가 사회 국가의 문제는 엄연히 구분해야 함에도 불구하고 수(修)·제(齊)·치(治)·평(平)의 각 단계마다 간극이 있다는 사실을 심각하게 의식하지 않았던 것이라고 하겠습니다. 예를 들어 경연에서 진덕수(眞德秀)의 『대학연의(大學衍義)』라고 하는 텍스트를 중심으로 왕정의 문제가 논의되었지요. 『대학연의』에서 거론되는 정심(正心), 마음을 바로잡는다는 것을 실질 정치와 연결하는 문제가 경연에서는 매우 부수적인 과제로 된 듯하여, 정치이론이 체계를 형성하지 못한 인상이 듭니다. 이러한 상태가 17세기까지 지속된 것 같고, 제 생각으로는 지식 담론의 구조에 일정한 한계가 있지 않았나 합니다.

그런데 18세기에 들어와 인조반정 이후 지배층의 구조에 심각한 변화가 일어나, 당색(黨色)의 문제와 정치이념이나 실질 정책의 문제가 매우 긴밀하게 연결되면서, 지식인들의 이합집산이 아주 눈에 띄게 일어나고, 그에 따라 문학활동의 형태를 빈 정치적 모임이 상당히 많아졌다고 생각합니다. 그러한 문학활동은 도시에서만이 아니라 안산이라든가 안동이라든가 하는 지방에서 발달하였던 것 같아요. 그러한 활동의 결과물이라고 할 시축(詩軸)은 상당히 많이 흩어져 있고, 문집에 수습된 것은 극히 일부라고 생각합니다. 그러한 시축 자료에 대한 조사가 그다지 활발하게 이루어지지는 않았지만, 여전히 시축들이 발견되는 것으로 보아, 적어도 당시 시사와 동호인 집단의 활동은 상상 이상으로 활발하였을 것이라고 짐작됩니다. 그런데 저는 그러한 문학활동이 바로 그 이면에 정치적 의미를 담고 있었으리라고 추정합니다. 이 추정이 옳다면 18세기의 정론의 수립이나 공론 문제를 논할 때에 시사와 동호인 집단의 활동에 대하여 좀 더 주목해야 하지 않을까 생각합니다.

**이태진**　중요한 말씀을 하셨는데 새로운 변화가 시사(詩社)의 형태를 취합니까? 이건 아주 재미있는 문제 같은데 중국에도 시사가 많이 발달하지 않습니까?

**조병한**　시사(詩社)·문사(文社) 등이 명말 이래 강남(江南)을 중심으로 발달해 서원(書院)과 더불어 공론(公論)의 중심이 됩니다. 이들 문인결사는 지역의 한계를 넘어 신사(紳士)를 중심으로 지식층의 수평적 연대를 확대·조직화하고, 정치·사회적 여론을 형성해 조정의 부패에 항의, 중앙정치에 개입하기도 했으나 청대에는 진압되었지요.

# 서원(書院)·시사(詩社)·문사(文社) 중심의 공론

**심경호**  사실 18세기에 들어와서 문인 지식인들이 모일 때는 그들이 모여서 구체적으로 무엇을 담론하느냐 하는 문제를 떠나서, 누가 누구와 모이느냐 하는 것이 바로 정치적인 의미를 띠게 되었다고 생각합니다. 특히 아직 문화사에서 그리 주목하지 않고 있습니다만, 조선 후기에는 선조의 부마(駙馬) 집안이 상당한 정치적 영향력을 행사하였다고 여겨집니다. 또한 종실(宗室)들도 정치적으로 중요한 역할을 하였다고 보입니다. 연암(燕巖) 박지원(朴趾源)이 종실의 담박함을 강조한 것은 그 반증(反證)이라고 생각합니다. 종실의 어떤 사람을 두고서, '아주 담박하다. 정치적인 문제에 관여하지 않는다'고 추켜세운 것은, 거꾸로 말하면 많은 종실들이 어떤 식으로든 정치적 영향력을 행사하고 있었음을 말해주는 것이겠지요. 다만 이 선조의 부마 집안이라든가 종실이라든가 하는 집단과 문인 지식인 사이의 결속 관계에 대한 연구는 잘 이루어지지 않아서 실상이 분명하지 않을 따름입니다. 그 사람들이 막후에서 어떤 영향력을 행사하느냐에 따라서 시사 및 동호인 집단의 정치적 색깔도 달라졌다고 생각합니다.

이 당시 지식인의 '만남' 자체가 얼마나 중요한 의미를 지니는가라는 점과 관련하여 재미있는 일화가 있습니다. 예를 들어서 채제공(蔡濟恭)과 이가환(李家煥)은 남인으로 같은 정치적 노선을 걸었지만, 정조 19년(1795) 가을에 이승훈(李承薰)에 대한

康熙之夜雲月
滕鏡華端造化
爲人香夢
眉山
檜園
金氏□林
書所

**〈송석원시사야연도(松石園 詩社夜宴圖)〉**

단원 김홍도. 1791년경. 지본담채. 한독의약박물관 소장. 무더운 여름밤 '송석원시사' 회원들이 모여 연회를 열고 있다.

처분이 있자 (이승훈이 다음해에 해배(解配)되기는 하지만) 이가환은 물론(物論)을 꺼려 사직하였습니다. 이때 노론(老論) 벽파(僻派)는 뜬소문을 퍼뜨려 채제공이 이가환을 돌보지 않는다고 비난하여 '장사(壯士)가 제 팔목을 끊는 수법'을 썼다고 하였습니다. 채제공은 그 진부(眞否)에 대하여 아무런 대답도 하지 않다가, 정조 21년(1797) 대보름 다음날 저녁에 윤필병(尹弼秉)과 이정운(李鼎運) 등이 채제공을 찾아가 함께 답교(踏橋)하기를 청하자, 채제공은 그들을 섭서(葉西) 권엄(權襆)의 집으로 가게 하고, 이경(二更)

에 이가환을 청하여 함께 광통교로 나가 장막 안에서 무릎을 맞대고 앉아 구운 고기와 떡국을 먹으며 즐겁게 고금(古今)을 담론하였습니다. 이때 놀러 나온 장안의 백성들과 서리·관리·궁중의 신하들까지 모두 그 광경을 보고 감탄하여, 두 사람 사이가 멀어졌다는 소문이 사라져 버리고 정조도 의심을 풀었다고합니다. 이것은 정약용(丁若鏞)이 「정헌묘지명(貞軒墓誌銘)」에 적어 놓은 일화입니다. 당시 문인 지식인들이 무슨 담론을 하였느냐 하는 것, 이전에 누가 누구와 어떤 식으로 만났는가 하는 것 자체가 정치적으로 해석되었음을 말해주는 일화라고 하겠지요.

**정정호** 심 선생님 말씀을 들으니까 조선에서 시사(詩社)라고 하는 것은 정치적인 것을 토대로 한 학문적 에꼴(école) 같은 것 아닙니까? 시정잡사라는 것도 있을 것이고요. 영국의 경우에도 물론 문사들이 정치적 소신을 가지고 있었지요. 휘그파와토리파로 나뉘었는데 오늘날의 노동당이나 보수당의 전신이지요. 그렇지만 그야말로 근대적인 여러 가지 잡사(雜事)들, 아프리카나 동양에서 온 이야기부터 편지 형식을 띤 이야기, 고전이야기도 있고, 그때 무슨 사건이 발생하면 그것에 관한 이야기도 하고, 사소한 보통 사람들의 하찮은 주변잡사 이야기에 이르기까지 아주 많았거든요. 물론 문인들은 각기 자기 나름대로영국 전체의 보이지 않는 그 시대의 국가나 사회 이데올로기를수용하거나 저항하였지요. 예를 들면 제국주의 식민주의적해외진출 문제에 대해서도 논쟁이 많았어요. 그런데 이것은 조선시대 하고는 다르지 않을까요? 당시 조선에는 본격적으로 도시라든지 중산층이 형성된 것은 아니니까, 영국의 경우와는 조금 차이가 있지 않은가 생각하는데요.

**이태진** 예, 그런 점이 있죠. 그런데 하여튼 우리나라 역사에서는 서얼(庶孼), 특히 양반서얼이란 것이 참 큰 문제입니다. 이 사람들은 할 일이 별로 없으니까 독서를 많이 하게 됩니다. 이들을 포함하면 조선시대 독서인들의 지적 에너지는 굉장한 것이 됩니다. 이 사람들이 뭘 하느냐에 따라 역사의 방향을 바꿀 수 있는 에너지도 나올 수 있었는데, 이들이 길을 얻지 못했지요. 숙종 때 이 계층이 호적에 양반신분의 직역(職役)을 표시하는 것이 허용되었습니다. 즉 '유학(幼學)'이란 직명을 쓸 수 있게 되었습니다. 이들이 호적에 올라가니까, 양반가(兩班家)의 수가 증가한 것으로 나타나지요. 그러나 관리가 될 수 없다는 원칙은 고수하였으므로, 이들이 사회적으로 무슨 일을 하느냐는 여전히 중요한 문제로 남았습니다. 이들의 진로에 대한 관심은 왕에 따라 달랐습니다. 정조는 규장각에 사검서(四檢書) 제도를 두었는데, 다 알고 있듯이 서얼 지식인을 여기에 기용했습니다. 정조대왕은 이 제도를 통해 앞으로의 대책을 시사한 것이 아닌가 하는 생각이 듭니다. 그러나 정조 사후로 이런 정책은 이어지지 못했습니다. 서얼 지식인들은 대가(大家)집 겸인이라고 해서 필사(筆寫)하는 일을 많이 한 것 같습니다. 조선시대에 출판업이 발달하지 못한 것도 이에 한 원인이 있지 않았나 합니다. 과거 고서점에서 흔히 보는 광경으로 필사한 고서(古書)가 그렇게 많았던 것도 이 필사인층이 많았기 때문이 아닌가라는 생각을 할 때가 많습니다. 그걸 다 서얼이 썼다고 할 수는 없지만 오갈 데 없는 서얼 지식인들이 필사인층의 다수를 차지했을 것은 틀림없습니다. 이들 에너지의 결집이 역사적으로 중요한 문제인 것은 틀림없는데 아직 이에 관한 연구가 방향을 잡지 못한 상태입니다.

**이동렬** 적자와 서자 간의 비율이 어느 정도나 될까요? 혹시 그런 통계가 나온 것이 있습니까?

**이태진** 서얼들도 호적에 유학이란 직역명을 사용할 수 있게 했지만, 그 유학 직역에 서얼 표시는 하지 않았기 때문에 계량적 연구는 불가능한 상태입니다. 인구학적 추정은 가능할지 모르겠습니다만…….

**김영한** 적자보다는 서자가 더 많지요. 실질적으로 그렇지 않겠어요?

**금장태** 많을 수밖에 없겠죠.

**이태진** 서얼 자식이 더 똑똑하다는 말이 전해지는 양반가문도 많지요.

**김영한** 다시 공론 문제로 돌아가면 실질적으로 서얼이 모이는 경우도 있고, 지방향신(地方鄕紳)이나 또는 옛날에 관직에 있었던 사람들이 지방에 내려와서 그룹을 이루는 경우도 있을 것입니다. 그러면 이런 사람들의 주장이나 공론이 우리나라 17, 18세기의 중앙정부에 어떠한 영향을 미쳤습니까?

# 공론과 민의 그리고 왕권

**이태진**　아까 심 선생님이 좀 언급하셨습니다만 서얼의 경우는 서얼소통(庶孽疏通) 문제에 집단 상소(上疏)를 올립니다. 이 외에도 서리층(胥吏層)이 시사를 만들기도 하고, 양반들이 하는 것도 있습니다. 그런 유형 점검을 하고 있는 상황입니다. 그들의 정치적 기능에 대해서는 어느 정도 연구가 되어 있다고 하겠지만, 사회적·문화적인 역할은 아직 연구 도중이라고나 할까요. 그런데 18세기 상황에 대해 하나 더 유의해야 할 것은 탕평군주들 곧 숙종·영조·정조, 특히 영·정조는 기존 사림의 공론을 억제합니다. 왕이 현직 관리들이나 지방 사림들을 통하지 않고 직접 백성들과 접촉하려 듭니다. 상언(上言), 곧 백성들의 상소를 직접 받는 기회를 많이 만듭니다. 예컨대 관리들의 반대를 물리치기 위해 일부러 선대왕(先代王)들에게 효도하러 간다는 구실로 왕릉행차 계획을 세워 중간에 쉬는 곳을 정해 미리 통보하고, 전국 곳곳에서 호소할 것이 있는 사람들이 와서 상언장(上言狀)을 내도록 하게 합니다. 정조는 그걸 접수해서 처리할 관서까지 지정해 줍니다. 물론 그 결과도 반드시 보고하도록 했지요. 이것이 무엇을 의미하냐면 사림의 공론이란 게 자기 이익 중심으로 변질하여 이 상황이 계속되면 곧 소민(小民)들을 죽이는 결과가 초래된다는 것을 정조가 절감했음을 보여주는 것입니다. 결론적으로 사림의 공론이라는 것도 공도(公道)를 추구할 때는 왕정에 기여할 수 있는 것으로서 용인받았지만,

〈화성능행도(華城陵幸圖)〉
(부분)
단원 김홍도. 견본채색. 고
궁박물관 소장.
정조는 능행을 자주하는 기회
를 만들어 백성들의 고충을
살펴 처리하려 했다.

그 도리를 다 못할 때는 부정된 것 같습니다. 오히려 백성들의 의견을 왕이 직접 청취하는 형태로 변해 가는 것이지요. 18세기 사림의 공론은 군주정의 절대성 추구 속에 그 기능이 차단당한 상태일 수도 있습니다. 그건 본래 사림의 공론이 너무 정치적인 것에 집중해 있었기 때문인지도 모르지요. 기존의 공론이 영역 확대, 기능 확대를 통해 새로운 활로를 찾는 형태라기보다 군주가 공론을 직접 관장하는 형태로 나아가고 있는 것이 아닌가 하는 생각도 드네요.

**이동렬** 그것이 귀족 세력을 억제하고 왕권을 강화하기 위한 방안의 일환으로 이루어진 것은 아닙니까?

**이태진** 예, 물론 그렇습니다.

**김효명** 좀 다른 이야기입니다만, 개인적으로 조금 의문스러운 게 있어서 …… 아까 지식인들의 담론을 말씀하셨는데, 우리가 넘어갔던 소주제의 하나인 인물성동이론(人物性同異論)이란 것도 일종의 담론, 논쟁으로 볼 수 있을 것 같은데, 제가 듣기로는 조선시대의 인물성동이론만큼 많은 사람이 참여하고 오랫동안 격렬하게 논쟁한 것은 서양에서도 찾아보기 힘들 정도였다는 거지요. 이것도 일종의 공론이라고 본다면 이것에 대한 학술적인 평가는 어땠는지, 예컨대 무엇이 논쟁점이었으며 왜 그것이 그렇게도 오랫동안 논쟁점이 되었는지, 또 그러한 논쟁이 백성이나 왕 양쪽에 끼친 영향을 염두에 두고 말한다면 어떤 정치적인 함축이 있었는지, 있었다면 무엇인지 등등이 좀 궁금해서요.

# 인물성동이논쟁(人物性同異論爭)의 역사적 함의

**금장태** 사실 인물성동이론(人物性同論) 같은 중요한 논쟁이 사회적 배경과 어떻게 연결해 있는지는 아직 연구가 안 돼 있는 것 같아요. 실제로 문헌에서 그걸 찾기가 참 어려워요. 그 대답이란 게 유추(類推)한 것으로 다시 유추하는 정도라 할 수 있습니다. 인물성론(人物性論)의 경우 이 논쟁이 발생하는 배경은 심성론(心性論)에서 감정의 문제와 성품의 문제를 나누어본다면, 사단칠정논쟁(四端七情論爭)이란 감정의 문제입니다. 감정에서 제일 중요한 문제는 선(善)의 계기나 악(惡)의 계기를 어떻게 확인하느냐 하는 것이지요. 그 다음 단계로 17세기 말에서 18세기 초에 인물성논쟁(77면 참조)이 발생하였던 것은 그 감정의 기준이나 근원을 어떻게 확인하느냐 하는 문제로 관심의 초점이 이동하며 심화되었던 것이 아닌가 하는 생각이 듭니다. 감정의 도덕적 기준을 확정한다는 것은 그 시대 사회의 이념적 배경이나 사회적 가치관에 대한 인식과 연결이 되겠지요. 그래서 저의 막연한 생각입니다만 인물성동론(人物性同論)을 주장하는 입장이 그 시대에서 진보적 성격을 조금 더 많이 보여주고 있다고 생각합니다. 그 배경으로는 지역적으로도 서울 근처 낙론(洛論, 人物性同論)의 인물들이 정치현실에 좀 더 민감한 세력이고 충청도 지역 호론(湖論, 人物性異論)의 인물들이 그 당시에는 좀 더 보수적 세력을 이루었던 것으로 보입니다. 그런 점에서 보면 인물성이론은 지역 배경을 중심으로 전통성과 독자성을

**호락논쟁**
조선 후기 노론(老論) 계통의 학자들 사이에서 사람과 사물의 성(性)이 같은가 다른가를 놓고 벌였던 논쟁. 인물성동이논쟁(人物性同異論爭)이라고도 한다. 호락논쟁은 '인간과 사물의 본성이 다르다'는 인물성이론을 주장한 충청도 지방의 호론과, '인성과 물성은 같다'는 인물성동론을 주장한 서울과 경기 지방의 낙론 간의 논쟁이다. 호론은 위정척사로, 낙론은 북학사상으로 연결되었다.

강조하려는 입장으로서 나와 남을 분별하는 가치기준에 강세를 두고 있는 반면, 인물성동론은 중앙정치에 기반을 두고 현실적 응을 중시하는 입장으로서 나와 남을 통합하는 보편성과 포용성을 가치기준으로 확립하기를 강조하는 경향을 보이고 있지 않나 하는 생각이 듭니다. 또 하나는 17세기 후반부터 18세기로 내려오면서부터 조선사회 지식인들의 청나라에 대한 태도에서 '복수설치(復讐雪恥)'라든가 청나라를 배척하는 '배청숭명(排淸崇明)'의 의리론(義理論)이 아주 강력하게 대두하였지요. 이런 관점에서 청을 배척하려는 입장은 야만적 오랑캐와 문화적 인간을 나누고 인간과 짐승을 나누는 분별의 기준을 확립하는 논리로서 인물성이론을 적용할 수 있는 반면에, 인물성동론 쪽에서는 좀 더 포용 가능한 입장으로서 접근하기가 더 쉽지 않았을까라고 생각합니다. 인물성론(人物性論)은 바로 이러한 시대 이데올로기의 문제와 연결이 되지 않을까 합니다.

**이태진** 이 문제는 여러 가지 의문도 많이 갖게 하고 흥미도 있습니다. 나중에 조 선생님께서 중국에도 혹시 이런 논의가 있었는지 좀 언급해 주시면 좋겠습니다. 그런데 이 논의의 시작점이 언제가 됩니까?

**금장태** 17세기 말쯤 시작하고 18세기 초에 활발하게 일어나게 됩니다.

**이태진** 그러니까 말씀하셨듯이 두 가지의 계기가 무엇이냐가 문제입니다. 선악감정의 기준 파악의 문제, 그게 기본이라고 봐야 되겠죠. 한편 정치사회적인 면으로도, 대외적으로는 오랑캐에 대한 자세 문제, 대내적으로는 신분제 철폐에 대한 것 등이 관련될 수 있습니다. 그런데 이런 생각도 해볼 수 있습니다. 주자 성리학 중심의 세계에서는 사족(士族)만이 인성(人性)의 소유자란 말이죠, 일반 민이란 것은 바깥으로 밀려나 있습니다. 양명학(陽明學)에서는 그걸 명명덕(明明德)의 주체로까지 일반 민을 집어넣음으로써 민에 대한 인식의 문제가 일단 진보적으로 해결되었습니다. 조선 주자학은 시간이 지나면서 사회 변동으로 민의 비중이 점차 높아지자 민을 인성의 세계에서 언제까지나 제외해 놓을 수 없는 문제에 부딪치게 됩니다. 이런 한계를 극복하기 위해 외연 확대를 하는 것이 인물성논쟁(人物性論爭)이 아닌가 합니다. 대외적 관계도 문제의식에 내포할 수 있지만, 근본적으로 신분제 문제 속에서 일어난 사상논쟁일 가능성이 많습니다. 그러나 결과론적으로 그런 해석이 나올 수 있다는 건지 그 전후관계를 명확히 할 필요는 있다고 생각합니다.

**금장태** 인물성론 전공한 사람이 대답을 해야 하는 건데 …… 제 막연한 생각으로는 결과에서 유추한 것 같습니다. 내재적으로 사실 어느 쪽이 더 보수적인가라고 단정해서 말하기는 참 어렵습니다. 인물성동론의 입장인 청음(淸陰, 金尙憲)·농암(農巖, 金昌協) 계열도 보수적인 성격이 여전히 강하거든요. 실제로 이 사람들이 적응력도 강해요. 그렇지만 그 시기에 결국 성품(性品)의 문제를 확인한다는 것은 도덕적 기준을 확립하는 거니까, 도덕적 기준을 보편화하는 입장보다는 존재 유형이나 사회적 계층 등에 따라서 그것을 구별하는 분별론이 훨씬 더 보수적인 성격이 강하지요. 신분적인 의식도 거기 반영돼 있고…….

**이태진**　근대 서양의 기준으로 하면 인물성이론(人物性異論)이 훨씬 더 근대적인 것 아닙니까? 다산(茶山)의 인물성이론도 서양의 인간관 및 동물관의 영향을 받았다고 하던데…….

**금장태**　다산이 인물성이론(人物性異論)을 주장했던 것은 사실입니다. 그런데 다산의 인물성이론하고 성리학자들의 인물성이론은 개념과 이론의 기반이 전혀 다릅니다. 성리학자들은 이기(理氣)·심성론(心性論)의 틀 안에서 인물성이론을 설명하고 있습니다. 반면 다산의 성(性) 개념은 마테오 리치(Matteo Ricci)가 혼삼품설(魂三品說)에서 인간과 동물과 식물의 혼(魂) 사이에 단계적 차이를 명확히 밝히면서, 특히 인간과 사물의 존재를 근원적으로 차별화하는 이론 틀을 거의 그대로 끌어들이고 있다는 점에서 성리학자들의 인물성이론과는 전혀 다른 이론적 토대 위에 있습니다. 다산이 좀 더 경험적으로 인간과 사물의 차이를 주목하는 것이라 할 수 있겠지요.

**이태진**　이런 것이 문학세계에도 나타납니까?

**심경호**　예, 인물성동론과 인물성이론의 차이가 문학세계에 나타난다고 보시는 분도 계시지요. 그런데 저는 개인적으로는 그러한 관점에 대해 상당히 회의적이에요. 예를 들어 농암(農巖) 김창협(金昌協) 계열은 사상사에서 상당히 진보적이라고 운위하지만, 그들이 주장한 인성론(人性論)의 요체가 문학으로 어떻게 나타났는지는 잘 검증되지 않습니다. 저로서는 약간 관점을 달리 해서, 인물성동이론이 17세기 말부터 상당히 중요한 철학상의 논쟁점으로 부각하였지만, 지식인 가운데는 그러한 논쟁에 대해서 상당히 식상해 하거나 성리(性理) 문제를 괄호 속에 집어넣고 논하지 않으려는 경향도 있었다고 봅니다. 그들의 사유구조에 대해 인물성동이론의 틀로 진보냐 보수냐를 논할 수는 없지요. 특히 그러한 그룹은 경학(經學)에 대한 연구를 추진하였던 것으로 보입니다. 또 소론(少論)의 양명학자들도 경학을 중시하거든요. 하곡(霞谷) 정제두(鄭齊斗)의 경우에는 분명히 이기(理氣)의 개념을 가지고 양명학적 사유를 설명하려고 고민하였지만 그 이후 그 후계자들은 그러한 담론 구조를 차츰 포기하게 되었습니다. 오히려 중국의 고증학을 본격적으로 수용하기 이전에, 『상서(尚書)』의 금고문(今古文) 논쟁을 이미 하고 있거든요. 그래서 이러한 경향의 지식인 사이에서는 인물성론이 중심 논의의 대상이었다고 할 수 없을 것 같아요. 제 생각에는 17세기 이후 조선 지식인들의 사상 논쟁에서 인물성론만이 중핵에 놓여 있었다고 보는 것에 대하여는 조금 의문이 없지 않습니다. 저는 경학에 대한 논쟁도 주목해야 한다고 생각합니다. 경학에 대한 논쟁에서는, 처음에는 『시경(詩經)』에 대한 논의가 활발하게 일어났습니다. 『시경』의 경우, 주희(朱熹)의 『시집전(詩集傳)』에 대한 비판은 중국에서도 벌써 명대에 일어났으므로, 주자학의 근본 사상에 회의하는 지식인들은 비교적 주희의 『시집전』 체계를 부정하는 것이 전략적으로 용이하였다고 할 수 있겠지요. 주희는 〈국풍(國風)〉의 민간가요설을 주장하여, 현대의 관점에서 보면 매우 참신하고 진보적인 주장을 하였습니다만, 경학의 세계에서는 〈국풍〉의 민간가요설은 성경(聖經)에 위배하는 견해로 비쳐질 수밖에 없거든요. 조선 후기의 윤휴(尹鑴)나 박세당(朴世堂) 같은 사람은 주희의 이 〈국풍〉 민간가요설을 부정하게 되는데, 그렇다고 그들이 반드시 경(經)의 세계를 보호하려고 후퇴했다고는 할 수 없을 것 같아요. 주희의 경학설, 나아가 사상 체계에 대한 회의나 극복의 성향이 그런 식으로 나타났다고 생각합니다. 즉, 『시집전』의 비판은 그 자체만 가지고 진보적 내용이냐 보수적인 내용이냐를 평가할 문제가 아니라, 기존의 관념 체계에 대한 회의(懷疑)의 정신이 대두하기 시작한 사실을 중시하여야 할 듯합니다. 이렇게 주희의 경학 체계 가운데서 가장 공박하기 쉬웠던 『시집전』의 체계에 대하여 비판적인 담론이 오고가면서, 차츰 『서집전(書集傳)』에서 유보된 채로 남았던 『상서(尙書)』의 금고문(수古文) 논쟁이 불붙게 되었지요. 그런데 『상서』의 금고문 논쟁은 단순히 경서의 각 편의 진위를 따지는 문제로 끝나는 것이 아니라, 종래에는 완전한 조화의 세계였던 경학 세계에 균열을 일으키기 시작하였다고 말할 수 있습니다. 그것도 아직 염약거(閻若璩)의 설을 완전히 수용하기 이전에, 문체론의 관점에서 금문·고문을 변별하려 하였거든요. 이렇게 『시경』과 『상서』와 관련하여 경학에 대한 논의를 본격화함으로써, 그동안 균열 없는 완전무결한 세계라고 관념적으로 신앙하였던 경(經)의 세계가 실은 단층이 있고 균열이 있다는 것을 자각하게 되고, 그것은 곧 당시의 지배적 관념이었던 주자학에 대한 심각한 회의로 이어지게 될 여지가 있었다고 봄니다. 이렇게 경학의 문제에 깊은 관심을 보였던 사람들은 인물성 담론에 대해서는 그리 언급하지 않았지요. 그래서 저는, 인물성동이론이 조선 후기 사상계의 중심논쟁이었다고 보는 선배 학자들의 설에 대해서는 조금 의문을 가지고 있는 것이지요.

**금장태** 인물성론의 문제가 지금 심 선생님 말씀하신 것처럼 100년쯤 지나면서 18세기 말에 이르러 이론적으로 극복되기 시작하지요. 즉 동론(同論)과 이론(異論)의 양쪽을 한정하거나 종합하려는 인식이 대두하였습니다. 그러나 인물성론의 쟁점은 19세기 말까지 계속 논의해 왔던 것 같아요. 18세기에는 성리학의 틀을 지키는 전통적 입장이 대세였지만, 그 반면에 심 선생님 말씀대로 이를 비판하면서 반작용으로 일어나는 실학사상의 측면이 상당히 새롭게 부각했던 것도 사실이지요.

**이태진** 조 선생님, 중국 쪽에 비슷한 문제는 없습니까?

**조병한** 중국 쪽에서는 인물성동이론과 같은 그런 형태의 담론은 없는 것 같고요, 주자학(朱子學)에서 양명학(陽明學)으로, 양명학에서 고증학(考證學)으로 학문의 틀이 바뀝니다. 고증학시대의 철학적 기반이 기(氣)의 철학이라고 하는데 그것까지도 패러다임의 전환이라고 해야 할지 모르겠습니다만 이렇게 담론 형태 자체가 전환하면서 인성(人性)이나 물성(物性)에 대한 평가가 달라져 갔던 것으로 생각합니다. 예를 들어 양명학의 경우에는 '마음이 바로 이(理)다' 이렇게 보니까 마음속에는 성(性)과 정(情)이 다 있으므로, 결과적으로 양명학 좌파에서는 마음은 무선무악(無善無惡)이라고 하지 않습니까. 그리고 18세기 고증학시대의 대진(戴震) 같은 사람의 기 철학(氣哲學)을 보면 성(性)에 대해서 인의예지(仁義禮智) 같은 도덕성이 성이라는 개념에서 바뀌어 가지고 혈기(血氣) 심지(心知)가 전부 성이라고 하여, 결국은 도덕성을 어디서 확보하는가 하면 이(理)가 아니라 지(知)에서 확보하게 됩니다. 지가 도덕적 판단을 하므로 거기서 주지주의(主知主義) 얘기가 나오는 것 같습니다. 어떤 학자는 "청대(淸代) 사조(思潮)의 특징이 뭐냐? 도덕주의에서 주지주의로의 전환"이라고 하여 그 부분을 좀 지나치게 과장하는 경향도 있습니다.

**이태진** 금 선생님, 다시 공론 쪽으로 돌아가야 될 것 같은데요. 결국은 한국사 쪽에서 결론을 맺어야 할 것 같습니다. 이 인물성동이론 논쟁 자체가 사대부들의 공론이라고 평가할 수 있을까요?

**금장태** 조선시대 성리학은 시대마다 대표적인 주제가 있었지요. 16세기 후반의 사칠(四七)논변은 18세기 초에 들어오면서 자동적으로 인물성(人物性)논변으로 나갈 수밖에 없는 디딤돌이 되었지요. 그 다음 19세기 말에 가면 이제 심(心)의 주리(主理)·주기(主氣) 논쟁이 전개되면서, 성(性)과 정(情)의 논변을 통합한 주제로서 심(心)의 주체문제가 쟁점으로 제기되었지요. 이런 면에서 한국 성리학은 중국 성리학과 다른 독자적인 세계를 이루고 있습니다. 그것은 바로 사칠론(四七論)—인물성론(人物性論)—심주리주기론(心主理主氣論)으로 16세기에서 19세기까지 쭉 이어 내려오는 쟁점의 전개과정에서도 분명하게 드러나고 있지 않았나 생각합니다.

**조병한** 그런 점에서 아까 이태진 선생님이 말씀하신 대로 양명학이나 기의 철학에서 나타나는 이론적 문제를, 주자학 내부에서 해결하려 했다는 것이 맞는 것 같습니다. 그 다음 공론이라는 것은 어디까지나 정치적·사회적인 문제와 연관이 되었을 때 공론이라고 할 수 있지 않을까요? 예를 들어 명대 양명학 운동에서 여러 사람이 그 당시 주자를 비판하면서 그 운동에 관련됐지만 그걸 공론이라고 하지는 않으니까 학문 강론은 공론과 좀 구별을 할 필요가 있습니다.

**이태진** 만약 이런 주제가 프랑스나 영국이라면 어디서 논의하나요. 아카데미 같은 데인가요?

**이동렬** 아카데미는 어느 정도 공식적인 성격을 띤 학문적인 기관이니까 프랑스의 경우를 상정해 본다면 살롱에서 더 많이 얘기되었을 법하다는 생각이 듭니다. 18세기 프랑스를 뜨겁게 달구었던 몇 가지 논쟁들이 있는데, 예를 들어 프랑스 음악과 이탈리아 음악의 우열성을 두고 벌어졌던 부퐁(Bouffon) 논쟁(279면 참조)이라든지, 고대 그리스 시인 호머의 가치를 두고 벌어졌던 신구파 간의 논쟁이 그것입니다. 그런 논쟁은 앞서 말씀드린 대로 살롱이나 카페 같은 여론 형성 장소에서 주로 얘기되었습니다. 그러나 물론 아카데미 또한 때로는 학문적 논쟁의 장소였습니다. 앞에서 말했던 루소의 초기 두 저작은 각각 「학문과 예술의 부흥은 풍속의 순화에 기여했는가」, 그리고 「인간들 사이의 불평등의 기원은 무엇이며, 불평등은 자연법에 의해 허용되는가」라는 다분히 논쟁적 성격을 띤 디종(Dijon) 아카데미

## 부퐁논쟁(Bouffon's Quarrel)

1752년 파리 음악계를 2분했던 유명한 음악 논쟁. J. 륄리, J. 라모 등의 전통적 프랑스 오페라를 지지하는 측과, 이탈리아의 오페라 부파(喜歌劇)를 찬양하는 측으로 갈라져, 음악관(音樂觀)·미학사상에 이르는 넓은 영역에 걸쳐 서로 그 우열을 다투었다. 그리고 그것은 다시 프랑스 음악과 이탈리아 음악의 일반적인 특징에 대한 논쟁으로까지 확대되었다. 곧 아르투지와 몬테베르디, 글루크와 피치니, 한슬리크와 암브로스 등의 논쟁이었는데, 이는 음악사상 매우 유명한 논쟁이었으나, 필전(筆戰)·설전(舌戰)에 그치지 않았으므로 '부퐁전쟁(Guerre de Bouffons)'이라고 표현되기도 하였다. 발단은 1752년 이탈리아인에 의해 파리에서 상연된 G. 페르골레시의 오페라 부파 「마님이 된 하녀」(1733)에서 비롯되었다. 여기서 프랑스의 전통적인 궁정오페라 및 프랑스 음악의 우월성을 믿는 일파와, 이탈리아의 오페라 부파, 더 나아가 이탈리아 음악을 신봉하는 일파가 대립하여 격렬한 논쟁을 불러일으키게 되었는데, 프랑스 측의 신봉자에는 국왕 루이 15세를 중심으로 하는 귀족과 음악가(대표자는 라모), 이탈리아 측에는 왕비를 비롯하여 J. 루소, D. 디드로, J. 달랑베르 등의 계몽사상가와 그 밖의 지식계급이 있었다.

의 현상 논문 논제에 대해 응모했던 글이었습니다.

**김영한** 그리고 공론의 개념이 내가 생각하는 것하고 조금 차이가 있어 보입니다.

**이태진** 퍼블릭 스피어(Public Sphere)하고는 좀 다르죠.

**김영한** 기본적으로 공론이라고 하는 것은 일반여론을 얘기한다기보다도 지금으로 말하면 NGO(Nongovernmental Organization) 활동에 의한 공적인 문제들과 정치문제들에 대한 여론 형성 등이 대표적 예라 하겠습니다.

**이태진** 하버마스의 개념 같은 겁니까?


## 시민사회의 공론과 사림(士林)의 공론

**김영한** 그러니까 공론은 시민사회의 발전과 긴밀한 관계가 있습니다. 예를 들어 NGO같이 정부 주도의 행정이나 관(官) 중심의 활동을 비판하여 그것을 여론으로 몰고 가서 선거제도를 바꾸고 경제정책을 바꾸도록 하는 것입니다. 이게 바로 공론입니다. 서양사에서 공론의 출현은 귀족계급의 여론이 아니라 살롱이나 카페 같은 데서 정치이슈화된 시민계급의 여론을 말합니다. 그런데 아까부터 계속되는 얘기는 영·정조가 사림의 공론을 무시했다는 것입니다. 공론 문제를 제기했을 때, 한국사에서 밑으로부터의 운동이나 여론 형성이 어느 정도 있었는가의 문제를 논의하려는 것을 기대했었는데 이야기의 초점이 달라지는 것 같습니다.

**이태진** 유럽 18세기 근대의 것도 절대적인 기준이라기보다 하나의 시대 산물로 본다면, 공론의 범주를 더 크게 잡을 수 있지 않을까요. 최근에는 부르주아도 하나의 특권층으로 보니까요.

**김영한** 그 당시에는 그들이 공론을 조성하여 혁명을 가능하게 했다는 것이 중요하지요.

**이태진** 시민사회의 형성과 조선 사림의 공론이 역사적으로 의미상의 상관성이 있는지는 비교 검토해 볼 수 있지요.

**김영한** 그래서 조선사회의 공론이 어떻게 형성되는가를 앞에서 물어본 것입니다. 향신(鄕紳)이나 아니면 관직을 역임한 사람들이 조성한 여론을 공론이라고 보기는 어렵다는 것입니다.

**이태진** 똑같은 것을 확인하기는 어렵지요. 그렇지만 서로 여론이 어떻게 형성되었느냐, 또 각개의 주제가 무엇이었는가 이런 것들은 비교해 볼 만하지요.

**김영한** 포괄적 의미로 사용한다면 공론이란 여론과 같은 이야기가 되겠지요. 그러나 전문적 의미의 공론이란 여론을 주도한 것이 중앙정부나 관청이 아니라 오늘날의 NGO와 같은 민간단체라는 점에서 시민사회의 성장·발전과 긴밀한 관계가 있습니다.

**이태진** 여기서 짚고 넘어가야 할 것은 18세기 서양의 부르주아 또는 계몽사상가들이 지금까지 얘기한 걸로 보면 현세의 행복추구라는 사명감을 내세웠는데 그게 사실 유교시대 한국의 사대부들도 마찬가지로 추구하던 것이란 점입니다. 역사적인 배경은 다르더라도 이런 이념적 공통점을 어떻게 설명해야 할 는지…….

**조병한** 제가 볼 때 동서양의 공론 개념이 좀 다르긴 해도, 공론이 존재할 조건으로서, 예를 들어 국가가 통일되어 있다는 사실, 즉 여론을 형성할 수 있는 일정한 통일된 공간이 있다고 하는 것, 그 다음에 여론을 형성할 만한 능력을 가진 계층으로 신사층이나 양반층, 부르주아 계층이 있었다는 것이 중요해요. 그런 점에서는 동서양 공론의 상대적 비교는 할 수 있지 않나 싶거든요. 그래서 시민(市民)사회는 아니라도 국가 내부에서 민간 영역, 민간 사회라고 할까 그런 것은 존재했는데, 다만 이것이 사대부층이다 보니까 지주(地主)적인 이해관계나 지역적인 이해관계, 이런 것이 전면에 나설 때가 있자, 군주가 그것을 사적(私的)인 것이라고 해 공론을 진압하는 명분으로 삼았던 것 같습니다.

**김영한** 처음에는 향촌사회의 여론이 조성되고 그것이 정부에 전달되어 정책에 반영된다고 생각하였습니다. 그렇다면 향촌사회에서 여론을 형성하는 것이 어떤 사람들인가가 중요하다는 뜻에서 언급한 것뿐입니다.

**금장태** 그런 면에서 지역의 선비 계층이 주도하는 여론 형성이라는 측면에서 '사론(士論)'이나 '공론(公論)'을 들어볼 수 있지 않을까요?

**김영한** 저는 18세기 조선의 군주제 하에서도 향촌과 지방의 민의(民意)가 중앙에 전달되는 통로가 있다고 이해를 했습니

**동림당(東林黨)**

중국 명대(明代: 1368~1644) 말기에 학자와 관리들이 조직한 정치단체.

세도가들을 비판한 일로 정계에서 쫓겨난 관리 고헌성(顧憲成)이 만들었다. 1604년 중국 중남부에 있는 우시(無錫)에 동림서원(東林書院)을 세워 개인의 학술과 사상의 토론장소로 삼았다. 청렴한 정치를 주장하는 사람들이 이 서원으로 몰려들었고, 이들의 명성은 곧 학자와 관리들 사이에 퍼져, 1620~1623년 많은 동림학자들이 조정의 관리로 나서게 되었다.

1624년 동림당의 지도자인 양련(楊連)이 막강한 세력을 쥐고 있던 환관 위충현(魏忠賢)을 공격하자, 위충현은 반동림과 세력을 집결시켰다. 그 뒤 2년 동안 동림당을 지지하는 사람들 수백 명이 관직에서 쫓겨났고, 지도급 인사들은 고문당하거나 투옥되고 처형당했다. 1627년에 이르러 동림당은 사실상 없어진다.

다. 그래서 위에서 일방적으로 지시하는 정치가 아니라 밑에서 여론을 수렴하여 그것을 어느 정도 반영하는 정치를 실시하였다고 생각한 것입니다. 그런데 영조나 정조가 직접 상소문을 받았다는 것은 왕이 민의를 수렴한다는 점에서는 민본주의 정치인지 몰라도 다양한 견해를 공론에 붙여 수렴한 것을 왕에게 전달하는 것과는 성격이 완전히 다르다는 것입니다.

**이태진** 그건 전 기간 비중으로 보면 짧은 기간이고, 요즘 말하면 집단이기주의가 극심하니까 그걸 제어하기 위한 거죠.

**조병한** 그런데 동아시아 공론의 한계를 들면, 그것이 너무 정치적이라서 결국은 당쟁하고 연결되어 버린 것하고 또 하나는 국가로부터 제도적으로 공론이 철저하게 보장된 것이 아니라 전제군주가 언제든지 민본주의(民本主義) 명분을 내세워 가지고 그것을 진압하려고 하기 때문에 공론의 보장이 잘 안 된 것이 문제인 것 같습니다. 그래서 17세기 초 명대 말기에 동림당(東林黨)처럼 대부분 투옥되고 학살되는 비극이 일어나고 결국 청에 들어오면 전제정치를 더 강화하면서 공론이 자취를 감추는 그런 국면까지 이르게 되지요.

## 유교적 지성과 계몽사상

**김영한** 어쨌든, 여기서의 초점은 유교의 지성(知性)과 계몽사상과의 비교에 있으니까, 그 점에 대해 말해 보겠습니다. 계몽사상가들의 현세 긍정적인 세계관과 진보사관은 밀접한 관계가 있다고 하겠습니다. 종래의 기독교 세계관에 의하면 인간의 진정한 행복은 내세(來世)에 있다고 믿었습니다. 그런데 이 지상에서도 행복을 추구할 수 있다는 생각은 인간의 이성과 진보에 대한 신뢰 때문에 가능하였습니다. 따라서 유교에서 말하는 현세 행복의 추구가 어떠한 이론적 바탕 위에 입각해 있는지를 이해하면 서로 비교할 수 있을 것 같습니다.

**이태진** 유교는 천도(天道) 실현이라는 것이 대전제이고, 천도가 가장 잘 실현되어 있는 이상적 상태가 삼대(三代)의 세계라고 해서 그 이념형을 설정해 놓고 그것을 여기에 실천하자고 끌고 가는 회귀형이지요. 서양의 경우는 이성, 진보니까 개발형인 것 같아요. 근본적인 차이가 여기 있는 것 같은데, 그러면 우리 쪽에는 그렇다고 개발형이 전혀 없는가 이런 것도 생각해 봐야 할 것입니다.

**김영한** 삼대로 돌아가자는 것은 복고적인 것이고 순환적인 것인데 반해 서양의 것은 진보적이라고 하겠습니다. 따라서 동양과 서양의 역사관의 차이는 순환사관과 진보사관의 차이인데 그러면 동양에는 진보라는 개념이 전혀 없는가, 그리고 복고와 순환의 의미를 엄밀히 분석하면 반드시 순환이라고만 할 수 있겠는가 하는 문제가 제기됩니다. 서양의 진보사관은 기독교사관에서 비롯하였습니다. 기독교에서 천국에 간다는 것은 따지고 보면 에덴동산으로 돌아간다는 것을 의미하므로 결국 시작과 종말은 철학적·신학적 관점에서 보면 같을 수 있습니다.

그런 의미에서 동양의 순환사관도 새롭게 해석할 가능성은 있다고 봅니다.

**이태진**  물론 각 시대의 기준에서 새롭게 해석하는 점은 있지만, 기본 사고 모델에 차이가 있지 않느냐는 거죠. 서양하고 비교하면, 근대 역사의 차이도 거기에서 비롯하는 것이 아닌가 하는 생각이 드는데요.

**심경호**  '실학'이라고 불리는 사상 조류가 일어날 때 와서는 많이 달라지지 않습니까?

**이태진**  어떻습니까, 서양 쪽 진보사관에 비견할 만한 것은 다산 때 와야 성립한다고 보나요?

**금장태**  성호(星湖)만 하더라도 중국의 옛 성인(聖人)보다 서양 문물이 훨씬 더 진보하였다는 의식을 보여주고 있지요. 그러니까 천문학에서도 중국 천문학이 가장 후진적이고 아라비아 천문학이 그 다음이고 서양 천문학이 가장 발달해 있다고 합니다. 옛 성인에게 모든 대답을 찾는 것이 아니라, 이렇게 지식이 자꾸 새롭게 나아간다는 인식이 제기된다는 점에서 중요한 의미가 있지요.


## 유교적 순환사관 내에서의 진보성


**조병한**  중국사에서 보면 당말(唐末)부터 부분적인 진보가 후대에 있었다는 것은 인정을 합니다. 기술적인 문제라든가 제도적인 문제에 한정한 진보지요. 금 선생님 말씀대로 기술 부문에서 서학(西學)의 우수성도 명말 청초에는 인정하게 되고요. 그러나 근본적으로 서양의 근대 진보사관과의 차이가 어디 있느냐 하면, 여기서는 유교가 설정한 상고(上古)의 문화 원형이란 테두리 안에서 부분적인 진보가 인정되는 한계가 있기 때문에 명말 청초 실학(實學)의 대응이란 것도 그 범위 안에 제약을 받는 것이라 할 수 있죠. 그런 의미에서 유교적 진보사관이란 좀더 큰 차원에서는 복고(復古)·순환(循環) 사관의 하위에 종속한 것이라 할 것입니다.

**이태진**　상고가 부정되면 왕정(王政)이 무너집니다. 왕정이 무너지기 때문에…….

**조병한**　복고(復古)라고 하는 것이 사실 진보를 추진하기 위한 하나의 이상으로 내세운 것인데, 그 진보가 복고 이상에 근거를 갖는 한 문화 원형의 한계를 극복하지 못합니다. 중국의 이러한 전근대적 진보 관념의 한계는 19세기 후반 양무(洋務)운동을 거쳐 변법파(變法派)에 의해 비로소 극복됩니다.

**이태진**　거꾸로 유럽 쪽의 사정을 확인해봅시다. 유럽에서 이성의 힘, 계몽사상에 의해 프랑스혁명이 일어나고 구체제가 무너지는데, 이것을 신에 의해서 보장받던 정치체제가 이성에 의해 깨진다고 말할 수 있습니까?

**김영한**　반드시 그렇지는 않습니다. 계몽사상가들의 입장에서 보면 혁명을 일으켜서는 안 됩니다. 왜냐하면 이성적인 사회에서는 혁명이 일어나지 않기 때문입니다. 혁명은 무지하고 폭력적인 사람들이 일으키는 것입니다. 그러므로 계몽사상가들의 기본 입장은 가만히 놔두면 이성이 알아서 진보를 가져온다는 것입니다. 다만 후대에 와서 볼 때 계몽사상가들이 강조하는 이성이 결과적으로 혁명을 촉발했다고 해석할 수 있는 것입니다. 그러나 이론적 측면에서 보면 동서양 간에 이런 차이는 있는 것 같습니다. 즉, 서양의 진보사관은 인간이 이성으로 자연법칙을 발견하여 그것을 잘 적용하면 인간사회가 계속 진보하여 마침내 신의 경지에 가까운 완전 가능한 상태(Perfectibility)에 도달할 수 있다는 신념을 말합니다. 그러므로 완전한 것이 뒤에 있느냐 앞에 있느냐의 차이일 뿐 완전한 것에 도달하려는 목표는 동서양이 같다고 하겠습니다. 다시 말하면 혁명과 개혁을 통해 본받고자 하는 모델이 과거에 있는가 미래에 있는가에 차이가 있을 뿐이므로 복고적인 동양사회라고 하여 개혁과 혁명 그리고 역사의 발전이 없다고 하는 것은 이론적으로 맞지 않는다고 하겠습니다. 다만 에덴동산으로 복귀하든 이성의 '진보국'으로 나아가든, 서양에서는 그 목표에 도달하기 위한 구체적 방법과 수단을 강구하는 데 비해 동양에서는 옛날로 돌아가자는 명분만 주장할 뿐 거기에 도달하기 위한 수단과 방법을 적절히 개발하지 못한 점에서 동서양 간의 차이가 있지 않은가 생각합니다.

**금장태** 그런데 원래 유교적인 역사관에도 퇴보사관도 있고 순환사관도 있고 또 진보한다는 의식도 같이 포함해 있는 것 같아요. 크게 보면 순환이지만, 당시의 현실을 비판적으로 인식할 때는 퇴보로 보는 것이고, 희망적으로 인식할 때는 삼대(三代, 夏·殷·周)라는 것도 과거에 있었던 이상사회이지만 항상 이 시대에서 삼대(三代)를 실현해야 한다는 것이 과제이니까, 이상사회를 미래에서 실현할 수 있으며 미래에 실현해야 한다는 관점에서는 진보성을 지닌 것이 아니겠습니까?

**김영한** 서양의 진보사관이란 미숙한 단계에서 완전한 단계로 나가는 것을 의미합니다. 그런데 순환사관은 퇴보할 때도 있고 진보할 때도 있다고 보아야 합니다. 예를 들면 플라톤은 3만 6천 년을 주기로 순환이 이루어진다고 했는데 이것은 퇴보하는 단계가 아닌 융성하는 단계에 놓여 있을 때, 역사는 사실상 진보하고 있다고 보아야 합니다. 물론 전체적으로 볼 때는 순환사관이지만, …… 그러나 진보사관은 앞으로 무한히 나아가게 되어 있는 것이 특징입니다. 그렇다고 동양사관이 항상 정체성을 띠고 있다고 보는 것은 앞에서 언급했듯이 사실이 아니라는 점입니다. 엘리아데(Mircea Eliade)는 원초적 상태로 돌아가고자 하는 욕망은 다시 출발하려는 욕망을 가리킨다고 하였습니다. 그러므로 과거에 대한 향수는 동경으로 끝나는 것이 아니라 부활의 욕구로 이어질 수 있다는 것입니다.

**이태진** 유교에서도 '온고이지신(溫故而知新)'이라고 해서 새로운 것을 흡수하는 것을 중시하지요. 그런데 문제는 어떻게 복고하느냐이지요. 동서양 문명의 발달과정을 직시하면, 속도 면에서는 아무래도 복고가 전제해 있는 동양 문명이 스피드는 떨어지지 않느냐고 지적할 수 있지 않을까 합니다. 그렇다고 무가치하다는 얘기는 아니지만…….

**금장태**  그러니까 예를 들어 율곡(栗谷) 같은 사람은 사회문제를 경장론(更張論)으로 해결하고자 하였는데, '경장(更張)'이란 거문고 같은 현악기를 연주하다 보면 자꾸 줄이 풀어져 제 소리가 안 나게 될 때, 아주 완벽한 이상적 소리를 내려면 다시 줄을 조여야 한다는 뜻이죠. 그것은 단순히 과거의 소리로 돌아가자는 것이 아니고 이상의 기준에 맞는 소리를 현재에 다시 실현하자는 것입니다. 현재에 실현하려면 현재에 당장 되는 것이 아니고 앞으로 노력하여 실현해 가야 하지요. 그 시대마다 자기 시대의 문제가 있으니까 옛 것을 회복하자는 것도 고대로 돌아가자는 식의 너무 편협한 복고주의로 해석할 위험이 있습니다.

**김영한**  초심(初心)으로 돌아간다는 것은 그 정신으로 돌아가자는 뜻이겠지요. 그런데도 서양에서는 앞에 목표가 있기 때문에 창조한다는 역동적 의미가 있고 동양에서는 모델이 과거에 있으니까 항상 모방해야 한다는 소극적 의미가 들어 있다고 볼 수 있지 않을까요.

**김효명**  결국 근대 이후 서양은 과학을 중시했고 동양은 과학보다는 도덕적인 문제에 더 관심이 많았다는 데서 차이가 나기 시작한 것이 아닐까요. 과학은 계속 앞을 내다보아야 하기에 진보적인 경향이 있고 도덕은 그에 반하여 옛날 것을 모델로 삼기에 복고적인 성향이 있겠지요.

**이태진**  또 과학으로 분석이란 걸 계속 했기 때문에…….

# 계몽주의의 역사관: 진보사관

**이동렬** 서양 쪽의 사고에서도 역사가 계속적으로 진보해 간다는 생각은 보편적인 것이 아니라 특정한 세계관의 반영 아니겠습니까. 가령 고대 그리스인들은 역사를 지속적인 붕괴의 과정으로 인식하였고, 중세를 지배한 기독교적 세계관에서도 인류 역사는 결코 완전을 향한 지향이 아니라 오히려 악의 위력이 끊임없이 세상을 혼돈시키고 붕괴시키는 과정으로 보였습니다. 현대에도 토인비를 비롯해 문명은 순환하는 것이라는 입장을 취하는 사람들에게는 역사란 선형적인 것도 아니고, 항상 진전의 방향을 취하는 것도 아닐 것입니다. 또 최근에 제가 인상 깊게 본 것으로서, 엔트로피의 법칙에 의해 기계론적 세계관을 대치해야 한다는 제레미 리프킨의 주장도 있습니다. 이 주장도 역사를 진보로 보는 관념을 무너뜨리고, 과학과 기술이 더 질서 있는 세계를 만든다는 믿음을 버릴 것을 역설하고 있습니다. 인간의 역사는 곧 진보라는 관념은 서양에서 약 400년 전부터 형성되어 끊임없이 수정을 거듭하면서 현재까지 이어져 오고 있는 일정한 패러다임이라고 할 수 있을 것입니다. 넓게 보면 그것은 기계론적 세계관의 반영일 것이고, 더 축소해서 얘기하자면 계몽주의의 특징적인 역사관이라고 할 수 있겠지만, 제가 생각할 때 오늘날의 자본주의 세계도 근본적으로 그런 사고에 근거해 있는 세계라고 할 수 있을 것 같습니다.

**조병한** 제 생각에는 동양에서도 진보사관이 제도나 기술

문제에서는 분명히 있었는데도 불구하고 왜 근대성에 연결되지 못했느냐 하면 너무 인간성·도덕성을 기준으로 삼으니까 진보를 믿지 못했기 때문이라고 생각합니다. 서양에서도 인간이 개선한다는 데 대한 회의가 없는 것은 아닐 테지만 역시 진보사관이 근대의 기준이 되려면 제도나 물질적 측면, 그런 데다 비중을 두고서 역사관을 성립할 때 가능해지는 게 아닌가 생각돼요.

**이동렬** 그리고 이상적인 모델을 과거에 설정하는 것은 아무래도 제약적인 요소로 작용할 것 같습니다. 가령 어떻게 해도 삼황오제(三皇五帝)시대의 이상적 모델을 능가할 수 없다는 그런 전제가 성립한다면, 진보사관이 전적으로 자유로울 수 없는 것 아니겠습니까. 유럽 계몽주의시대의 진보적 신념에는 물질적 발전뿐만 아니라 인간의 도덕적 품성의 향상에 대한 믿음도 포함해 있었습니다.

**조병한** 그런데 삼황오제(三皇五帝)나 삼대(三代) 시기에 대한 유교 역사가들의 말을 보면, 물질적으로는 후대보다 과거가 낫다고 하지는 않습니다. 그런데 윤리적으로는 그 이상시대를 능가할 수 없다는 것이거든요. 유교윤리 문제에 관련한 부분만은 항상 삼대 이전을 모델로 삼았고 또 윤리적인 면이 물질이나 기술·제도보다 문명의 핵심으로 중시되었지요.

**이태진** 목표가 항상 윤리적·도덕적인 것으로 세워졌지요.

**김영한** 서양의 진보사관은 계몽주의사상에만 고유한 것이 아니고 사실은 기독교의 목적론적 사관에서 신을 빼 버린 것에 불과하지요.

**이태진** 그런 의미에서 보면 계몽사상이 인류 역사에 기여한 바가 크죠.

**김영한** 현대문명을 얘기할 때는 그렇지요.

**김효명** 그 반대 급부도 많죠.

**심경호** 지금 이 문제와 관련해서 문학이나 문화의 논의가 어떻게 전개되었나 살펴볼 필요가 있을 것 같아요. 조선 후기에 자국 문화(自國文化)를 어떻게 볼 것인가 하는 문제는 바로 진보·복고의 사상과 관련이 있었습니다. 문학과 예술에서는 기본적으로는 항상 상고적(尚古的)이어서 『시경』에서부터 문학은 퇴보하였다는 것이 통념이었지요. 하지만 당송시(唐宋詩)도 있고 원명시(元明詩)도 있지 않습니까? 그것들은 무슨 가치가 있느냐 하는 의문이 들 수밖에 없어요. 중국의 문화, 그것도 상고시대의 문화를 중심에 두고 그 이후를 쇠락의 역사로 본다면, 결국 중국 문화와는 달리 각 시기마다 독특한 색깔을 지녔던 자국 문화도 부정하지 않을 수 없겠지요. 그런데 17세기가 되면 문학론에서, 비록 『시경』이후 문학이 진보하였다고 보는 주장은 하지 않지만, '각 시대는 각 시대마다의 문학이 있다'고 하는 관념이 대두하거든요. 상고주의의 관념이 수정되는 것이지요. 이것은 마치, 예론(禮論)에서도 『주례(周禮)』·『예기(禮記)』·『의례(儀禮)』의 삼례(三禮)를 참고로 하지만 결락된 부분을 현실 제도나 전통 관습을 가지고 보완하고, 현실 제도나 전통 관습의 가치를 인정할 수밖에 없었던 것과도 같다고 생각합니다. 문학에서도 결국은 자기 시대의 문제를 다루고 자기 시대의 방식을 결정화한 문학 형태를 인정하지 않을 수 없었으니까요. 이러한 사실은 문학을 통해서 노출되었지만, 이론적으로도, 각 시대마다 각 시대의 문학이 있다고 보는 관념이 조선 후기에 대두한 것은 매우 중요한 의미를 지닌다고 생각합니다. 그런데 자기의 특성을 강조하기 위해서는, 당대의 것이라고 인식되는 중국의 것을 부정하고 위진(魏晉) 문학이나 당송(唐宋) 문학과 같은 과거의 문학 양식을 끌어들이는 방법도 병행하게 되었습니다. 조선 후기에는 그래서 유독 악부체(樂府體) 시가 많이 지어졌어요. 이 경우에는 적어도 진보적·상고적이란 이분법이 적절하지 않을 것 같네요.

**조병한**  역사에서도 마찬가지입니다. 후대의 제도를 개혁하려는 운동은 삼대의 이념을 현실에 되살리려고 하면서도 제도 자체는 현재의 제도를 바탕으로 개선할 수밖에 없었지요.

**정정호**  삼대(三代)를 보수와 진보로 이분화하는 문제에 대해서는 영국에서도 유사한 논쟁이 있었습니다. 18세기 영국에서 소위 고대(古代)와 현대(現代) 논쟁이 굉장히 치열했지요. 이 시대를 영국 문학에서는 신고전주의(新古典主義)시대라고 하는데, 신고전주의라는 것이 그리스·로마 시대로 돌아가자는 거잖아요. 문학적으로 아주 보수적이죠. 동양에서 삼대를 추구하는 것과 마찬가지라고 할 수 있지요. 그 시대의 주조는 '그리스·로마 시대로 돌아가자. 인간적으로 가치 있는 모든 것이 거기에 다 있다'는 거지요. 후세 사람들은 더 이상 개선할 것이 없다는 말입니다. 신고전주의 작가들은 다만 자국(自國)의 시대에 맞게 조금 바꿀 수 있을 뿐이지 고전주의시대의 인문학 수준이 이미 완벽한 상태에 이르렀다는 거죠. 물론 이러한 상고주의에 반대하여 인간 문물은 진보·발전하는 것이므로 옛것보다는 새것을 만들어내는 것이 중요하다고 생각한 사람들도 많이 있었습니다.

**김영한** 여기서는 18세기가 어떤 시대였는가 하는 것보다도 당시 계몽주의가 진보사관을 주장하고 동양의 유학이 복고주의를 지향했다면 이러한 차이가 과연 동서양의 차이를 설명하는 기준이 될 수 있겠는가에 초점을 두어 논하는 것이 더 좋지 않겠습니까?

**이태진** 그렇게 정리할 수도 있죠. 그런데 정 선생님이 이렇게 문제를 제기하시니까 오히려 문학 쪽이 더 앞서가는 것 아닌가 싶은데요.

**김영한** 그건 좀 다르죠. 왜냐하면 복고로 말하면 르네상스가 먼저죠. 그리고 '고대인과 근대인의 논쟁' 자체가 진보에 대한 내용을 주로 담고 있습니다. 한쪽에서는 고대인들이 현명하고 뛰어나다고 보고 근대인들은 왜소하고 열등하다고 주장합니다. 또 한쪽에서는 근대인이 고대인보다 절대 못하지 않다고 주장합니다. 왜냐하면 근대인은 고대인의 어깨 위에 올라서 있기 때문에 고대인들보다는 더 높이, 더 멀리 앞을 바라볼 수 있다는 것입니다. 이것은 지식의 누적에 의한 의미에서 진보를 논한 것인데 동양에서는 그러한 논쟁이 없었다면 그 이유가 어디에 있다고 하겠습니까?

**조병한** 기술이나 제도 부분은 누적이 된다고 봅니다.

**이태진** 조금 정리를 하면 동양의 복고 진보와, 서양에서의 복고 진보는 그 대상이 조금 다른 것 같습니다. 지금 근대 계몽주의에서 얘기하는 경우는 이탈의 대상이 신의 세계거든요. 인간의 이성과 신의 세계와의 관계에서 그리스·로마로 회귀하는 것은 인간 이성의 힘을 찾는 근거로서 추구하는 겁니다. 기독교의 신의 제어로부터 벗어나려는 …… 여하튼 구도가 좀 다른 것 같아요. 우리는 기독교의 존재 없이 삼대와 현재와의 관계, 이 속에서 왔다 갔다 하는 거니까, 변수가 서양에 하나 더 있는 것 아니냐 그렇게는 볼 수 없는지요?

**김영한** 고대(古代)로 돌아간다는 것은 그 당시 사람들이 고대에 모든 것이 있다고 생각하였기 때문이지요.

**이태진** 그렇죠. 그건 이해를 하겠어요. 그런데 계몽사상의 흐름은 신에게서의 이탈이죠.

**김영한** 신에게서의 이탈은 계몽사상의 또 다른 측면이죠.

**이태진** 진보도 거기에서 나온 것 아닙니까. 인간 이성의 힘에 의해서 무한한 발전을 한다고 하는 것은 인간이 신의 힘에서 벗어나는 것이죠. 처음에는 신의 도움을 전면적으로 부정하지 못했지만 점차로 강해지는…….

**김영한** 천도(天道)와 인도(人道)가 같다고 하는 동양 사람들과 마찬가지로 18세기 서양인들은 이성의 법과 신의 법은 같다고 생각한 것입니다. 그러다 보니까 신은 점점 소원해지고 이성이 더 부각하였다고 하겠습니다.

**금장태** 서양인에게는 진보라는 이론이 분명하게 있는데 동양에는 없다는 얘기를 조금 바꾸어 말해볼 수도 있을 것 같습니다. 예를 들어 도덕적 이상이나 근원에는 새로운 진보라는 것을 생각하기 어려운 것이니까, 이런 문제에서는 그 이상(理想)을 항상 과거에 두거나 원형(原型)에서 되찾게 되는 것이지요. 그 반면에 아까 조 선생님 말씀하신 것처럼 기술이나 지식은 동양에서도 서서히 진보한다고 생각하였다는 것이지요. 그러니까 문제는 그 진보하는 기술의 부분을 동양사회에서는 중요시하지 않았고 상대적으로 도덕적인 이상의 회복과 실현을 강조하다 보니까 복고적인 것으로 비쳐지게 된 것이지요. 기술이나 지식의 진보에 대해 서양에서는 강조하였던 반면에 동양에서는 인정은 하되 강조가 덜 되지 않았나 생각합니다.

**조병한** 그게 바로 근대로 가는 길이 멀어진 이유라고…….


## 일본의 근대화 조건


**정정호** 무슨 말씀인지 잘 알겠습니다. 첫 번째 좌담회를 살펴보니까, 중국하고 한국은 좀 비슷한데, 일본은 좀 다르다는 것이지요. 일본은 한마디로 진보적이었다 이겁니다. 그래서 일본은 빨리 근대화를 할 수 있었고 중국과 한국은 머뭇거렸던 것 아닙니까?

**금장태** 일본은 그만큼 유교적인 도덕문화가 중국이나 한국에 비해 약했다고 말할 수 있겠지요.

**김영한** 일본의 진보가 상대적으로 빨랐다는 사실하고 일본에 진보사관이 있었다는 것과는 내용이 다른 이야기인데 어느 쪽이 맞는 것입니까?

**이태진** 진보사관이 있었던 것은 아니죠. 그것도 시기가 상당히 늦습니다. 난학(蘭學)의 발달은 1740년대 이후지요.

**정정호** 그것도 18세기에 해당하는 것 아닙니까. 그러니까 제 말은 동양 삼국도 한국·중국은 다소 유사하고 일본은 다르다는 것이지요. 그런데 우리가 지금 얘기하는 게 동양 전체를 아울러서 하니까…….

**조병한** 일단 문화적인 면에서 본다면 일본이 우리보다 별로 진보했다고 볼 수 없거든요. 전통시대 일본의 선진성 때문이라기보다는 기술도입 외에도 다른 유리한 일본의 역사적 조건을 가정할 수는 있겠지요.

**정정호** 유리한 것도 있었겠지만 그 사람들의 의지가 있었기 때문 아닙니까?

**이태진** 저도 조 선생님처럼 좀 제한적인 평가를 하는 입장인데, 굳이 좋게 평가를 한다면 중국이나 한국처럼 정치의 근원을 유교정치 사상에 두고 있지 않다는 것에서 오는 장점, 자유로움이 있었다고 할 수 있지요. 천황(天皇)제도를 중심으로 하는 천(天)의 세계가 따로 있었기 때문에 유교의 천도(天道) 사상이 적극적으로 받아들여질 수 없었지요. 그것은 기독교가 잘 수용되지 않은 것과 거의 비슷한 문제입니다. 난학도 아주 부분적인 것이었기 때문에 이것이 메이지 유신[明治維新] 성공의 기초가 됐다 이런 얘기는 하기 어렵죠.

**조병한** 한국이나 중국은 왕권이나 사대부 세력 같은 중앙 집권체제가 안정하였지만, 일본은 무사(武士)가 지배층이니까 중앙권력의 안정성이 상당히 취약했습니다. 19세기의 서구문화가 밀고 들어왔을 때 그 정권의 안정성이 적었던 것이 변혁의 가능성을 위해서는 유리한 조건일 수도 있습니다. 뭔가 새로운 돌파구를 찾아야 할 필요가 긴박했는가라는 면에서 볼 때 한국이나 중국은 그 전통적 제도의 안정성으로 일본에 비해 변혁의 요구가 적었을 것으로 생각합니다.

**심경호** 저는 조선 지식인의 의식 양태에 각별히 주의할 필요가 있다고 봅니다. 즉, 조선조 지식인들은 우환의식(憂患意識)을 기조로 하고 있어서, 당대의 현실에 대한 우려감을 지니고 그것을 구원할 의지라고 할까요. 사명감 같은 것을 지니고 있다고 봅니다. 그렇기 때문에 사실이나 사물에 대한 탐구에서도 용불용(用不用)의 문제와 독립된 진위론(眞僞論)이 그리 발달하지 않았던 것이죠. 이것은 일본에서 용불용(用不用)의 문제와 다소 동떨어진 진위론(眞僞論)이, 다시 말해 기술적인 의미에서의 진(眞)의 개념이 일찍 성립한 것과는 상당히 차이가 있는 듯합니다. 가령 명말 청초의 학자 모기령(毛奇齡)이란 인물을 어떻게 평가하느냐 하는 문제와 관련하여, 일본의 경우에는 그 사람에 대한 인간적인 비판을 떠나, 경학의 논리 자체를 검토하는 일이 있었으나, 조선 후기의 지식인은 의리론(義理論)의 관점을 굳게 지켜서 그 경학의 논리 자체를 진지하게 검토한 예가 적습니다.

**에도의 조닌 거주지 풍경**

다산 정약용 정도는 예외가 아닐까 생각되는군요. 이렇게 지식인의 사고패턴이 조선과 일본은 차이가 있었던 것입니다. 특히 일본에서는 죠닌[町人]의 위상이 높았는데, 그들은 기본적으로 용불용(用不用)의 관념을 떠나 자기가 좋아하는 것을 추구하고, 주자학적인 혹은 유교적인 의리론의 관념을 벗어날 수 있었던 것이 아닌가 합니다. 사회적으로 도덕적으로 쓸모가 있느냐 없느냐 하는 문제를 떠나서 진리 자체를 추구할 수 있는 여유, 사회적인 여지가 넓었다는 것이지요. 그런데 조선의 경우에는 우환의식이나 의리론을 벗어 던질 수가 없었습니다. 사대부들은 물론이고, 그들과 다른 계층인 양반 서얼들이나 하다못해 중인(中人)들도 의리론의 관념, 우환의식을 버릴 수 없었어요.

**조병한** 그것도 우열의 문제로는 평가할 수 없고, 말하자면 일본 쪽이 덜 이념적·도덕적이고 더 공리적(功利的)이라는 얘기인데…….

**김효명** 사대부의 우환의식(憂患意識)이라는 게?

**조병한** 천하에 대해서 도덕적인 책임이 있다는 것이지요. 이 세상이 망하면 내가 도덕적인 책임이 있으니까 죽음을 불사한다는 전통적인 유교 경세론(經世論)의 문화의식이죠. 근대적 민족의식과는 구별됩니다.

**심경호** 저 자신은 시대적으로 지식체계가 어떻게 변화하였는가에 주목하고 있습니다. 이를테면 소학(小學)이라고 하는 한학의 기초학이 경학(經學)과 사상을 성립시키는 지식체계의 조직 속에, 각 시대의 고민이 나타나 있다고 봅니다. 다시 말해 지식 담론 체계를 살펴야 지식인의 의식구조를 이해할 수 있지 않을까 생각합니다.

**이태진** 소학이 경학으로?

**심경호** 소학을 수신(修身) 과목으로 이해하고 있습니다만, 원래 한학(漢學) 속에서 소학은 경학(經學)을 떠받드는 하나의 기초학문이었지요. 언어학, 음운학, 문자학 이런 것들이죠. 전통적인 개념으로는 훈고학과 문헌학이 여기에 속할 것입니다. 우리 학문에서는 이것이 체계적인 형태로 전승하지는 않은 듯하지만, 그러나 퇴계나 다산의 경학은 나름대로 탄탄한 소학을 깔고 있고, 사실 소학을 기초로 경학을 구성할 수 있었습니다. 그런데 조선시대에는 이 소학을 기초로 경학을 구성하는 전체 지식체계가 의리학 속에서 매몰되어 버리고는 하였던 것이죠.

**이태진** 경학 얘기를 계속하시니까 18세기 경학의 특징을 하나의 공론 차원에서 얘기하는 게 좋을 것 같은데 …… 심 선생님, 아까 인물성동이론에 식상해서 경학의 비중이 높아진다고 말씀하셨지요. 그 사람들의 정치적·사회적인 의식이랄까 이런 게 보통 우리가 실학자들 범위에서는 이해할 수 있는데 그걸 넘어서면서 시대적인 특징을 보이는 게 있는지 궁금합니다. 문학에서도 『시경』을 중요시하고, 영조 같은 사람도 『시경』을 극찬하고 그러는데…….

## 18세기 경학(經學) 탐구의 의미

**심경호** 저는 경학에 대한 담론이 활발해진다는 것 자체가 사상의 상대화와 같은 의미를 지닌다고 보고 있습니다. 교학(教學) 체계에 대한 도전의 의미라고 보는 것이지요. 명나라 영락제(永樂帝)의 칙찬본(勅撰本)이었던 『사서삼경대전(四書三經大全)』을 세종 때 수입하여 각 도에서 분판해서 찍어낸 이후로, 대전본(大全本)은 경학이나 사상의 세계에서는 가장 권위 있는 교과서로 기능하였습니다. 그런데 그 교조적 특성을 부정하는 일이, 17세기에 들어와 『시경』에 대한 연구에서 일어나게 되는 것이죠.

『시경』시편의 작가라든가 주제와 관련한 논의도 있고 다소 시시콜콜하게 물명(物名)이나 글자를 따지는 논증도 있습니다만, 그러한 담론 자체가 지닌 의미는 매우 크다고 생각합니다. 대전본(大全本)이 담지하고 있는 주자학적인 패러다임을 깰 수 있는 구조가 그 안에서 일어났다고 할 수 있거든요. 어쩌면 논의자 자신도 알지 못하는 사이에 회의(懷疑)의 정신이 스며 나오게 되었다고도 말할 수 있습니다. 박세당(朴世堂)이 『사변록(思辨錄)』을 통해서 회의의 정신을 드러내었을 때, 그 중심에 놓여 있었던 것이 바로 『시경』에 관한 사변이었지요. 주자학을 상대화할 수 있는 관점이 『시경』, 특히 〈국풍〉에 대한 논의에서 자연스럽게 제시된 것이라고 할 수 있습니다. 그 다음에 일부 지식인들은 『상서(尙書)』의 공부에서도 금문(今文)과 고금(古文)의 문제를 논하면서, 이제까지 완결된 구조를 지니고 있다고 믿어 왔던 경(經)의 세계에 단층이 있다는 사실을 발견하게 되었던 것이죠. 경(經)의 세계 안에 일그러진 부분이 있다는 사실을 발견하게 되면서, 지식인들은 경학에 대해 더욱 본격적인 논의를 하게 된 것입니다. 그런데 경학론은 일차적으로는 경학 내부의 담론이었지만, 18세기에 들어와서는 경(經)을 본격적으로 논하는 과정에서 현실 정치와 정치의 이념을 유비적(類比的)으로 논하게 되고,

**『사변록』**
박세당 편저. 규장각 도서.

나아가 덕(德)의 문제, 지식 체계의 문제를 심각하게 논하게 되었다고 봅니다. 그것이 지속되지 못한 채, 19세기에 가서는 경화(硬化)되는 느낌이 듭니다. 정조가 규장각(奎章閣)의 초계문신(抄啓文臣) 제도를 통해서 경학을 논하였던 것은 본래 사상의 상대화 경향을 통제하려는 의미가 있지 않았나 합니다. 그것은 경학의 논의 결과를 모은 여러 경서(經書) 강의(講義)의 결과물을 보면, 대전본(大全本)을 기초로 한 경학설과는 이질적인 '모나고 특이한' 답안은 부드럽게 고쳐서 실은 사실에서도 잘 나타납니다. 그런데 경학 강의에 참여하였던 지식인들 가운데는 이미 대전본 중심의 경학 세계에 안주하지 않고 그것을 회의하고 새로운 대안을 모색한 분들이 있었거든요. 정책적으로는 조화의 세계를 지향하지만, 경학의 세계는 결코 균질적이고 정합적인 것이 아니라는 사실을 자각하였던 것이지요.

또 경학을 논할 때에도 기존에는 주로 의리론의 관

념을 우선하였으나, 17, 18세기에 들어와서 경학의 세계를 심층적으로 이해하려고 하다가 보니까 소학, 즉 한학 기초학을 발달하게 하지 않을 수 없게 되었어요. 훈고학이라든가 문헌학이라든가 하는 것이 '자생적으로'라고 할까요, '조선식으로'라고 할까요, 독특한 모습을 띠게 된 것이지요. 고증학으로부터 직접 영향을 받지 않고도 말입니다. 그러한 것이 과연 체계를 이룰 수 있었느냐 그렇지 못했느냐 하는 것이 문제가 되겠지요. 19세기에 들어서면, 그것이 의리론의 수면 밑에서 움직일 뿐이지, 독자적인 학문 형태로 발전하지는 못한 면이 있는 것도 같습니다. 일본의 예를 보면, 한문(漢文)이라는 것을 외국어로 생각했기 때문에 훈독의 기술을 발달하게 하고 허자(虛字)에 대한 연구 등 어법, 수사법에 대한 연구를 심화하지 않았습니까? 일본의

오규 소라이 초상

경학자인 이토 진사이[伊藤仁齋]나 오규 소라이[荻生徂徠] 같은 사람들은 그들 자신이 한문의 어법, 허자도 연구를 했거든요. 한문은 일본어와 품사가 다르고 언어구조가 다르니까, 경전의 세계를 기존 학설에 의하지 않고 직접 스스로 연구하기 위해서는 언어를 알아야겠다고 느꼈던 것이지요. 그런데 조선시대에는 비록 독자적인 소학의 전통이 있었고, 18세기에는 나름대로의 수준을 이루었지만, 이를테면 허자(虛字)에 대한 체계적인 연구

서 같은 것이 나오지 않았습니다. 소학이 부속적인 학문으로서만 존재하였던 것이지요.

거듭 말씀드리자면, 조선시대 지식인들에게 우환의식이 없으면 지식인이 아니었습니다. 의리의 문제를 괄호 속에 집어넣어 둘 수가 없었습니다. 심지어 문학에서도 자기 개성의 표현보다 사회적인 메시지 전달에 중점을 두었습니다. 문학 형식 자체의 실험은 제한된 범위 안에서만 이루어졌습니다.

**조병한** 그런데 중국 청대의 고증학을 검토해 보면 거기도 주자학이나 양명학에서 경학으로 전환합니다. 고증을 제대로 하려는 방법론을 찾다 보니까 중국은 언어·문자·훈고(訓詁) 같은 소학(小學)이 고도로 발달한 것이지요. 그 점에서는 수준이 일본보다 훨씬 높은데도 도덕주의 체계를 넘지 못한 한계가 있습니다. 문헌고증의 지식 방면에 너무 치중하다 보니까 고증학자들이 대부분 공자 말씀, 유교의 이념에 대해서 그것을 학문의 대전제로 인정하면서도 본격적으로 덤벼들어 탐구하지 않았습니다. 따라서 윤리 문제에 관해서는 주자학의 기득권에 타협해 버리지요. 처음에는 주자학과 싸우자고 선언하더니 18세기 고증학 전성기에 들어와서는 청조의 엄중한 문화 통제에 적응해 주자학의 윤리적 권위를 승인한 것입니다. 그러나 지식 면이나 정치·사회 면에서는 주자학의 역량이 워낙 빈곤하기 때문에 주자학을 넘어서는 연구가 여전히 필요할 수밖에 없었습니다. 표면상 청조 국가나 사대부체제의 안정 속에서 일종의 절충(折衷) 또는 회통(會通)이란 말로 대표하는 문화적 융합 현상이 지배적이 됩니다. 왜 그렇게 됐느냐? 일본보다 더 수준 높은 학문체계를 갖고 있으면서도 이 학문이 일본처럼 다원화될 가능성이 억제되는 느낌이 드는데 그 원인이 뭐냐? 제 생각으로는, 그 당시 지배층이 사대부인 조선과 중국에서 군주와 사대부 중 누가 주도권을 잡던 간에(중국 같은 경우는 군주권이 강하지만), 국가권력의 문화 통제가 너무나 강대하다는 정치적·사회적인 요인으로 인해 더 발달한 문화 수준을 갖고 있으면서도 문화의 현실적 적응이나 효용성이 끊임없이 제약을 받았다고 할 수 있어요.

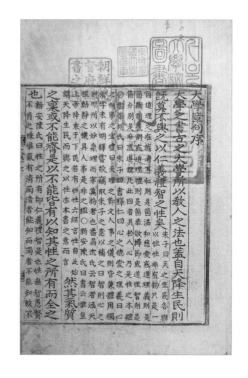

『대학』 첫 장

**금장태** 주자의 학풍이 조선사회에 정립한 이후 한편에서는 더욱 정밀하게 검토되기 시작하였지만 다른 한편에서는 주자학을 비판하는 반론이 나오기 시작합니다. 좀 전에 박세당(朴世堂)을 언급하셨는데 백호(白湖) 윤휴(尹鑴)도 주자학의 학문체계에 대한 비판적 인식을 제시했습니다. 이처럼 주자학에 대한 근본적 회의를 하면서도 주자를 벗어나기 위한 새로운 이론적 근거를 경전에서 찾아야 그 정당성을 확보할 수 있었지요. 왕양명도 『대학(大學)』을 재해석하면서 주자학에 대한 자기 입장을 밝혔던 것입니다. 18세기의 실학사상도 바로 이러한 처지에 있지 않았나 생각합니다. 예를 들어 다산이 주자의 틀을 비판하면서도 방대한 경전주석(經

典註釋) 체계를 구성하였지요. 바로 이 점에서 19세기에 최한기 (崔漢綺)로 오면 경전 자체로부터 벗어나려는 새로운 경향이 특징을 이루고 있습니다. 그런 면에서 경전 틀을 통해서 논의하는 사상체계에서는 주자를 찬성하든 주자를 극복하든 또 자기주장을 전개하든 간에 경전에 기반하고 있어야 하였던 시기가 바로 18세기까지가 아니었나 생각합니다. 19세기에 들어오면 경전의 기반 자체를 극복하고 경전에서 자유로운 사유체계가 제시하는 또 하나의 새로운 단계를 이루었던 것이 아니겠습니까.

**이태진** 결국은 심 선생님이 얘기하시는 것으로 보면, 경전에 대한 도전의 기운이 있었다는 얘기인데, 이게 어떻게 됩니까, 박세당이나 윤휴 같은 사람이 주자의 세계로 들어가려면 주자와 마찬가지로 경전을 직접 다루어야 한다는 얘기인데, 더 다른 세계를 추구하는 건 없었습니까?

**심경호** 아까 서양의 예를 말씀하셨을 때, 본래 이성의 문제를 논하게 된 것은 신의 세계를 완전하게 드러내려는 것이 목적이었으나 그것이 거꾸로 신의 세계와 인간의 세계를 분리하는 기능으로 나타났다고 하셨습니다. 그러한 예처럼 경학에 대한 논의도 양면성이라고 할까요, 예기치 못한 결과라고 할까요, 그러한 것이 있었다고 봅니다. 경(經)을 연구한 분들은 경(經)의 세계의 정합성을 증명하고자 하는 목적이었을 것입니다. 그런데 경(經) 자체를 연구하기 시작하다 보니까, 당시 경(經) 이해에서 직접적이자 가장 중요한 소의(所依) 근거였던 주자의 주석에 대하여 회의하게 되었고, 주자학의 체계 자체를 상대화하기에 이르렀던 것이지요. 그간에는 경(經)이라는 세계를 스스로 들여다보거나 해부해보지 못한 채 주자 학설을 소의(所依) 근거로 삼았던 것인데, 그러한 방법이 뒤집어지게 된 것이지요. 『사서삼경대전(四書三經大全)』이라는 소의 근거를 회의하기에 이르렀다는 것은 의식상의 큰 변화라고 말할 수 있습니다.

**이태진** 그러니까 경전에 대한 탐구를 계속하였더라면 삼대를 이상으로 하는 그런 복고형 이상도 재구성될 가능성도 있다는 얘기죠. 매우 중요한 문제인 것 같은데, 시간이 없어 더 얘기할 수가 없군요. 아까 얘기하다가 중단되었는데 서양의 계몽사상 · 혁명 · 정치체제 변동과 관련해서 동양 쪽은 이런 변혁과 달리 계속 전제군주체제를 지원하는 유교정치 사상이 강고했던 것으로 알고 있습니다. 이성주의의 결과이든 아니든 간에 서양에서는 군주제가 무너지고 입헌군주제 또는 공화정 등 새로운 정치체제를 수립한다는 것이 18세기의 중요한 성과라고 할 수 있습니다. 이에 대해서 좀 더 얘기를 해주시면 좋겠습니다. 이동렬 선생님 프랑스혁명과 계몽사상과의 관계를 설명해 주시겠습니까?


## 프랑스혁명의 지적 온상으로서 계몽사상

**이동렬** 계몽사상 자체가 혁명을 목표로 설정했거나, 계몽운동의 귀결로서 혁명을 예상했거나, 또는 혁명의 프로그램을 작성하거나 했던 것은 아닙니다. 그리고 대(大) 계몽사상가들, 예를 들어 몽테스키외·볼테르·루소·디드로 같은 사상가들이 혁명을 지지하거나 예상하거나 선동하지도 않았고, 또 그들은 프랑스같이 큰 규모의 나라에서 공화정이 이상적인 정치체제라고 생각하지도 않았습니다. 후세에 와서 계몽주의를 하나의 일관된 흐름으로 정리하는 경향이 있지만, 당대의 계몽주의운동이 일사불란한 하나의 단체를 형성했던 것도 아니었고, 각자 기질과 성격이 상이할 수밖에 없으며 또 입장과 주장에 편차를 보이게 마련인 다양한 사람들이 다양한 형태로 참여했던 것이 계몽주의운동이라고 할 수 있습니다. 따라서 계몽사상과 프랑스혁명의 관계는 간접적이고 우회적인 편이라고 보는 것이 오히려 타당할 것입니다. 혁명기에 로베스피에르 등 혁명가들이 계몽사상가들을 혁명의 선구자로 내세워 혁명과 계몽사상을 의도적으로 긴밀히 연결한 측면도 있다고 볼 수 있습니다. 그렇다 하더라도 계몽사상을 배제하고 프랑스혁명을 얘기할 수는 없을 것입니다. 계몽주의운동은 합리주의적 입장에서 불합리한 모든 요소를 공격했기 때문에 결국 구체제의 기반이 되었던 제반 모순을 드러냈고, 그것이 혁명으로 폭발하기에 이르렀던 것이죠. 지극히 당연한 얘기겠지만 계몽사상 전체가 프랑스혁명의 지적 온상이었다고 할 수 있을 것입니다.

**이태진** 유럽 전체의 상황에 대해서 어떤 분이 좀 얘기해주시겠습니까. 영국을 포함해서……

**정정호** 글쎄 영국은 잘 아시지만 입헌군주제가 진작 세워졌습니다. 찰스 1세는 올리버 크롬웰의 의회파 군대에 의해 1649년 단두대에서 죽음을 당했죠. 프랑스 같은 나라는 절대 왕정이었는데 영국에는 애초에 그런 게 없지 않았습니까? 소위 18세기 들어서기 직전 1660년 왕정복고시 찰스 1세의 아들이 프랑스에 오랜 기간 망명해 있다가 와서 찰스 2세로 등극했는데 이 왕은 파워가 거의 없었어요. 의회가 제공하는 예산으로 먹고 살았기 때문에 의회파한테 꼼짝 못했죠. 찰스 2세가 죽고 18세기의 시작이라고 볼 수 있는 1688년에 명예혁명이 일어났어요. 그래서 찰스 1세의 딸을 화란에서 데려다가 그 남편과 공동으로 왕 노릇을 하게 했는데 그 남편은 영어도 못했어요. 이렇게 정치사적으로 볼 때 영국에서는 처음부터 프랑스식의 절대군주제가 불가능했다고 할 수 있습니다.

**이태진** 미리 해결해 놓고 있는 건가요?

**정정호** 처음부터 길이 프랑스하고는 완전히 달랐다고 말할 수 있겠지요.

**이태진** 김 선생님 좀 얘기해주시지요.

**김영한** 제가 질문의 요지를 잘 모르겠는데 계몽주의하고 절대군주가 어떤 관계에 있느냐를 물으신 겁니까?

**이태진** 예, 18세기 사조(思潮)하고……

**김영한** 제가 보기에는 그 관계에 대한 논의는 지난번에 거의 다 되었다고 믿습니다. 여기서는 바로 동양 전제군주하고 서양 절대군주의 차이점이나 공통점을 얘기하는 것이 좋지 않을까요?

**이태진**  그 얘기를 하기 위해 필요한 정도만……

## 동서양 군주정의 차이점과 공통점

**김영한**  그 당시 서양의 절대군주라고 하면 프랑스의 루이 14세를 전형적인 예로 들고 있습니다. 영국·미국·오스트리아 등의 정치 형태가 다양하기 때문에 일반화하기 어렵지만 절대군주의 전형을 루이 14세로 잡을 때 우선 가장 큰 특징은 왕권의 강화와 왕권신수설(王權神授說)의 신봉이라고 하겠습니다. 두 번째는 중앙집권적 국민국가의 건설을 들 수 있습니다. 세 번째는 중앙집권적 국가를 유지하기 위해서 관료제도를 채택하고 상비군(常備軍)을 설치하였다는 점입니다. 네 번째는 아직까지는 왕조적 이해관계와 국가적 이해관계가 분명하게 분화하지 않았다는 것입니다. 이러한 것들이 중세의 봉건군주와 비교해서 절대군주가 가지고 있는 특징이라고 볼 수 있습니다. 그 당시 절대군주정을 지지했던 보쉐(Bousset)의 주장에 의하면 군주권은 신성불가침하며 절대적이고 가부장적이라고 평하고 있습니다. 그럼에도 불구하고 또 하나의 특징은 군주들이 이성에 복종해야 한다는 것입니다. 이러한 점 때문에 서양에서는 절대군주를 전제군주 특히 동양의 전제군주와는 다르다고 주장합니다. 과연 전제군주와 절대군주가 어떻게 다른지 중국의 천자(天子)나 한국의 왕(王)과는 어떻게 차이가 있는지 비교해 보는 것이 좋을 것 같습니다.

**이태진** 앞의 절대군주는 영어로 하면 앱설루트(absolute)고 전제군주는 데스포트(despot) 아니에요?

**김영한** 데스포트라고도 하고 타이어런트(tyrant)라고도 하지요.

**이태진** 동양 군주는 다 타이어런트인가요? 예, 알겠습니다. 전제군주 개념도 동원해야 할 것 같습니다. 전제군주, 즉 앱설루트 모나크(Absolute monarch)를 기준으로 삼아 비교해야겠습니다. 중국의 경우는 지난번 1차 좌담회 때 조 선생님 얘기를 들으니까 한국 경우하고 유사한 점도 있고 크게 다른 점도 있었던 것 같았습니다. 중국 경우는 전제군주, 즉 데스포트(despot)에 가까운 면모를 발휘하는 경우가 많은 것 같았어요. 조선은 18세기 영조·정조를 기준으로 하면 적어도 앱설루트 모나크(Absolute monarch)에 더 가깝고, 지적인 통치 지향을 고려하면 계몽절대군주(Enlighted monarch)에 가까워지지요. 그런데 문제는 지향성인데, 서양 계몽군주는 시장경제 지향적이면서 근대적 국가 운영조직의 특징을 보이고, 우리 쪽은 시장경제가 성립해 가고 있다 하더라도 정도가 상대적으로 약하고, 또 관료조직이 신흥 세력을 탈신분적인 차원에서 흡수했느냐 안 했느냐는 문제가 남습니다. 그런데 정조대를 기준으로 하면, 능력주의는 상당히 추구하고 있으면서도 전통적인 양반신분들을 중심으로 관료군이 형성되는 것은 바뀌지 않았습니다. 그러나 언제까지나 거기에 안주하려고 했던 것은 아닌 것 같아요. 정조는 신분에 구애 없이 각지의 능력 있는 지식인들을 관료예비군으로 흡수하려고 준비작업을 한 사실이 확인됩니다. 조선 후기에는 언제부터인가 과거시험도 대단히 문란해졌는데 이를 극복하기 위해 정조는 소과(小科)제도 정비를 서둘러서 팔도에 돌아가면서 한 번씩 빈흥과(賓興科)라고 불린 모범적인 소과시험제도를 실시합니다. 절대평가를 해서 합격한 자와 그 답안지를 책으로 묶은 자료가 규장각에 남아 있는데, 합격자 명단에 이전의 방목(榜目)과는 달리 사조(四祖) 표시가 없어요. 빈흥과는 왕이 직접 주관해 규장각신(奎章閣臣)을 해당지역에 보내 시험을 실시하고 답안지를 받아 서울로 가져 와서 채점을 마친 다음 국왕이 친람(親覽)을 한 다음 공포(公布)를 할 정도로 열정을 쏟았습니다. 사조 표시를 하지 않은 것은 신흥 양반층 가운데 지식인화한 사람들을 앞으로 신분에 구애 없이 관료로 흡수하겠다는 의지를 보인 것으로 해석됩니다. 정조가 죽고 난 다음 거센 반동으로 세도정치가 등장하는 것도 이런 개혁성을 보고 경계해서라고 할 수 있을 것 같습니다.

**김영한** 그러니까 프랑스혁명 후의 나폴레옹 집권과 같다는 것이지요?

**이태진** 잘 모르겠어요. 어쨌든 정치의식상으로는 뭔가 새로운 지향을 확실히 보이고 있는데 모든 것이 뒷받침이 되지 못했다는 것, 또 그 뒤에 비슷한 왕이 10년 안에 한 번 나왔으면 좋았을 텐데 그렇지 못했지요. 대강 흐름은 이렇습니다.

**이동렬** 지금 이 선생님 말씀을 들으니까 정조 같은 왕은 서양의 계몽전제군주와 상당히 비슷하다는 인상을 줍니다.

**이태진** 그런가요?

**조병한** 그런데 서양의 절대군주 루이 14세하고 중국 청조의 강희제(康熙帝)가 같은 시대라는 것이 상호 비교에서 흥미를 끌거든요.


## 정조(正祖), 강희제, 루이 14세

**이동렬** 루이 14세는 1643년부터 1715년까지 72년간의 긴 재위기간을 갖는 왕이죠.

**조병한** 거의 비슷한 시기에 강력한 군주가 구대륙의 양쪽에 등장해 가지고 그 사이에 예수회 선교사들이 왔다 갔다 하면서 동서 문명의 정보 교류가 있었습니다. 그때는 17세기 말 18세기 초로서 계몽주의시대에 접근했던 시기가 아닙니까. 그래서 서양 사람들이 중국의 전제군주를 어떻게 봤을까 하는 것이 상당히 재미있는 점이지요.

**이태진** 그렇긴 한데 루이 14세는 사실 계몽성보다는 전제성이 더 강한 것 아닙니까?

**이동렬** 그렇죠, 프랑스 계몽주의가 제대로 피어나기 시작한 것도 루이 14세가 죽은 1715년 이후라고 할 수 있으니까요. 루이 14세가 재위하는 동안은 소위 앙시엥 레짐이 탄탄한 인상을 주죠. 앙시엥 레짐의 양대 지주인 종교와 왕정이 요동하지

강희제(左), 정조(中), 루이 14세(右)

않는 인상을 주는 기간이 루이 14세의 재위기간이죠. 그런 절대 권위의 군주가 죽으면서부터 좀 자유로운 분위기가 싹트고, 그래서 17세기 말부터 발아하기 시작했던 계몽주의가 그 후에 본격적으로 꽃피게 되는 것이죠.

**조병한** 볼테르처럼 강희제를 계몽군주로 파악하는 사람이 있어요. 그런데 몽테스키외는 같은 군주를 동양식 전제군주의 대표라고 하거든요.

**이동렬** 『법의 정신』에서 몽테스키외는 정치체제를 공화정·왕정·전제정, 이렇게 세 가지로 분류하고 있습니다. 그리고 각각 그 정치체제가 존립하는 원칙을 구분해서, 공화정을 지탱하는 원리는 덕성, 왕정을 지탱하는 원리는 명예심, 전제정을 지탱하는 원리는 공포심이라고 보고 있죠. 개별 국가의 체제에 대한 상세한 별도의 분석 없이 몽테스키외는 대체로 동양의 정치체제를 전제정(專制政)으로 파악하고 있습니다.

**조병한** 그런데 전제정이라고 할 때 동양의 경우는 상당히 복잡해집니다. 전제군주가 내세우는 게 덕치(德治)이고 그러한 군주는 성인(聖人)으로 주장됩니다. 그런데 그는 왕권신수설 비슷하게 천명(天命)을 받았다고 하는데, 그 근거로 내세운 군주의 덕치라는 것이 서구식 법치(法治)와는 대립하거든요. 덕치가 결국 인치(人治)가 되는데, 그 인치가 공포정치인가 하면 반드시 그렇지는 않거든요. 어느 중국계 미국 학자가 쓴 명 말기 황제의 일상에 관한 글을 보니까 유교적 도덕 체계에 따라 황제가 지켜야 할 예(禮)가 얼마나 복잡하던지 1년 내내 편하게 쉴 날이 없어요. 그러니까 황제가 엄청나게 예(禮)라고 하는 것에 속박을 받고 있지요. 그러면서도 왜 전제정치라고 하냐면, 바로 이 황제가 기본적인 일상 예법을 지키더라도 방대한 정사(政事)에 대해 궁극적으로 황제의 인치를 제한할 만한 법은 없었거든요. 중국에서 법은 황제의 전제를 위한 도구이지 황제를 제약하는 장치는 아니었습니다. 서양의 절대군주가 이성의 제약을 받는다고 했는데 동양 군주도 예법·윤리의 제약을 받는다고 말할 수는 있지요. 그러나 그때 말하는 예라는 것도 도덕이자 법적인 양면이 있는데, 그것이 서구의 이성이나 법치와는 어딘가 다른 것 같아요. 동양 군주 가운데 아주 취약한 군주가 많았지만 강력한 군주는 매우 전제적이어서, 그러한 전형적인 전제군주상이라고 할 만한 인물로서 명태조(明太祖) 주원장(朱元璋)이나 청(淸)의 옹정제(雍正帝) 등을 곧잘 거론합니다. 그러고 보면 동양적 전제정치란 상당히 복잡한 문제입니다.

**이동렬** 서양 사람들이 동양식 전제군주, 즉 공포심에 기반해서 폭압적인 통치를 하는 전제군주상을 떠올릴 때는 일반적으로 페르시아 등 중동 지역의 군주상을 연상하는 게 아닌가 싶습니다. 몽테스키외의 소설 『페르시아인의 편지』에도 그렇게 되어 있습니다. 지금 말씀하신 대로 중국의 군주들은 상당히 성격이 다양한 것 같고, 유럽의 계몽사상가들 가운데도 현명하고 덕성스런 군주상으로 중국의 황제를 모범으로 내세우는 볼테르 등 입장 차이가 있는 것 같습니다.

**조병한** 그런데 법이라고 하는 것이 유교적인 도덕을 집행하는 하나의 수단으로서 형벌수단일 뿐이었고, 그래서 중국에서는 춘추(春秋) 말 이래 형법(刑法), 즉 공법(公法)만 잔뜩 발달합니다. 그런데 황제권을 궁극적으로 제약할 헌법이라든가 민간 사회의 권리를 보장해 주는 민법이나 상법, 즉 사법(私法)은 발달하지 않았거든요. 이것들이 있어도 전부 형법체계 안에 내포해 있다는 것입니다. 그래서 동양 전제군주라는 것이, 중국의 경우에는 한편으로는 이상적인 면에서 덕치적인 성인(聖人)으로서 공포심에만 꼭 기반을 두지 않는 그런 군주상인데, 그 이면에서 보면 그 군주의 권위를 어떻게 활용하느냐에 따라서 굉장한 공포정치도 할 수 있는 존재라는 것이지요.

**이태진** 중국 쪽의 상황에 대해서는 조 선생님한테 1차 좌담회에서도 들었지만, 전반적으로 한국과 비교해 유사점도 많고 차이점도 많은 것 같습니다. 기본적으로는 정치체제 규모의 차이에서 오는 것이 있을 수 있다고 생각하였습니다. 전제권을 발동할 때 넓은 영역을 통치하려면 굉장한 강도를 필요로 하는 면이 있지 않겠나 싶은데, 우리나라는 좁은 지역조건에서 그런 강대한 권력은 오히려 용납이 안 될 수 있거든요. 권력의 균형 면에서 18세기 한국 유교정치는 전제권을 지향했지만, 특유의 문치적(文治的) 통치의 특성 발휘로 같은 시기 유럽의 계몽전제 군주정과 비교하기에 좋은 모델이 될 수 있지 않나 하는 생각을 가지고 있습니다. 지금까지 얘기했던 것 외에 경제적 기반에 관한 것도 그렇습니다. 조선 후기사를 얘기하면 흔히 18세기에 상공업이 발달한다, 시장이 발달한다는 등의 얘기를 합니다. 유럽과 비교할 정도의 것은 못되지만 그런 변화가 있었던 것은 사실입니다. 그 가운데 핵심적인 문제로 육의전(六矣廛)의 성립을 주목할 필요가 있습니다. 지금까지 교과서에서는 이것을 전근대의 특권상인이라고 했지만, 최근의 연구성과에 의하면 숙종 때 탕평정치(蕩平政治) 차원에서 시전(市廛) 정비를 하면서 유럽에서 특정한 부르주아 상인들에게 국왕이 특권을 부여하듯이 왕실과 왕이 요구하는 공적인 일에 봉사하는 조건으로 특권을 받은 시전이라는 것으로 판명되었습니다. 인조반정 이래 붕당정치를 배경으로 당파의 주도 아래 개별적으로 서울과 경기 일원에 하나씩 세워졌던 군영(軍營, Military Camp)들을 5군영체제로 정비하는 것과 같은 것이었습니다. 중국과의 교역에서도 정조 때 오면 발상의 전환이 나타납니다. 종래에는 중국 사행(中國使行) 가는 데 필요한 경비를 군영과 같은 각 기관에서 확보하고 있던 은을 대부해 주고 이것을 가지고 가서 수행한 군관(軍官)들(실제는 상인)이 중간 중간 거래에 활용해 이득을 남겨 그것으로 경비에 충당한 다음 돌아와서 원금을 회수하게 했는데, 그럴 것 없이 사행시 상인들의 동행을 양성화해서 상세(商稅)를 받도록 하고, 사행비를 세금에서 마련토록 하자는 것입니다. 18세기 동아시아 제국은 일국(一國) 경제에서는 이전과 다르게 활발한 발달상을 보인 것이 사실입니다만, 문제는 유럽하고 달리 국제교역이 활성화하지 못한 데 있습니다. 그 이유는, 중국이 조공책봉(朝貢冊封)체제를 고수하여 밀 무역 형태로 진행되고 있는 사무역(私貿易)의 성행을 양성화하지 않은 데 있습니다. 이에 제동이 걸려 동아시아 경제는 도약을 하지 못합니다. 서양에서 말하는 신흥 부르주아층의 성장을 수반하였던 자본 축적이 되지 못했던 것입니다.

**김영한** 국제관계로 인해 상인이 출현하지 못했다는 측면도 있지만 비교라고 하는 것은 어떤 유형을 갖다 놓더라도 다 비교가 될 수 있습니다. 예를 들면 계몽군주와 영·정조, 영·정조와 중국 고대의 개혁적인 군주를 비교해도 유사성을 찾을 수 있다는 것입니다. 그래서 역사에서 중요한 것은 그 당시의 구체적 상황과 배경인 것 같습니다. 서양 절대군주와 동양 전제군주의 차이를 개념만으로는 설명하는 것은 안 될 것 같아요. 예컨대 중국 천자의 권한과 프랑스 루이 14세의 권한 중 어느 쪽이 더 강했느냐 하는 것은 쉽게 해결이 안 날 것입니다. 결국은 역사적인 배경인데 서양은 절대군주가 성립되기 전까지 봉건체제였습니다. 봉건제도 하에서는 국왕과 봉신(封臣)이 거의 대등한 관계였다고 하겠습니다. 대등한 관계에 있다가 한쪽에서 일방적으로 힘을 행사하여 억누르는 경우와 기본적으로 군신관계를 유지해 온 상태에서 권력을 강화하는 경우와는 차이가 있다고 봅니다. 예를 들면, 죽으라고 하면 칼을 빼들고 도전하는 서양과 사약(賜藥)을 받고도 왕이 있는 곳을 향해 절을 하는 우리나라 사이에는 확실히 다른 점이 있습니다. 이러한 풍토이기 때문에 서양에서는 부르주아 계급이 대두하여 왕과의 결탁이 가능해집니다. 귀족들은 군주들과 경쟁관계에 있으므로 자연히 군주와 부르주아 계급 간의 제휴가 쉽게 이루어질 수 있습니다. 그리고 부르주아 자체가 동양의 상인이나 도시민과 비교할 때 그 성격이 다릅니다. 서양의 도시민은 그들의 자치권을 무력으로 쟁취하거나 아니면 돈을 주고 매수하였습니다. 따라서 부르주아는 자립심과 독립심이 매우 강합니다. 이 점에서 서양과 동양의 상인 계층이 갖고 있는 가치관과 의식구조가 다를 수 있습니다. 그렇다고 해서 양자의 관계를 적극적으로 파악하려는 태도에 대해 결코 부정하려는 것은 아니지만 그와 같은 점을 유념할 필요가 있다고 생각합니다.

**이태진** 시간이 너무 멀 때는 비교하는 것을 조심해야 하겠지요. 그러나 같은 시기일 때, 또 같은 시간대의 사회 변동, 역사 변동만이 가지는 보편적(공통적) 요소들이 있을 수 있지 않을까요. 근본 바탕에서 차이가 있더라도 그런 점은 역사가 나아가는 동일한 시류(時流)로서 비교해 볼 만하지 않을까요?

**김영한** 아니, 전 그게 위험하다고 봅니다. 박정희의 정치체제나 강희제의 정치체제를 비교하면 결국 독재자의 유사성과 공통성이 많이 나온다는 것입니다. 그러므로 당시 사회적인 맥락이나 정치적 분위기를 배제하면 비교가 잘 안 된다는 것입니다.

**이태진** 제가 얘기하는 건 18세기 상황에서 시대적 한계를 극복해 나가는 의지와 능력의 레벨을 주목해 보자는 것입니다.

**김영한** 저도 그것은 긍정적으로 인정합니다. 그러나 단순하게 동서양이 비슷하다는 것으로 몰고 가는 것에 대해서는 우려가 됩니다.

**이태진** 그건 아니고…….

**심경호** 갑자기 생각이 났는데 지식 풍토랄까 지식인의 위상이라는 측면에서 중국과 조선의 차이점과 관련하여, 노신(魯迅)의 글 「매소학대전기(買小學大全記)」를 보면 건륭제(乾隆帝)가 윤가전(尹嘉銓)을 교살한 이야기가 나옵니다. 윤가전이란 인물은 본래 건륭제와 동갑이고 학문이 높다고 해서 황제의 총애를 받았으나, 자신을 완전한 도학자로서 인정받으려고 했기 때문에 교살당하였다는 것이 노신의 말입니다. 노신은 『청조문자옥당(淸朝文字獄檔)』에 수록된 건륭제의 글과 그의 처벌을 요구하는 청조 신하의 상주문(上奏文)을 토대로, 윤가전이란 인물이 실은 실학(道學)을 빌어 세상을 기만한 인물이었다고 폭로하였습니다. 즉 노신은 '5·4 운동' 시대에 자신이 선봉장이 되어 추진하였던 반국수(反國粹)·반봉건(反封建) 사상을 한 걸음 더 진전하게 하고, 당시까지 남아있다고 여긴 중국인의 '노예근성'을 통박하여 무산(無産)계급의 문화를 발양한다는 목적에서 이 글을 썼죠. 그런데 윤가전이란 인물이 교살당한 죄목이란 것이 어이가 없어요. 윤가전은 일생 도학 창달을 위해 분투하였고, 기적(旗籍)의 자제들에게도 『소학』을 읽힐 것을 상주하여 지당하다는 주필(朱筆)을 받았던 인물입니다. 그런데 벼슬을 그만두고 고향에 돌아가 있다가 건륭제의 순행 때, 아들을 시켜 상주문을 올려 자기 부친에게 시호를 내려달라고 청하고 다시 청초의 여러 학자들을 공자묘에 합사(合祀)해 달라고 청하였던 것인데, 뜻밖에도 건륭제는 노발대발하여 '광폐(狂吠)를 저지르다니 용서할 수 없다'고 하였어요. 건륭제는 상당히 머리를 짜내어 윤가전의 추행을 나열하였는데, 거기에는 그의 아내가 쉰 살 넘은 처녀에게 첩살이를 권유한 일도 윤가전의 파렴치한 행동이 원인이라고 했습니다. 윤가전의 문자옥(文字獄)이 지닌 역사적 함의에 대하여 노신은, 윤가전이 명유(名儒)로 자임한 위에 또 명신(名臣)의 합사를 청원한 사실이 청 왕조의 정책에 위배된 때문이라고 하였습니다. 즉 청 왕조는 주자를 존숭하였으나, 존숭에만 그쳤지 그대로 흉내 내는 것은 허용하지 않았다는 것입니다. 왜냐하면 흉내를 내게 되면 학문을 강론하게 되고 그러면 그로부터 학설이 나오게 되고 문도(門徒)가 나오며 파벌이 생겨나 싸움이 일어나게 될 것을 우려하였고, 명유를 관리로 삼게 되면 걸핏하면 명신(名臣)으로 자임하여 함부로 존대(尊大)하게 되지 않을까 꺼려하였다는 것이죠. 건륭제는 그 자신이 영주(英主)이자 명군(名君)이었으므로, 그의 통치 아래에 간신(奸臣)이라고는 있을 수 없고, 특별히 악한 간신이 없기 때문에 특별히 선량한 명신도 없는 셈이어서, 유학자들은 모두 그저 노예들뿐이었다는 것입니다. 재미있는 건, 이 윤가전이란 인물이 『열하일기(熱河日記)』에 나옵니다. 연암은 윤가전이 교살(絞殺)되기 한 해 전 그를 열하에서 만났어요. 윤가전은 건륭제가 열하까지 초대할 정도로 아주 신임을 받은 사람이었지만 결국 도학자를 자처하다가 교살당한 것인데요, 그걸 두고서 노신은, 이민족(異民族) 지배의 청 왕조에서는 근본적으로 주자학자, 도학자의 이상은 실재할 수 없다고 본 것이었어요. 청 왕조 하에서의 한족(漢族) 도학자는 결국 노예에 불과하다는 것이 노신의 생각이었지요. 조선시대에는 산림(山林) 학자들이 주자학의 근본정신에 비춰 성인(聖人)의 반열에 오를 수 있는 가능성이 있었던 셈이고 명신(名臣)의 존재야말로 현실정치에서나 유가적 세계의 온존을 위해서 요청하였던 것이지만 중국 특히 청 왕조의 전제정치 구조에서는 지식인에 대해서 그러한 가능성을 애당초 배제하였다는 것이죠.

## 법치(法治)와 덕치(德治)

**이태진** 중국에서의 법치(法治)는 어떻습니까. 우리는 15세기에 『경국대전(經國大典)』이 만들어졌고, 18세기 탕평군주(蕩平君主)시대에 대대적인 법전 정비사업을 탕평군주정의 본령의 하나로 추구하여 전근대(前近代)에도 법치주의 전통이 있다고 말할 수 있는데.

**조병한** 중국도 법의 전통이 춘추전국(春秋戰國)시대부터 내려오는데 적어도 형법(刑法)에 관한 한 고도로 발달해 있었습니다. 제가 아까 말씀드린 것은 법이 발달하지 않았다는 것이 아니라 법의 집행에서 독립된 민간법이 발달하지 않고 민법이나 상법이 형법 안에 들어있다는 것이지요. 그리고 국가의 헌법 기능을 법이 아니라 예(禮)가 맡았다는 사실이죠. 유교 도덕이, 제가 볼 때는, 역사적으로 형법의 공포와 결합되는 경우, 동양 군주정치가 서양에서 파악하는 그런 공포정치로서의 동양적 전제정치하고 공통성이 있다고 생각합니다. 다만 중국의 유교적 전제정은 세계 전제정치 중에서는 최고로 세련된 이념과 제도를 발전하게 했다는 것입니다. 2천 년 이상의 역사를 거쳤거든요. 유교의 덕치라는 게 보통 고매한 이상이 아니지요. 결국은 보기에 따라서는 참으로 미묘한 복잡성이 있습니다. 예를 들어 중국의 전제군주가 그렇게 강력하다고 하면서도 지방으로 내려가면 백성에 관한 지배가 굉장히 느슨합니다. 황제가 그렇게 강력할 수 있는 것은 관료제를 그가 완전히 움켜쥐고 있다는 것인데요, 중국 관료들은 우리나라의 양반처럼 정치 세력이 강하지를 못합니다. 국가제도의 상층부인 관료제 내에서는 귀족·군벌을 제거하여 황제가 실제로 법률적으로나 제도상으로나 완전한 전제군주였지요. 전제군주의 권력과 연결된 덕치라는 것은 전제정을 실현하는 데서 아주 세련된 장치로 기능한다고 생각돼요. 그런데 지역사회에 가면 지배가 느슨하기 때문에 신사(紳士)라고 하는 특권층이 지역의 통치를 절반쯤은 지방관들하고 나눠 갖고 있었던 셈이지요. 그래서 20세기에 손문(孫文)이 청조를 공격할 때는 '중국에는 자유가 하나도 없으니 전제정치를 타도하자' 이렇게 주장하면서 혁명을 했지만, 청이 망한 다음 중화민국(中華民國)이 군벌들의 내란과 외국의 침략 때문에 완전히 분열하여 통일된 국민국가의 건설이 절박해지자 중국 사람은 너무나 자유가 많아 흩어진 모래와 같다고 하면서 단결을 호소했던 것입니다. 보기에 따라 어느 때는 중국 민중이 자유가 전혀 없다고 했다가 또 어느 때는 중국만큼 자유가 많은 민중이 없다고 했으니, 결국 상층부의 국가구조를 놓고 보면 권력이 전근대 세계에 유례가 없을 정도로 집중되어 있지요. 그러나 광대한 각 지역사회로 내려가면 그 지방의 엘리트에게 국가의 통치에 협력하게끔 상당한 자치권을 부여하고 있었다는 사실이 주목됩니다. 그런 면에서도 양면적이어서 단순하게 얘기하기가 힘들지요.

**이동렬** 동서양의 군주 상을 비교해보면 권력의 크기라든지 권력에 의한 지배 양상에 있어서는 상당한 유사성을 볼 수 있다 하더라도, 동양의 군주들이 더 인격화되어 있는 반면에, 서양의 군주들은 권력이 아무리 큰 군주라도 개인적인 숭배는 덜 했던 듯한 인상을 줍니다. 아까 김 선생님이 말씀하셨지만 프랑스의 왕은 그 연원이 다수의 정복자 무사들 가운데 한 사람으로서, 봉건시대에는 다수의 봉건영주들 가운데 일인자라는 성격이 강했던 것으로 보입니다. 그래서 유럽에서는 프랑스가 대단히 빨리 중앙집권화가 된 편인데도 중국에 비하면 아주 늦다고 할 수 있습니다. 루이 14세만 해도 어렸을 때는 귀족 세력에게 쫓겨 다니고 할 정도로 왕권이 취약했고, 왕 개인의 권위가 약했던 것 같습니다.

**조병한** 아까 17세기의 동림당이나 각종 문사 같은 사대부 결사(結社)의 공론 얘기가 나왔는데, 공론은 결국 전제정과 공존하면서 이를 견제하는 사대부의 공론이거든요, 이 공론의 대표자들이 실학자가 됐을 때 군주권을 제약하는 것을 제일의 원칙으로 삼고 있지요. 황종희(黃宗羲)가 군주의 전제권을 제약하자고 주장했을 때 그것을 법으로 제약한다는 말이 나옵니다. 근대가 오기 전 중국에는 차라리 장자(莊子) 계통의 무군론(無君論)은 드물게 있어도 전제를 반대하는 법치론은 없었거든요. 그래서 그 사람이 상당히 주목을 받게 되었는데, 역사상 군주의 전제권력에 대해 사대부들이 이를 제약하려고 할 때 항의하는 방식은 도덕이나 예(禮)를 가지고 대항하는 것이 전부였거든요. 그러다가 탄압받기도 하고 군주가 유약할 때는 당파싸움이 돼버리고 ……. 결국 하나의 제도적인 장치를 가지고 예가 아닌 법과 같은 수준에서 군주권을 제약한다면, 이것이 근대성이 아니냐 그래서 주목을 받았던 셈이지요. 예를 들어 서양의 절대 군주가 절대권을 행사했다고 하는데 이 사람들을 제약하는 방법은 어떤 것이냐, 중국의 경우하고는 어느 정도 틀리느냐, 이것이 저에게는 상당히 관심이 가는 문제입니다.

**김영한** 서양은 의회가 규제를 합니다.

# 서민, 시민, 국민

**이태진**  속도를 조금 내야겠습니다. 다음 논제로 넘어가겠습니다. 18, 19세기 서양은 절대군주제든 공화정이든 간에 그걸 토대로 국가가 표시됩니다. 그 속에서 근대적 국민의 형성, 애국주의 이런 것이 바탕을 만들어 간다는 얘기가 지난번에 나온 걸로 압니다. 이것이 서민사회의 형성과 연관이 될 텐데요 다 뭉뚱그려서 얘기해 보도록 하겠습니다. 한국을 포함한 동양권에서는 적어도 중국하고 우리의 경우, 서민사회를 18세기에 하나의 성장결과로 많이 얘기해 왔습니다. 구체적으로 소민(小民)도 왕정에서 대접을 받는, 왕정의 직접적 관심의 대상이 되는 변화가 생깁니다. 18세기 이후 백성의 고충이라는 뜻으로 민은(民隱)이라는 말이 많이 쓰입니다. 그리고 민은을 해결해주는 통로, 적극적인 방법으로 왕이 상언격쟁(上言擊錚)을 직접 받는 형태가 나타납니다. 상언이란 평민 상소에 해당하고, 격쟁은 문서를 만들 수 없는 사람이 징이나 꽹과리를 두드려 왕에게 말할 기회를 얻는 것입니다. 과거에는 같은 제도가 있어도 특정한 일에 한정해 허용하였는데 영·정조 시대에는 그런 제한을 철폐했습니다. 이런 변화는 한국식 계몽 절대군주정의 한 특징으로 보아야 할 것 같습니다. 이런 소민보호 정치의 표방을 서양식 국민국가의 창출, 애국주의와 비교할 수 있을지 궁금합니다. 그러자면 먼저 서양 시민사회의 구성을 구체적으로 알 필요가 있겠습니다. 프랑스대혁명 전후에 부르주아의 수는 얼마나 됐지요?

**김영한** 지금 정확히 모르겠는데 프랑스혁명이 일어났을 때 제 기억으로는 그 당시 프랑스 인구가 약 2천 5백만이나 6백만 정도였습니다.

**이동렬** 2천 4백만에서 5백만 사이로 기억하고 있습니다.

**김영한** 그 중 귀족이 50만, 부르주아지가 100만, 그리고 농민이 2천 3백만 정도 될 것입니다. 그 당시 프랑스사회가 얼마나 부조리한 사회였나 하는 것은 50만의 성직자나 귀족이 전 토지의 5분의 1을 소유했다는 사실에서도 알 수 있습니다.

**이태진** 결국 부르주아가…….

**김영한** 그런데 어떻게 부르주아사회라고 말할 수 있겠는가? 역사에서 중요한 것은 '얼마만큼(How much)'이라고 하는 수량적 변화보다는 '어떻게(How)'라는 질적 변화라고 하겠습니다. 당시의 부르주아들은 혁명의 주도적인 역할을 담당하였고 경제적 실권을 장악하고 있어서 프랑스사회를 이끌었다고 하겠습니다.

**이태진** 관료조직의 운영을 담당한다든지, 해외진출을 통해 국부(國富)를 확대하는 데 절대적으로 기여가 많았다 이런 얘기죠?

**김영한** 그렇지요. 대표적 인물로 콜베르를 들 수 있는데 그는 전형적인 부르주아로서 재무상까지 역임하였습니다.

**이태진** 그러면 2천 3백만 서민의 이익대변은 어떻게 되는 것입니까.

**김영한** 농민들이죠.

**이태진** 군주가 부르주아하고만 협력해서 나라를 끌어갈 경우는…….

**김영한** 군주제라고는 하지만 실질적으로는 귀족이나 영주들 밑에 농민들이 있는 거죠.

**이태진** 부르주아들이 돈 벌어서 토지를 사는 경우가 많았다고 하는데…….

**김영한** 그런 면도 있지요.

**이태진** 그렇게 되면 농민들과 부르주아 간의 착취관계라든가, 충돌할 가능성이 있잖아요.

**김영한** 기본적으로 부르주아들은 농토를 사기보다는 상업·무역·금융활동에 종사하는 사람들이기 때문에 농민들은 부르주아지와 충돌하기보다는 토지를 많이 소유하고 있는 귀족 영주에 대한 증오심이 컸습니다. 특히 귀족들의 가혹한 세금 징수와 봉건적 의무 요구 그리고 공유지의 사유화 등은 농민을 도시로 내몰았습니다.

**이태진** 알겠습니다. 제가 관심이 가는 것은 이 정도 구성이면, 우리 쪽에서는 2천 3백만 소민들에 대한 배려가 군주 측에서 강하게 나오고 있다는 겁니다.

**김영한** 그렇겠죠. 왜냐하면 한국은 제도상 서양하고 다르니까. 동양에서는 외형적으로 국왕이 직접 농민과 하층민을 관리하게 되어 있지만 18세기 서양에서는 봉건적 관습이 남아 있어 국왕이라도 귀족의 토지와 농민에 직접 간여할 수가 없었습니다.

**이태진** 혁명 이후에도?

**김영한** 혁명 이후는 봉건제가 폐지되어 강제노역, 농노제

등이 철폐됩니다. 그러나 귀족들이 모든 특권을 포기하지 않았기 때문에 당분간은 그대로 지속하였을 것입니다.

**이태진**　애국담론(愛國談論) 얘기는 어디서 나옵니까. 제일 가능성이 높은 것은 부르주아로부터 나올 텐데 농민들, 서민들 쪽에도 먹혀 들어가고 고양되고 있었는지?

**김영한**　그것은 프랑스혁명 후의 이야기겠지요.

**이태진**　예, 나폴레옹 전쟁 이후 국민군대를 만들면서…….

**김영한**　나폴레옹 전쟁을 통하여 조국과 국가라고 하는 아이덴티티가 생기게 되었습니다. 농민과 부르주아지를 가리지 않고 혁명에 참여한 사람들은 모두 우애정신에 입각한 동료의식을 자각함으로써 내 민족, 내 조국의 정체성을 느끼게 되었을 것입니다. 특히 영국과의 전쟁 기간에 그러했습니다.

**이태진**　국민의식 조장에 문학이 기여하는 것이 많았겠죠. 어떻습니까?

**이동렬**　프랑스혁명 이전까지 계몽주의 사조는 근본적으로 인류 보편적인 입장에 서려는 태도였지 민족 국가적인 개념은 많지 않았던 것으로 보입니다. 민족적 국민국가의 개념은 프랑스혁명 후에 대두한 측면이 강합니다. 계몽사상가들은 의식적으로 보편주의적 입장을 지향한 지식인들이었기 때문에 애국적 국가주의적 특징은 계몽사상에서 잘 드러나지 않고, 오히려 국제주의적 성격이 계몽사상의 특징이라고 할 수 있을 것입니다. 외국과 전쟁을 해서 프랑스가 패배해도 그걸 풍자와 조롱의 대상으로 삼을 정도로 18세기 프랑스 지식인들은 국가 의식이 희박한 국제주의자들이었다는 얘기도 나옵니다. 어쨌든 편협한 쇼비니즘(chauvinism)은 계몽사상과는 관계가 없는 사항으로 보입니다. 애국주의는 혁명 이후의 경향으로서, 혁명으로 이룩한 프랑스 공화국이 외국 세력에 위협을 당하니까 프랑스 국민이 나서서 혁명과 조국을 수호하기 위해 싸워야 한다는 식으로 애국심을 고취하였던 것입니다. 문학에는 애국적 의식이 샤토브리앙이나 빅토르 위고 등 19세기 초 낭만주의 작가들의 작품에 많이 반영되어 있습니다.

**이태진** 박애정신으로 해방군을 자처하는 가운데 그런 사명감이 표명되었겠지요.

**김영한** 애국주의라고 하는 것은 주로 19세기 담론인데…….

**이태진** 혁명 후의 얘기기는 하지만 지난번 좌담회에서…….

**이동렬** 지난번 좌담에서 그런 얘기는 별로 안 되었던 것으로 기억하는데요.

**김영한** 애국주의란 말을 우리는 안 썼던 것 같은데…….

**정정호** 영국은 조그만 섬나라이고 당시 문화적으로 프랑스에 계속 밀렸기 때문에 문화민족주의가 강했어요. 당시 영국 사람들이 셰익스피어와 밀턴을 들면서 영국 문학이 훨씬 훌륭하다고까지 주장했지요. 영국은 결국 애국주의까지는 아니라 해도 문화민족주의적인 자기정체성을 위해서 프랑스와 항상 비교하였고, 실제로 전쟁도 많이 하지 않았습니까.

**이태진** 해외에서 전쟁을 많이 하니까 저절로 그게 형성되지 않나 싶습니다.

**김영한** 서양사에서는 애국주의란 말을 잘 쓰지 않습니다. 패트리아티즘(patriatism)은 19세기에 민족주의가 대두하기 전에 자주 사용하였습니다. 애국주의는 '내 조국', '내 나라'에 대한 맹목적인 사랑과 충성을 요구하는 것이 아니라 진정한 자유공동체로서의 '내 나라'에 대한 사랑을 뜻합니다.

**이태진** 제가 2차 좌담회 기록을 확인해보고 용어를 잘못 썼으면 수정하겠습니다. 한국의 경우 18세기 사회를 서민사회의 성장, 서민문화의 발달이라는 관점에서 많이 얘기하는데 이제 그쪽을 좀 논의해야겠습니다. 그 이전에 중국의 경우도 18세기 사회를 전체적으로 봤을 때 어느 계층이 중심이 되어 있었는지 살펴볼 필요가 있다고 생각합니다. 또 중국은 나름대로 거대한 시장을 가지고 있었기 때문에 상인들의 동향, 군주와의 관계라든지 서양 근대의 동향과 비교해 볼 만한 면이 많으리라고 생각하는데 조 선생님께서 말씀해주시지요.

**조병한** 아까 인구 분포를 말씀하셨는데, 19세기 후반 중국 인구가 4억 남짓 되는데, 관료가 2만이고 신사층(紳士層) 가운데 상층의 과거(科擧) 합격자로 진사(進士)·거인(擧人) 등이 약 5만 명이고 그 다음에 과거에 합격 못하고 관립학교의 학생 자격을 갖는 생원(生員)·감생층(監生層)이 약 100만 명 정도 되는 걸로 알고 있습니다. 그러니까 인구 비례로 봐서 이 신사층이라고 하는 것이 오히려 굉장히 적다는 것을 느낄 수 있습니다. 그런데 또 한 가지 특징은 이 신사층에 적어도 명대, 특히 15세기부터 상업화가 많이 진행돼서 상인들이 대거 진출해 옵니다. 그런데 신사층의 직업별 구성 통계를 보면 상인들이 인구 비례로 봐선 압도적으로 비율이 높습니다. 그리고 상인들이 관상(官商)이라고 해서 국가의 대규모 국책사업에는 다 동원되어서, 이 사람들이 실직(實職)은 없는 허함(虛銜)이라고나 할까요 그런 관직을, 적어도 중급관료 정도의 관직을 부여받고, 또 신사층으로서 진사나 거인을 취득하기도 합니다. 그래서 양주(揚州)라든가 몇몇 대규모 상업도시에서는 대상인(大商人)들이 신사나 하층 지식인들을 많이 부양했지요. 그리고 서원도 많이 세우고, 상인들이 사대부 문화에 대거 참여합니다. 그 당시 예를 들어 강회(江淮) 등지의 소금 전매 상인, 중국 남방의 제한된 무역이기는 하지만 광주(廣州)의 공행(公行) 무역상인들은 전부 국가에서 특허를 받은 관상의 일종이거든요. 이 사람들의 자본 규모가 얼마나 큰지 18세기 세계 최대의 자본가는 오히려 광주에 있는 관상이라는 평판이 있었지요. 그것은 동인도(東印度)회사의 영국인 기록에 따른 것입니다. 재산 액수까지는 기억이 안 납니다. 그 당시에 벌써 산업국가가 되기 시작한 영국에 비해서도 상업자본 규모로는 더 큰 중국 상인이 있었다는 말이지요.

**정정호**  첫 번째 좌담회 때 말씀하신 것을 보니까 중국의 1년 예산과 맞먹는 돈을 가지고 있었더군요.

**조병한**  그것은 저 화신(和珅)이라는 부패관료 얘기입니다. 16세기 이래 상업화가 진행되니까 관료들의 부패 규모도 확대되어 그 전에는 토지만 부패 대상이 됐는데 이제는 상업적인 부를 대상으로 하니까 관료들 중에 전당포 차리고 비단이든지 면

직물 상점, 도시의 가옥이나 대지들을 대량 소유한 부패관료가 많아졌어요. 어떻게 보면 상인들의 지위가 굉장히 높은 사회였지요. 그런데도 상인들이 유교적인 사대부 문화에 부용적·종속적 위치를 갖고 있지 자기들의 독자적인 상인문화를 만들지는 못하지 않았습니까. 적어도 이 상인 계층이 신사층 안에 대거 참여를 했지만, 신사층하고 맞서는 독자적인 문화 기반을 형성하기는 어려웠다는 것이지요. 그것과 관련해서 아까 말한 그런 엄청난 재산을 모은 상인들도 하루아침에 파산하기도 합니다. 왜냐하면 국가에 기대고 있으니까 국가에 계속 뇌물을 바쳐야 하고 국가에서 터무니없는 국책사업을 맡기면서 비용을 턱없이 적게 주면 그럴 때는 파산하거든요. 그런 면에서 역시 자본주의적 상업화라는 것이 규모의 문제만은 아니라고 여겨집니다.

**이태진** 그러면 18세기 중국 정치의 지향성도 소민보호였는지요?

**조병한** 덕치(德治)라고 하는 것이 원래부터 소민(小民)보호를 기반으로 하는 겁니다. 군주가 중간층을 배제하고 대다수의 농민들과 직결해서 그들을 보호하겠다는 전제주의의 덕치 이론이 성립하는 것 같아요. 그래서 민본(民本)주의라는 것이 아주 고대부터 성립하거든요. 그런데 뒤에 군주권이 강화할수록 민본주의의 구호도 더 강화되었지요. 명 태조라든가 청대 강희제의 아들 옹정제는 민본을 내세워 관료들의 기강을 굉장히 엄격히 잡았습니다. 중국에서 혹독한 형벌이 덕치하고 공존한다는 사실이 저에게는 대단히 역설적인 것으로 보였습니다.

# 한·중·일 서민문화의 상업성

**이태진**  심 선생님께서는 서민문화 혹은 여항문학(閭巷文學)의 동향에 대해 얘기하실 것이 있겠고, 금 선생님은 서민문화의 성장에 대한 유학 쪽의 반응 같은 것을 알려주실 수 있겠는데요.

**심경호**  잠깐 여기서 한 가지 문제를 제기하고 싶어요. 일본의 근대 혹은 근세와 관련하여, 서민들 사이에서는 의(義)와 구분되는 이(利), 유학에서 그렇게 거론하기를 싫어하였던 이(利)에 대한 담론이 글로 남아 있거든요. 조선시대에 이(利)의 가치를 진지하게 거론하는 담론의 풍조가 있었습니까?

**이태진**  이로울 리(利)자의 이인가요?

**심경호**  프라핏(Profit)에 대한 관심이 시대사조로서 등장한 적이 있느냐는 것입니다. 물론 사대부들이 현실 경제의 문제를 다루고, 또 일부 지식인들에 의해 실학적인 사고가 형성하면서 이(利)의 문제를 조심스럽게 논한 예는 있었지요. 하지만 이(利)의 가치를 적극적으로 주장한 서민들의 목소리가 들리지 않거든요. 물론 문자가 이중체계였기 때문에 한문의 표현체계로는 그걸 표현하지 않았을지도 모릅니다. 일본에서는 에도시대에 가나문학을 통해 이(利)에 대한 담론을 표출하였지요. 조선시대 서민들도 이(利)의 가치를 적극적으로 옹호하지 않았을 리가 없습니다. 그런데 사대부 기록자들이 편집하고 그들의 의리(義理) 중심의 사고에 의하여 자기검열이 이루어진 까닭인지, 서민 문화의 모습을 전하는 시나 문에는 서민들의 이(利) 담론이 집약되어 나타나 있지 않거든요.

그렇다고 서민문화가 발달하지 않은 건 아니었습니다. 출판과 예술 양태라는 두 가지 측면에서 보면 서민문화는 분명 대단히 발달하였다고 생각합니다. 조선시대의 출판활동을 보면, 물론 사찰에서도 간행사업이 활발하기는 하였지만, 일상의 삶이나 유가(儒家) 문학과 밀착한 출판물은 대부분 관청과 재지사족(在地士族)이 중심이 되어 이루어져 왔죠. 특히 활자 인쇄는 왕권의 권위를 상징하는 장식물이거나 교조적 이데올로기의 보급수단이라는 성격이 강하였고, 그 문화의 확산 폭도 그리 크지 않았다고 말할 수 있어요. 구텐베르크의 활자하고는 다르거든요. 조선시대의 활자물은 많아야 2백 부, 적으면 몇 십 부, 심지어 몇 부에 불과하였어요. 목판본도 한정 부수만 찍었고, 방각본(坊刻本)도 늦게까지 발달하지 못했어요. 『고사촬요(故事撮要)』가 임진왜란 이전에 수표교의 서사(書肆)에서 나왔다는 기록이 있기는 하지만, 출판인쇄가 일반 지식인층의 확산을 촉구하였다고는 할 수 없었어요. 그런데 19세기 전반에 이르러 장혼(張混)이라는 중인 출신의 문인이 인쇄업을 대대적으로 시작하였지요. 18세기까지는 서민들이 인쇄출판 문화를 주도하지는 못하였지요. 그래서 필사에 많이 의존할 수밖에 없었는데, 그것이 지식의 확산에는 역시 제한적이었다고 할 수 있겠지요. 실학자들도, 물론 그 이론을 끝까지 밀고 나아갔다면 궁극에는 한글에 의한 글쓰기를 주장하게 되었을지 몰라도, 여전히 중심적

인 문자표현 체계로 한문을 선호하였거든요. 문자에 관한 한 보수적이었지요. 그러다가 보니 한글 출판업이 발달하지 못하였고, 그 때문에 새로운 지식층의 확산이 어려웠다고 생각합니다.

또 서민예술의 주요 예술 양태로, 판소리가 있지요. 그런데 이것은 초기에는 유랑예술의 성격이 강하고 도시에서 상설 무대도 갖지 못하였습니다. 판소리는 일본의 예술 가운데 대비가 가능한 예술 양태인 가부키[歌舞伎]와 비교가 되지요. 에도시대의 극장인 시바이[芝居]는 비밀스럽게 공연하는 장소가 아니라 불특정 다수의 관객에게 열려진 상연(上演)의 장소였으며 감상의 장소였지요. 그곳에서 주로 공연한 것이 인형조루리[人形淨瑠璃]와 가부키였는데, 1700년대 초에 이미 대중적 공개성을 지닌 극장이 있었어요. 교오토의 시조가와라[四條河原]에 있던 시바이고야[芝居小屋] 가운데 큰 것은 16간, 작은 것은 8간이었다고 하는데, 한 칸은 1.8미터 가량이므로, 그 크기가 얼마나 큰지 짐작할 수 있습니다. 오사카에서는 옆으로 10간, 안길이 20간의 시바이고야를 매매한 기록까지 있어요. 시바이의 홍행 권리는 12관(貫) 2백 문(匁)에 팔렸다고 합니다. 에도의 경우에는 12간이 표준이었다고 해요. 이렇게 가부키와 관련해서는 무대의 크기라든가 한 번에 받아들이는 입장객, 관람료 등에 관한 기록이 남아 있습니다. 하지만 판소리의 경우는 그런 고정적인 상설공연장을 갖지 못했어요. 물론 이것은 대표적인 예술 양태를 들어서 두 나라의 문화의 차이를 생각하자는 것이지만, 어쨌든 조선 후기의 서민문화 가운데 공연문화가 체계화하지 못하였던 것은 사실이지요. 그 이유에 대하여는 문학 방면의 설명과 함께 역사학 쪽의 설명이 있어야 하겠지요. 중국에서도 상인들의 수가 조선보다 압도적으로 많았고, 지방의 상품자본을 기반으로 한 지방문화가 상당히 발달하였다는 것은 출판이나 문화예술의 발달 사실을 보아도 알 수 있습니다. 그럼에도 불구하고 중국의 서민문화는 상층문화에 부용적이었다고 평가되거늘, 조선시대 서민문화가 어느 정도로 질적·양적 풍요로움을 지니고 있었고, 또 상층문화와 다른 독자적 체질을 형성하였는가 하는 점에 대하여, 너무 큰 평가를 하려고 하는 것은 애당초 무리가 아닌가 생각합니다. 어쩌면 18세기에는 서민문화의 발달보다도 사대부 여성들의 문화의식의 상승을 주목하여야 할지도 모릅니다. 한글소설의 발달은 여성 의식의 신장을 반영한다고 생각하기 때문이죠. 다만 한글소설이든 서민예술이든, 상층 사대부 문학과는 다른 '서민적' 예술이 18세기에 들어와 상당히 신장한 것은 사실이라고 하겠는데, 그 다양한 목소리가 어떤 결집된 형태의 문화를 형성하였는가 하는 점은 간단히 말하기 어려운 면이 있다고 여겨지는군요.

**조병한** 중국에서도 서민문화가 상당히 발달하기는 했습니다. 서민문화의 성격은 벌써 송대(宋代) 도시에서부터 보이기 시작하는데, 특히 원대(元代) 사대부들이 몽고(蒙古) 밑에서 벼슬을 못하게 되니까 벼슬을 못한 지식인들이 희곡이나 소설을 썼다는 것이지요. 14세기 후반 명으로 들어오면서부터 장편소설들이 나오는데 『삼국지연의(三國志演義)』 이하 『수호지(水滸誌)』·『서유기(西遊記)』, 청대에 『홍루몽(紅樓夢)』·『유림외사(儒林外史)』 등은 아주 대표적인 것들입니다. 결국 영락한 사대부들이 서민문화에 참여함으로써 처음에는 이야기를 들려주는 소설로 시작했다가 그 다음에 읽는 소설이 되었지요. 그것이 명대 이후의 특징입니다. 특히 18세기의 『홍루몽』, 『유림외사』 단계에 오면 단순히 읽는 것만이 아니라 역사소설의 범위를 벗어나서 작자가 자신의 생활 얘기를 합니다. 이것들을 만약 서민문화라고 할 경우에는 상업 발달에 따르는 도시화의 진행과 관련이 있습니다. 또 도시라는 것이 대규모 도시만이 아니라 농촌의 신흥 소규모 도시의 확산도 주목되는 현상이지요. 선진지역에서는 수준이 높아지는 문학을 소비할 수 있는 계층이 많이 나타난 것이 배경으로서 중요하고, 거기에 하층 지식인들, 즉 하층신사나 신사가 되지 못한 지식인이 작자로 참여해, 크게 볼 때 결국은 서민문화가 사대부문화와 긴밀한 연계 속에 있게 되었습니다. 서구의 독립된 시민문화와는 성격이 다른 것 같아요. 또 상인자본과 서민문화가 일어나니까 유교문화의 변화도 생겼지요. 예를 들어 양명학이나 기 철학(氣哲學)에서 욕망을 중시해 인간성에 대한 담론이 달라지는데, 이런 것은 결국 상업문화의 영향을 사대부가 어떻게 유교에 흡수했냐는 얘기가 됩니다. 주자학의 고전적인 인간관을 갖고는 새로이 상업화된 사회를 유교적 사대부사회에 끌어안기가 힘들게 되지 않느냐 그런 얘기를 할 수 있습니다. 이런 현상에 따라 새로운 사조가 근대적인 의식의 발생으로 나아갈 것인가 아니면 좀 더 관대한 유교의 새 변형으로 흡수될 것인가? 그러나 오늘날 학계의 표현대로 새 사조는 근대의식의 좌절이나 아니면 유교사상의 굴절로 끝났다고 할 수 있습니다. 그런데도 이런 발전이 중요한 이유는 19세기 후반에 중국이 서양 문화하고 접촉했을 때 이런 것이 훨씬 더 높은 수준에서 서양에 대응할 수 있는 토대가 되었고, 그래서 근대문화로 이행하는 데 아주 중요한 자산이 되었다고 볼 수 있기 때문이지요.

**이태진** 판소리 얘기를 심 선생님께서 해주셔서 제가 좀 사족을 달고 싶습니다. 판소리에 관한 연구는 그간 국문학 쪽에서 전담하다시피하고 한국사 쪽에서는 거의 가담하지 않았습니다. 최근에 제가 국문학 쪽의 연구성과를 조사해 봤더니 『춘향전(春香傳)』에 관한 연구가 제일 많이 이루어져 있더군요. 춘향전의 내용을 전하는 최고(最古)의 문헌은 18세기 중반 유진한(柳振漢)이란 충청도 선비가 한시(漢詩)로 적어 놓은 것이었습니다.

신재효

그가 춘향전 판소리를 보고 한시로 옮겨 놓은 것이라고 하더군요. 이후 1800년을 넘어서는 경판(京板, 주로 읽는 것), 완판(完板, 판소리)으로 계속 발달하는데 1850년대 전후에 유명한 신재효(申在孝)가 판소리 춘향전을 속된 표현들만 많이 제거하는 형태로 크게 한번 정리합니다. 읽기 위주, 곧 소설 형태의 경판 쪽은 필자 미상의 남원고사(南原古詞)가 방대한 분량으로 정리됩니다. 장편소설 같은 느낌이 들 정도로 분량이 많습니다. 제가 여기서 말씀드리고 싶은 것은 심 선생님이 지적하시듯이 판소리가 정작 성행하는 건 18세기가 아니라 19세기부터라는 것입니다.

춘향전은 내용이 시대에 따라 달라지는데 크게 두 단계로 나누어 얘기할 수 있습니다. 세 단계지만 여기서는 두 단계만 얘기합시다. 하나는 춘향의 신분이 관기(官技)의 딸 또는 관기로 남는 겁니다. 그래서 이 도령하고 결혼을 해도 정처(正妻)가 못 되고 첩이 됩니다. 19세기 이후 것에는 돈을 내고 신분이 양인(良人)으로 되어 마지막에 이 도령의 정처(正妻)가 됩니다. 또 왕이 그 절개를 칭양(稱揚)해 상을 내립니다. 19세기 이후의 것이 근대적 지향성을 보이는 것이라고 할 수 있는데, 관기 출신 양인(良人)이 양반신분 도령과 정식 결혼을 한다는 것은 18세기에는 엄두를 내기 어려운 것이었습니다. 그런 의미에서 18세기의 서민문화 발달이란 것도 심 선생이 지적하신 것처럼 아직 준비기 비슷한 것이 아닌가 싶어요. 정치에서 여건이 여러 가지로 만들어진 다음 그 토대 위에 19세기에 분명하게 표출되는 것이 아닌가라는 느낌을 가집니다. 또 하나의 의문은 19세기 전반기는 곧 민란기(民亂期)로서 이 혼란스런 시기에 서민문화가 발달한다는 얘기가 되는 점입니다.

**금장태** 유교사회 안에서의 서민들의 위치는 아까 김영한 선생님 말씀하셨듯이 서양의 농노(農奴)하고는 조금 다르지 않았나 하는 느낌이 들어요. 유교사회에서는 국가를 가족의 확대로 보는 의식이 있습니다. 그러다 보니까 임금은 군부(君父)고 백성은 신자(臣子)로서 한 가족이라고 생각하니까 통치자도 민(民)을 항상 나라의 근본이라고 생각하게 되지요. 유교사회 안에서도 서민은 사대부층으로부터 사실상 억압을 많이 받았지만, 사대부나 서민이나 같은 신민(臣民)이라는 의식은 백성들한테도 있었던 것 같습니다. 예를 들어서 전란이 일어났을 때 의병에 사대부층만이 아니라 양민(良民)이나 천인(賤人)도 상당히 적극적으로 참여하고 있는 사실을 볼 수 있습니다. 그런 면이 있는가 하면 종교적으로 보면 민(民)이 전통의 유교적 예교(禮敎) 질서에서는 피억압 계층이었던 것이 사실이지요. 그러다 보니 민(民)이 유교가 아닌 종교의식에 상당히 빨리 경도되었던 것으로 보입니다. 예를 들어 숙종 때 일종의 미륵신앙이 황해도와 경기도 북부 지역, 및 강원도 지역으로 순식간에 확산해서 조정에서는 어사(御史)를 보내어 교주(敎主)를 잡아 죽여야 할 정도로 서민들의 의식 속에서는 비유교적(非儒敎的) 기복(祈福)신앙이나 개벽(開闢)신앙에 접근하기 쉬운 의식이 있었던 것이지요. 그런 면에서 보면 18세기 말에 천주교가 들어왔을 때도 시작은 사대부 지식인층에서 일어났지만 아주 빠르게 서민층 속으로 파고들어 확산해 갔지요. 달레(Dallet)의 『천주교회사』에서는 다음과 같이 황일광이란 천인(賤人) 출신 천주교도의 말을 인용하고 있는데, 자기는 천주교 신앙이 너무 좋은 이유로서 두 개의 천당을 가지고 있다는 것입니다. 하나는 죽은 다음에 가는 천당이고, 하나는 천주교를 믿는 교우들 사이에서 신분적 차별을 안 하니 이 세상도 천당이라는 것이지요. 이러한 피억압 계층의 고통 때문에 사회 변동기에는 유교에서 벗어나려는 의식이 서민들 속에서 상당히 강하게 일어나지 않았나 생각합니다. 미륵신앙이나 천주교신앙이나 동학 등 신종교가 아주 쉽게 대중들 속에 파급될 수 있었던 요인이 여기에 있었던 것이 아닐까 하는 생각이 듭니다.

**김영한** 서민(庶民)이 뭐에요?

**금장태** 그러니까 일반 백성인 양민(良民)이나 천인(賤人)이죠.

**김영한** 아까 상민(常民)하고는 어떻게 다릅니까?

**금장태** 상민도 밑바닥의 천인(賤人)까지 다 합쳐서 말할 수 있겠지요.

**이태진** 예, 그렇게 봐야겠죠. 제일 포괄적인 용어입니다. 사서(士庶)라고 하거든요. 지식인 유교적 소양을 갖춘 사람, 수기치인(修己治人)의 요건을 갖춘 사람은 선비 사(士)자, 그게 아닌 쪽은 서인(庶人)이에요.

**김효명**  서양의 부르주아 쪽은 전부 서민인가요.

**심경호**  서민에 속하죠.

**이태진**  아니 그건 동의하기 힘든데요, 왕의 신민에 대한 가장 큰 분류로 사서가 있다는 뜻이지요. 사(士)는 수기치인(修己治人)을 업(業)으로 하는 사람이고 그 외에는 다 서인(庶人)이라는 것으로…….

**정정호**  지금 하는 말씀을 들어보니까 조선은 18세기 서민문학이 별로 확인되지 않는 것 같습니다. 영국에서는 근대적 의미의 소설(小說)이 가장 먼저 발생하였는데, 그 이유는 다른 나라에 비해서 영국의 산업화와 자본주의화가 빨랐기 때문인 것 같습니다. 소설이란 장르는 사소한 이야기라는 뜻을 가진 완전히 소시민(小市民) 장르죠. 물론 소설은 원래 중국에서 온 말이고 영어로는 나블(novel)입니다. 프랑스어로는 로망(roman)이라고 하는데 나블이란 말은 신기하다는 뜻이거든요. 그러니까 소설은 신흥 중산계급을 위한 장르란 뜻도 됩니다.

**심경호**  소설(小說)이란 말은 원래 『장자(莊子)』에서 나오죠. 하찮은 이야기라는 의미로…….

**이태진**  제가 아까 잘못 정리했는지 모르겠는데 하여간 국문학 쪽에서 정리한 것을 보니까 판소리 마당이 형성되는 과정에 대한 추정의 상한이 18세기 후반으로 되어 있었습니다.

**정정호**  18세기에도 언문소설이나 소위 패설(稗說) 혹은 잡설류(雜說類)가…….

**이태진**  그건 한문으로 돼 있습니다.

**심경호** 제가 아까 말씀드린 것을 오해하실까 봐, 조금 덧붙입니다. 제 얘기는 문자로 정착이 돼서 전문적 유통구조를 통해 상품으로 유통된 그런 것이 드물었다는 뜻입니다. 오히려 구연(口演) 예술의 형태는 상당히 발달하였다고 하지요. 아까 중국에서 말씀하신 강창(講唱) 예술의 형태는 매우 발달하였습니다. 떠돌아다니면서 이야기를 들려주는 전문적인 이야기꾼에 관한 자료도 있거든요.

**이태진** 얘기꾼들은 있어요.

**정정호** 실제로 소설도 있었을 것 아닙니까? 인쇄하여 다양하게 배포는 못했다 해도…….

**심경호** 예, 인쇄하여 상품으로 판매했다는 기록은 흔하지 않지만, 필사(筆寫)의 형태로 장편의 한글소설이 발달하였죠. 이 한글 장편소설은 사대부 여성들의 교육에도 기여하였던 것 같아요. 물론 서민이라는 계층의 문화와는 성격이 다르지만, 조선시대의 역사구조로 볼 때에 여성 독자가 많아진 것은 큰 의미를 지니지 않겠습니까? 이미 16세기 후반에는 장편 국문소설이 사대부 여성의 필사나 세책(貰冊)을 통해서 소규모로 유통하기 시작하였어요. 그러다가 늦어도 18세기 와서는 세책점(貰冊店) 같은 것이 여럿 있어서, 전문적으로 필사본이 유통하는 구조가 형성된 것 같습니다. 다만 그 규모가 그리 크지는 않았고, 체계화되고 조직화된 유통구조를 형성하지는 못했던 듯합니다. 현대적인 개념을 사용하면 '예술계'라고 하는 것의 규모가 작았던 것이고, 하나의 예술 장르와 다른 예술 장르와의 연관이 본격적이지 못하였던 것이죠. 18세기는 아직 예술계의 규모가 작았고 역동성이 미흡하였다고 저는 생각하고 있습니다.

**정정호**  하나의 문화 영역으로서 소설이 여러 면에서 아직 부족했다는 얘기 같군요.

**이태진**  산업적인 면이 없다는 것이지요. 재미있는 것은 서울 일대의 시장에서 책 읽어주는 사람을 전기수라고 하는데 이 사람이 주로 있는 곳이 약방(藥房)이에요.

**정정호**  사람들이 많이 오니까, 돈 받고 얘기해 주는 겁니까?

**이태진**  돈은?

**심경호**  돈은 받았습니다.

**정정호**  약방에서 고용한 것인가요? 아니면…….

**심경호**  중국의 경우에는 19세기에 목판인쇄가 상당히 발달했지요. 학자들도 자신의 연구서를 목판으로 인쇄해서 대중적 유통을 시도하지요. 가령 단옥재(段玉裁)는 1807년에, 30년의 적공(積功) 끝에 『설문해자주(說文解字注)』를 완성하고 1813년에 간행을 시작하여 2년 만에 출간을 하였는데, 경운루(經韻樓) 초인본(初印本, 제1쇄) 『단주(段注)』의 권수(卷數)에는 "문은 10량(紋銀 十兩)"이라고 당시 판매가가 기록되어 있습니다. 순도가 매우 높은 양질의 은을 문은(紋銀)이라 하죠. 『홍루몽』에 보면 당시 서민의 한 끼 비용이 동전 10문에서 20문 정도이고 은 20량은 서민 한 가족의 1년분 생활비라고 하였습니다. 그러므로 '문은 10량(紋銀十兩)'은 대단한 가격일 텐데, 그걸 구입하여 읽은 독서인들이 상당히 있었기 때문에 고가로 판매가 가능하였다는 말이 되겠죠. 또 단옥재는 그 전문적인 학술서적을 목판인쇄할 때 앞 몇 권에는 구두를 끊어 두었어요. 단구본(斷句本)이라고 하죠. 그만큼 학술의 대중화를 시도한 것입니다. 조선시대에는 그런 출판 형태가 나타나지 않았어요. 전문서는 필사를 통해서 소수의 독자가 돌려보았고, 집안이나 친우(親友)가 관청이나 서원의 재력을 이용하여 결국은 동족(同族)이나 동파(同派)끼리 돌려보는 책들을 만들어내었지, 보다 넓은 범위의 독자를 예상하여 책을 상품화하지는 않았다는 것이죠.

**조병한** 예를 들어서 경서(經書)라든가 저명한 역사책이라든가 구어체로 된 백화소설(白話小說) 같은 것은 그것을 인쇄하는 서점들이 강남의 도시나 북경에서 발달해 있었지요. 중국에서는 요즈음 중국의 민간 개인 출판이나 서적 유통, 개인 장서에 대한 연구가 꽤 나오고 있습니다.


## 서양 계몽사상의 한계와 동양 도덕주의의 가능성

**이태진** 장시간 너무 수고가 많으신데요. 이제 마무리를 해야겠습니다. 끝으로 현대에서 18세기의 의미를 얘기해야겠습니다. 미국 하버드대의 다니엘 벨은 18세기까지는 이성주의로 그런 대로 역사가 잘 전개되다가 19세기에 모든 것을 이성주의로 해결하려는 '과오'가 저질러진다고 비판합니다. 그 분 얘기는 정치·종교·경제 이런 건 서로 다른 영역인데 모든 걸 하나로 해결하려고 들어서 전체주의적 혁명론, 곧 나치즘이나 마르크시즘 같은 광기가 발휘하는 역사가 전개된다고 합니다. 17, 18세기 이성의 힘에 대한 발견과 확신, 이런 흐름이 결국은 계속 뻗어 나간 끝에 19세기에는 너무 한쪽으로 치우치는 과오를 범했다는 비판입니다. 이성주의의 출발점이었던 신에게서의 이탈이 신에 대한 부정으로까지 가고, 그래서 현대사회가 여러 가지 많은 문제를 안게 되었다고 해서, 벨은 대안으로 신성(神性) 회복을 내놓고 있습니다. 여기서 우리가 생각해 볼 것은, 18세기 탐구가 19세기의 '과오'를 시정하는 데 기여할 수 있는 것인가라는 질문입니다. 물론 기여해야 되는 쪽으로 생각해야겠습니다만, 그렇다면 어떤 자세를 가질 것인가? 다음으로 신성 회복의 차원에서 동양의 도덕주의가 서양의 극단적 이성 위주의 사조를 시정하는 데 기여할 수 있는 면이 있을까 하는 것들입니다. 이런 얘기를 중심으로 한 말씀씩 해주시지요. 먼저 정정호 선생님.

**정정호**  제가 잊어버리기 전에 먼저 말씀드리면, 이 선생님께서 서양이 과학주의나 합리주의의 극단으로 나간 것을 동양에서 치유할 수 있는 가능성을 찾을 수 있지 않겠는가 하는 말씀을 해주셨는데, 어떻게 보면 그것도 쉽지 않을 거 같아요. 저는 18세기의 계몽사상에서 우리가 배워야 할 것이 아직 많이 남아 있다고 봅니다. 그러니까 계몽사상이 원래 가지고 있었던 비판의식을 회복하기 위하여 다시 그곳으로 되돌아가야 된다는 겁니다. 그대로 되돌아간다는 게 아니라 우리가 자기 비판, 자기 조롱을 해 가면서 계몽의 근대 기획을 성실히 수행했으면 오늘날과 같은 파행은 없었을 거란 것이지요. 그런 의미에서 계몽주의를 다시 논의하자는 것입니다. 동양의 도덕주의를 복구하는 것도 중요하지만 계몽사상에서 다시 잃어버린 시력을 회복해서 비판정신을 갖는 것이 중요할 것 같습니다.

**이태진** 제가 말씀드린 것은 어디까지나 동양의 전통적인 도덕주의가 기여할 수 있는 기여의 정도입니다. 병을 치료하는 침(針) 역할까지 하기는 어렵지 않나 싶습니다. 다음 이동렬 선생님.

**이동렬** 지난번 2차 좌담회에서 했던 얘기하고 대체로 비슷한 맥락이겠는데, 오늘날 막다른 골목에 다다른 것으로 보이는 물질문명의 병리적 현상 앞에서 계몽주의를 비난하고 단죄하는 추세를 목도할 수 있는데, 저로서는 계몽주의에 대해 그렇게 단순한 태도를 취해서는 안 된다는 생각입니다. 대안의 모색 없이 일방적으로 모든 것을 계몽주의의 탓으로 돌리고 계몽주의를 비판하는 것은 편리하고 안이한 태도일 것입니다. 계몽주의를 이성 중심의 비판적 합리주의라고 할 때, 18세기 이후에 이룩한 오늘날의 인류 문명은 일련의 계속적인 합리화 과정의 소산이란 의미에서 근본적으로 계몽주의와의 연관 하에서 생각할 수 있을 것입니다. 이 과학 문명에 대한 비판적 반성은 지극히 정당한 것이지만, 그 반성도 결국은 계몽주의가 신뢰했던 인간의 이성에 의한 것일 수밖에 없을 것입니다. 계몽주의가 표방했던 이상적 지표로서의 인간 이성에 대한 신뢰는 오늘날에도 변함없이 유효할 것입니다. 계몽주의가 비판받는 것은 남용하고 오용한 이성 때문이지 이성 자체가 오류를 내포하고 있는 것은 아니지 않습니까. 그리고 역시 지난번 대담에서도 했던 얘기로 기억합니다만, 우리 사회의 정치적 후진성과 비합리적이고 미신적인 제반 상황을 생각해보면 계몽주의의 정신과 실천은 특히 우리에게 교훈적이라고 생각합니다.

**이태진** 19세기 다위니즘(Darwinism)의 뿌리가 계몽주의하고 연결이 됩니까?

**이동렬** 글쎄요. 그 문제는 생각해 본 바 없습니다만, 인간의 이성적인 노력에 의해 합리적으로 생명 현상을 규명하려는 이론이란 점에서는 계몽주의와 연결될 수 있을지 모르겠습니다. 하지만 계몽주의 정신에 비추어 다위니즘의 내용을 어떻게 해석해야 할지는 별개의 문제라고 생각합니다.

**이태진** 대개 19세기에 대해 비판적인 사람들은 한쪽으로 치우치는 전기가 다위니즘에 있다고 보는 것 같아서요.

**이태진** 김효명 선생님 오랜만에…….

**김효명** 할 얘기 다한 줄 알았더니만 ……. (좌중 웃음) 근대 계몽주의에 여러 가지 좋은 점이 있고 어떤 면에서 지금도 유효한 점이 있지만 어떤 사상이든 다 명(明)과 암(暗)이 있단 말이에요. 그것을 우리가 한번 따져 봐야 하지 않나 그런 의미에서 18세기 연구가 아직도 의미가 있다고 봅니다. 계몽주의의 과오라고 말씀하셨는데 저는 개인적으로 더 큰 과오가 앞으로 닥쳐올 가능성이 있다고 보기 때문에 계몽주의를 조금 비판적으로 보죠. 근대과학도 계몽주의의 한 결과로 볼 수 있는데 서양의 근대과학이 인류에 끼친 영향이랄까, 인류의 번영을 위한 그 공헌은 두말할 필요가 없이 대단한 것이지요. 그러나 그것이 그러한 순기능만 행사했는지, 역기능은 없었는지도 생각해 볼 필요가 있겠지요. 예컨대 환경오염이나 생태계 파괴의 문제는 물론 유전공학·로봇공학·나노 테크놀러지 이런 것들의 기하급수적 발전도 심각한 문제를 야기할 수 있다는 것이지요. 그러한 기술들이 앞으로 어떤 결과를 가져올지, 그 기술을 만들어 낸 인간 스스로도 이제는 더 이상 감당하지 못할 엄청난 결과가 닥칠지도 모른다는 우려가 많거든요. 근대과학이 낳은 이러한 어두운 면은 근본적으로 근대과학을 잉태한 근대철학에 이미 내재해 있었던 것으로 보이는데요, 서양의 근대철학의 핵심에는 인간과 자연의 분리라는 기본구도가 자리하고 있거든요. 그래서 문제는 결국 근대철학의 출발점에서 시작하지 않았나 싶습니다. 그렇게 보았을 때 서양의 문명이 이러한 구도로 계속된다면 미래는 비관적일 수밖에 없다고 생각합니다. 이에 대한 대안 같은 건 글쎄요…….

**이태진** 근대 자연과학이 발달할 때 분리되었다는 거 아닙니까?

**김효명** 그 이전에 데카르트의 사상과 베이컨의 사상 등에서 이미 철학적으로 분리되었습니다. 결국 제 생각으로는 인간과 자연을 같이 보는 동양적 시각, 이걸 도덕주의라고 해야 할지 모르겠습니다만, 그런 시각과 그런 정신을 회복하는 길 말고는 다른 길이 있을 것 같지 않아 보입니다.

**이태진**  좋은 말씀 해주셨습니다. 다음엔 김영한 선생님.

**김영한**  지난번에 정리 다 했는데 또 해요? (좌중 웃음)

**이태진**  좀 더 큰 얘기를.

**김영한**  생태주의 속에 우리의 살 길이 있다는 주장이 높아지고 있습니다. 계몽주의의 과오에 대해서는 툴민(S. Toulmin)이 재치있게 설명해 주고 있습니다. 결론부터 말하면 툴민은 근대성의 특징으로 두 가지를 들고 있어요. 하나는 16세기의 휴머니즘이고 다른 하나는 17세기의 과학 내지는 이성주의입니다. 현대문명의 위기는 16세기 휴머니즘이 배제되고 17세기의 이성주의만 지금까지 계속 발전해 왔다는 데 있습니다. 방금 전 김효명 선생님이 자연과 인간의 결합을 주장했듯이 툴민은 오늘날의 위기를 극복할 수 있는 길은 16세기의 휴머니즘을 부활시켜 휴머니즘과 과학을 조화시키는 데 있다고 강조합니다. 그런데 재미있는 것은 툴민이 휴머니즘을 대표하는 사람으로 몽테뉴를, 과학과 이성주의를 대표하는 사람으로 데카르트를 들고 있다는 점입니다. 휴머니스트인 몽테뉴는 그의 책에서 자신의 발기부전증, 문란했던 성생활 등을 숨기지 않고 그대로 고백하고 있습니다.

**김효명**  인간적이네요.

**김영한**  그래요. 솔직하죠. 그런데 합리주의자인 데카르트는 자기의 가정부와 관계를 맺어 딸을 낳았어요. 그런데도 손님이 오면 내연의 처를 하녀라고 하고 자기 딸은 조카딸이라고 했다는 것입니다. 이것이 바로 현대의 합리주의자들이 갖고 있는 인간성을 그대로 드러내 주고 있다고 하겠습니다. 사실 저는 거창한 것보다 소박하게 말해서 현대문명을 이해하는 데 18세기가 빼놓을 수 없는 기본 바탕이 되고 있다는 점, 따라서 현대사회의 문제점을 파악하려면 그 출발점에서 실마리를 찾아야 한다는 점에서 18세기 연구의 가치와 중요성이 있다고 생각합니다.

**이태진** 혹시 간단하게라도 동서양 비교연구라고 할까요. 그런 가능성에 대한 소감을…….

**김영한** 동서양의 비교는 가능하다고 생각합니다. 조병한 선생이 말씀하시다 중단했는데 동서양을 비교하려면 우선 당시 계몽사상가들이 갖고 있었던 동양관, 오늘날 흔히 말하는 오리엔탈리즘과 그 당시 동양 사람들의 서양관을 비교 분석하는 것이 좋다고 판단합니다. 이 같은 비교 연구를 통해 유럽 중심 사관에서 벗어날 수 있는 인식의 틀을 발견할 수 있을 것입니다. 왜냐하면 계몽주의자들의 동양관이 아무리 보편주의와 세계주의에 입각해 있다 하더라도 오늘날 우리가 보면 얼마나 유럽중심주의적 사고의 틀에서 벗어나지 못했는가를 알 수 있기 때문입니다. 그러한 면에서 18세기 동서양의 비교는 중요하다는 생각이 듭니다.

**이동렬** 그런 점에서 학회 연구 프로젝트는 아주 잘 선정한 거 같아요. (좌중 웃음)

**정정호** 이와 관련하여 저도 한 말씀드린다면, 사실 저는 오늘 좌담회에서 동서양의 상호영향과 비교에 관한 구체적인 이야기가 나올 것으로 기대했는데, 오늘 그런 이야기를 하기는 어려울 것 같고 다음 기회에 따로 자리를 마련해야 할 것 같군요. 그렇다 하더라도 몇 가지만 언급한다면, 18세기 서양에서 중국 열풍(chinoiserie)이 대단했어요. 특히 중국에 대한 이상화(理想化) 작업이 있었지요. 17세기 초 예수회 신부 마테오 리치에 의해 시작되었는데, 그는 중국이 고도로 문명화되었고 지극히 예술적인 나라이므로 유럽인들이 배울 것이 많다고 말했습니다. 일부 사람들은 도덕과 좋은 삶이란 제도화된 계시 종교인 기독교가 아니더라도 가능하다고 믿었고, 베일(Bayle) 같은 사람은 공자가 예수처럼 위대한 도덕 교사가 될 수 있다고 주장했습니다. 『논어』도 번역하여 나왔지요. 라이프니츠는 "내 생각에 우리가 중국에 선교사를 보내 계시 받는 신학을 가르쳐 주듯이, 우리도 중국 사상 선교사들이 와서 자연신학의 목적과 행동을 가르쳐 주게 해야 할 필요가 있다고 생각한다"라고 말했답니다. 또한 중국은 서구인들이 본받아야 할 나라이고, 부패와 불평등을 구제할 수 있는 세계에서 가장 공명정대하고 민주적인 이상적 유교 군주국가로 여겨지기도 했습니다. 문학자들도 소위 동양 이야기(Oriental tale)라는 새로운 유형의 문학 양식을 만들어 냈습니다. 어떤 사람은 심지어 18세기 후반부의 서구 낭만주의가 동양의 미학에서 영향을 받았다고도 주장합니다. 동양의 새로운 감수성을 받아들인 거라는 말이지요. 동서 간의 무역 확장에 따라 많은 중국과 일본의 예술품들이 서구로 들어갔어요. "무균형과 대조의 미학"을 강조하는 동아시아 예술 중 섬세한 중국의 도자기와 일본의 자개가 인기 있었다고 합니다. 중국 무늬와 벽지를 사용하고 모방도 했지요. 중국 디자인으로 된 치펀데일 가구도 유행하였고 중국식 정원도 많은 관심을 끌었어요. 18세기에는 서양에 대한 동양 문물의 영향 뿐 아니라 동양에 끼친 서양의 영향도 재미있는 논의거리가 될 것 같습니다.

**이태진** 예, 그렇습니다. 그 다음 조병한 선생님.

**조병한** 사실 계몽주의 때 발전한 진보사관이라든가 합리주의가 동양, 중국에서도 19세기 말부터 20세기까지의 역사 전개에 상당히 큰 작용을 했던 것 같습니다. 그래서 엄청난 속도로 자기 자신을 변혁하기 위해서, 경쟁적으로 변화만을 위해서 줄곧 투쟁해 왔다고 해도 과언이 아니지요. 그런데 그것이 제대로 서구식 계몽주의로 정착된 것이 아니고 토착화하는 과정에서 상당히 변질이 된 것 같습니다. 모택동(毛澤東)이 중국 혁명을 하면서 마지막에 실패를 하게 되자 등소평(鄧小平)시대에 와서 일부 학자들이 하는 얘기가 계몽주의가 중국에 뿌리를 내리지 못하고 결국에 농민적 집단주의로 회귀했다는 것입니다. 어떻게 보면 계몽주의적 역사발전이나 합리주의를 전면에 내세우고는 있지만 혁명의 배경이 된 것은 사실 농민적 집단주의 내지는 폐쇄적 전통주의 사고였다는 것이지요. 그래서 요즘 서구화가 근대화에서 꼭 배제될 대상이 아니라는 것을 다시 강조하고, 그런 의미에서 역시 계몽주의시대가 갖고 있던 합리성이라든가 보편성을 지금도 동양사회에서는 필요한 요인으로 찾는 것 같아요. 그러면서도 그 사조에 저항한 사람들의 민족주의적 현상을 경시해서는 현실문제에서 부작용을 빚을 수도 있습니다. 현대 역사에서 보면 국민국가를 만드는 과정에서 보편적 윤리라고 할 수 있는 서구에서 유래한 근대적 공도덕(公道德)과 법치가 수용된 것은 당연한 발전입니다. 그러나 한편으로 옛날 전통사회에서 갖고 있던 개개인 사이의 인간관계는 거의 파괴되어 버리고 유교를 대신할 사도덕(私道德)으로서 대인(對人)관계를 복원할 만한 윤리는 복원되기 어려운 것 아니냐는 항의도 있을 수 있습니다. 그러한 저항 속에서 우리의 전통문화 가운데 계승할 만한 가치가 있는 것을 찾아내야 한다는 오랜 과제가 다시 상기될 것입니다. 18세기 서유럽의 이성이나 자유는 근대의 보편적 가치로서 모든 민족의 특수성을 넘는 공통의 유산이지만 서구중심주의만은 오늘날에도 많은 반발을 초래하는 현실이 유의되어야 할 것입니다.

**이태진** 감사합니다. 심경호 선생님.

**심경호** 저는 고작 공부에 입문한 처지인데, 이런 자리에 낀 것만 해도 영광입니다. 다만 윗세대의 연구를 다음 세대에 연결해야 할 책임이 없지 않은 듯하여 외람된 말씀을 드립니다.

이제까지 한국사나 한국 문학의 연구자들은 18세기를 실학 시대로 규정하고 그 시대의 문화에서 근대성이란 특성을 찾아내려고 애를 많이 썼고, 그것이 저희 세대의 연구자에게 많은 지침을 주었던 것이 사실입니다. 하지만 최근에는 '실학'이라는 개념의 함의가 분명치 않게 되었다는 느낌이 듭니다. 그 시기에 상업자본주의가 발달하였다고 말씀들을 하셨지만, 그 구체적 내용을 들여다보면, 뭐 납득할 만한 것이 별로 없어요. 더구나 생태사상의 담론이 일어나면서, 도무지 뭐가 뭔지 모르겠어요. 그동안 실학이라고 하면 자연과 인간의 분리라는 측면을 중시한 것 같은데, 생태사상을 논한 글들을 보면 인간과 자연의 친화(親和)라는 것이 이른바 실학시대 이후 근세까지 지속되었다고 하니까요. 외람스런 말씀입니다만, 실학 연구를 주도하셨던 분들이 저의 세대나 다음 세대를 위해 납득할 만한 '연구방법'을 남겨주시지 못한 것 같습니다. 지금 젊은 사람들은 실학이란 말을 아예 쓰지 않으려는 경향마저 있어요.

그러면 18세기에 실학 운동이 없었던 것이냐 하면, 그것은 그렇다고는 할 수 없어요. 그동안 여러 선생님들께서 말씀하셨던 여러 복합적인 요소들이 분명히 있었거든요. 저는 서양의 계몽시대의 비판의식에 해당하는 것이 조선 후기에는 '거짓'에 대한 비판의 형태로 다양한 유파와 계층들에 의해 전개되었다고 봅니다. 가(假)와 허(虛)에 대한 비판이죠. 이미 16세기부터 중화주의(中華主義)를 맹목적으로 고집하는 주장을 허가(虛假)라고 비판하는 소론 지식인들이 있었고, 시대가 내려와서는 홍대용(洪大容)의 허실(虛實) 논쟁에서 나타나듯 거짓 지식을 비판하는 지식인들이 많이 나타났습니다. 그런데 그것이 실질적으로 어떠한 지식 담론으로 나타났는가 하면, 제가 보기에는 인물성 동이론도 매우 중요하겠지만, 역시 경학에서 근본소의(根本所依)에 대한 회의적 언설로 나타나 그것이 매우 의미 있는 성과를 남겼다고 봅니다. 그 중요한 성과를 우리가 계승해야 할 텐데,

애석하게도 19, 20세기 들어서면서 근대적인 학문과 연결되지 못한 듯해요.

다음으로, 조선 지식인들의 학문 자세를 볼 때, 이것은 위당(爲堂) 정인보(鄭寅普)가 명확하게 구분한 말인데, 경세가(經世家)와 경사(經師)의 두 유형이 있었습니다. 위당은 다산(茶山)이 경세가라면 석천(石泉) 신작(申綽)은 경사라고 하셨죠. 이것을 현대적인 의미로 바꾸어 말한다면, 경세가는 우환의식을 지니고 학문지식을 현실 문제의 해결에 직접 연결하는 지식인을 가리키고, 경사는 순수 학문의 방법을 발전하게 하는 신실증주의(新實證主義) 지식인이라고 볼 수 있습니다. 그러한 양면이 18세기, 아니 19세기 초까지 우리 학문의 두 맥으로서 병립하였던 것인데, 그것을 현대의 이 시점에서 종합하는 것이 지식인의 과제라고 저는 생각합니다.

세 번째로, 18세기에는 중인 계층을 포함한 서민 계층과 사대부사회에서 타자의 위치에 있었던 여성들에 의하여 예술계가 재편되고 그들의 독특한 관심들이 예술문화로서 발달하기 시작하였다는 점을 주목하여야 할 것 같아요. 그러한 다양한 목소리가 각기 어떤 의미를 지녔던 것인지 구체적으로 더 연구해보아야 하겠지만, 예술계의 확대, 소외의 극복과 같은 문제는 매우 현대적 의미를 지닌다고 저는 보아요.

저는 '실학'을 어떤 하나의 개념으로 규정할 수는 없다고 봅니다. 하지만 적어도 18세기의 학문과 문화에서 발견되는 이런 세 가지 특징은 적어도 그 시대를 특징짓는 역동적 국면이었다고 인정해야 할 것 같습니다. 다만 최근 저의 주된 관심은 이른바 실학의 운동이 어떤 원리, 프린시플(Principle)을 만들어내었는가 하는 점입니다. 서양 철학의 경우 각 시대의 철학을 논할 때 무엇보다도 프린시플의 정립 사실을 매우 중시하는데, 조선의 사상을 논할 때는 그러한 논의가 잘 이루어지지 않는 것 같아요. 일부 실학 연구자들은 18세기 이후 인간과 자연의 분리가 일어났고 그것이 근대 사상의 맹아적 형태라고 전제하는데, 생태사상론자는 최한기도 인간과 자연의 조화를 주장한 생태사상가라고 합니다. 이걸 어떻게 설명할 것인가, 철학하시는 선생님들께서 무언가 가닥을 잡아주셨으면 좋겠습니다.

18세기를 논하면서, 18세기의 사상이나 문화 운동 자체에도 현재 우리가 계승하여야 할 면이 있고, 또 그 시기에 대한 선배 연구자들의 연구성과 속에서도 후학이 새롭게 발전시킬 면이 있구나 하는 생각이 들었습니다.

**이태진** 지금까지 기존 18세기 연구의 중요성과 그것을 비판적·발전적으로 잘 연구해 나가기 위한 중요한 시사점들을 언급해 주셨습니다. 마지막으로 금장태 선생님.

**금장태** 18세기 한국 사상사에서 보면 그래도 이때 본격적으로 유교사회에서 서양 학문이라는 것이 들어와서 논의되었던 것 같아요. 성호에서 다산까지 이르는 성호학파의 학문세계나 홍대용 같은 북학파가 서양 학문을 받아들이는 선봉장이었지요. 그런데 19세기 후반에 오면 서양이 너무 압도적인 제국주의적 침략 세력으로 한국사회에 나타오니까 여기에 한말 위정

척사론자(衛正斥邪論者)처럼 극단적인 보수적 반발을 하거나, 아니면 개화사상가들처럼 완전히 서양으로 넘어가 버리게 되었던 것이 대세를 이루었던 것입니다. 이런 현상에 비해 본다면 18세기는 그래도 유교적 정신 기반 위에서 서양을 정면으로 마주하면서 서양을 어떻게 수용할 것인가라는 고민을 했고 나름대로 이에 대답하려고 시도했던 시기가 아니었나 생각합니다. 그런 점이 우리 시대에서 18세기가 한국 사상사를 연구하는 사람에게는 중요한 의미가 있고 그 정신을 좀 살려볼 필요가 있지 않나 생각합니다. 서양에 일방적으로 끌려가거나 너무 폐쇄적으로 거부하는 것이 아니고 수용하면서 자신의 전통 기반 위에서 내재적인 대답을 찾으려고 하는 시도나 자세가 필요하다는 생각이 듭니다.

**김영한** 제가 한 마디만 더…….

**이태진** 하시고 싶은 얘기 있으면 더 하세요.

**김영한** 이 회의는 18세기 이성의 혹사보다 더하네요. (좌중 웃음)

**이태진** 장시간 좋은 말씀과 의견 많이 주셔서 주관하는 입장에서는 고맙기 그지없습니다. 1, 2차 좌담회도 회원들로부터 좋은 평을 받은 것으로 아는데 오늘 3차로서 이를 마무리하게 되었습니다. 오늘 얘기는 어떤 주류적인 담론의 새로운 소개보다도 동서양 비교의 관점에서 평소에 갖고 계시던 생각들을 많이 털어놓으셔서 더 가치 있는 것으로 느껴졌습니다. 이런 형식의 담론은 18세기 학회의 특수한 구성관계상 회원들 간의 지적인 구심, 학문적 구심을 만들어 가는데 좋은 자산이 되리라고 믿습니다. 1, 2, 3차 좌담회는 전체를 총괄적으로 보는 성격을 가졌습니다만 앞으로 계속 분야별로 조망해 보자는 의견도 제시되어 있습니다. 좌담회의 의의가 있다고 생각하시는 분들이 많으면 다음에 학회 회장을 맡으실 분에게 이를 인계사항으로 넘기겠습니다. 감사합니다.

# 18세기 연표

1700. 조선 수차와 윤선 개발. 일본 미거택(尾去澤) 동광(銅鑛) 개광.
유럽 각국 율리우스력 대신 그레고리우스력 채용. 베를린 과학
아카데미 창설.

1701. 카를로스 2세의 후계자를 둘러싼 스페인 계승전쟁(스페인, 프
랑스 대 영국, 네덜란드, 오스트리아). 영국과 프랑스 아메리
카 식민지 쟁탈전 벌임. 예일대학 창립.

1702. 백두산 화산 폭발. 스페인 계승전쟁의 일환으로 북아메리카에
서는 앤여왕전쟁(~1713). 두 전쟁으로 영국 식민지를 증대.

1703. 주전 금지. 사문난적론 대두. 잉글랜드 미쉬엔조약으로 포르
투갈 시장 독점.

1704. 숙종 북벌론 토론. 로마교황청, 전례문제로 예수회를 이단으로
규정. 잉글랜드 지브롤터 점령함. 스위프트『통 이야기』저술.
뉴턴『광학개론』저술.

1705. 울릉도에 탐사대 파견. 청 한림원에서 외국어 가르치기 시작.
잉글랜드 버킹검궁전 건설. 헨델「알미라」를 작곡.

1706. 청 예수회 이외의 선교사의 포교를 금지. 일본 보자은(寶子
銀) 주조. 러시아 참차카반도 완전점유권 획득.

1707. 대영제국 수립. 도니 파팽 증기선 만듦. 아메리카 뉴욕에서
화폐 발행.

1708. 전염병 창궐. 황해도 대동법 시행. 신성로마제국 최초의 자기

제작. 러시아 표트르 1세 개혁을 시작.

1709. 조선 왜관조시(倭館朝市)를 정함. 청 황실 정원 원명원 건조. 일본 바쿠후 아라이 하쿠세키 등용. 영국 다비 코크스 제작법과 제철법 개발.

1710. 일본 무가제법도(武家諸法度) 반포. 영국 토리당 정권 획득. 프랑스 베르사유궁전 완성. 프로이센 왕립도자기제조소 설립.

1711. 조선 북한산성 축조. 일본 조선통신사 접대법 개정. 청『패문운부(佩文韻府)』완성.

1712. 조선 북한산성에 경리청을 둠. 백두산 정계비 세움. 프랑스 레오뮤르 생물의 재생 능력 발견함. 파리에 600여 개 카페가 유행.

1713. 조선『동문선』을 청에 수출함. 일본 사도양안(寺島良安)『화한삼재도회(和漢三才圖會)』(백과사전) 편찬. 유트레히트조약 체결(프랑스의 북미대륙 지배의 좌절과 영국의 우위 확정). 안소니 콜린즈『자유사색론』저술.

1714. 청 왕홍서『명사열전』올림. 영국 하노버 왕조 시작. 신성로마제국 바덴조약으로 프랑스와 화해.

1715. 유계(兪棨)와 윤증의『가례원류』저작권 시비를 둘러싸고 다시 회니사(懷尼事) 거론. 영국 동인도회사 광동에 상관 설치. 일본 나가사키에 무역을 제한.

1716. 조선 노·소 대립 격화. 청 사창 세움.『강희자전』출간. 프랑스 중앙은행 설립. 이탈리아 최초의 신문『디아리로디로마』창간. 오스트리아 페테르와르전투에서 오스만투르크 격파. 아메리카 최초로 극장 설립.

1717. 송시열의『송자대전』간행. 청 그리스도교를 엄금. 재정가 존로의 미시시피개발계획(남해검품회사사건)(~1720).

1718. 프로이센 농노제 폐지. 영국 에스파냐와 전쟁. 프랑스 뉴올리언스에 식민지 건설. 악소『화폐론』저술. 볼테르의 희곡『오

이디푸스』초연.

1719. 청『황여전람도』간행. 디포『로빈손 표류기』저술. 모르가니 『해부학 노트』저술.

1720. 청 티베트 점령. 광주에 공행 창립. 일 한역 양서 수입 금지를 완화.

1721. 조선 관상감에서 혼천의 만들도록 지시. 일본 바쿠후『육유연의(六諭衍義)』번역. 몽테스키외『페르시아인의 편지』저술. 바흐「브란데부르크협주곡」작곡. 존 로의 경제정책 파탄되고 프랑스에서 금융경제 공황 발발.

1722. 청 옹정제 즉위. 일본 정치비판을 금지하는 서적 출판 취급령 공포. 바흐 새로운 형식의 건반 연주 모음집 작곡.

1724. 조선 금속화폐 주조 허가. 영국 런던에 75개의 인쇄소 설립. 3개 일간지와 5개 주간지 발행. 헨델「줄리어스 시저」지음. 프랑스, 파리 증권거래소 설립. 러시아 과학아카데미 창립. 아메리카 뉴올리언스에 흑인법 포고.

1725. 조선 압슬법 폐지. 천보총(千步銃) 제작. 청『고금도서집성』 완성. 영국 노동자 결사금지법 제정. 비코『신과학 원리』지음. 베링 베링해협 발견. 러시아 예카테리나 1세 즉위.

1726. 조선『열성어제첨간』간행. 김창집의『포음집』간행. 스위프트『걸리버 여행기』저술.

1727. 조선『이륜행실도』중간. 김천택『청구영언』편찬. 청 러시아와 캬흐타조약 체결. 일본 감자 재배하게 함. 디포『영국상인대감』저술. 헤일스『식물정역학』지음.

1728. 조선 이인좌 난 발생. 정상기『동국지도』완성. 청 티베트 반란 평정. 경덕진 요업의 최전성기 맞음. 영국 지브롤터해협 획득. 런던에 동물원 개원.

1729. 조선 이종백 등『경연고사』지음. 청 아편밀매 금지. 일 이시다 바이간(石田梅岩) 심학 강의.『해체신서(解體新書)』간행.

바흐 「마태수난곡」 지음. 영국 아메리카의 남북캐롤라이나에 식민지 건설.

1730. 조선 창경궁 일부 불에 탐. 박문수 『박정자유고』 간행. 송진명 『백두산 지도』 제작. 농경기구 쟁기 발명. 이 무렵 찰스 타운센드가 노포크식 윤작농법 고안.

1731. 조선 공사천법 제정. 영국 선상(船上)에서 경도(經度) 측정. 프랑스 왕립외과아카데미 창립. 아메리카 최초로 순회도서관 건설.

1732. 조선 관상감 관원이 청으로부터 『만년력(萬年曆)』 가져옴. 일본 대포 만듦. 영국 아메리카에 조지아 식민지 건설(13주됨). 영국 멘소스 수차를 이용한 탈곡기 발명. 헨델 『에스티르』 저술.

1733. 조선 『경종실록』 『선조보감』 『경종보감』 태백산사고에 보관. 일본 에도에서 쌀값 등귀로 폭동. 존 케이, 플라잉 셔틀 발명으로 직물생산량이 급속하게 증대.

1734. 조선 신속의 『농가집성』 배포. 조헌의 『조천일기』 간행. 정선 「금강산전도」 그림. 박세당 『색경』 저술. 볼테르 『철학서한』(영국통신) 지음. 레오뮤르 『곤충기』 저술.

1735. 조선 영남 지역에 『소학』 간행하여 반포. 『논어정음』과 『대학정음』 간행. 청 건륭제 즉위. 신성로마제국 함부르크에 상업도서관 창설. 빈 조약 체결(오스트리아, 폴란드). 부르하페 『화학의 기초』 발간. 린네 『자연의 체계』 지음. 영국의 다비가 코크스제철법을 발명하여 공업용 연료로 목탄 대신 석탄이 대규모로 사용하게 됨.

1736. 조선 영조 『여사서』를 번역 간행하게 함. 영국 마녀재판 금지.

1737. 조선 유수원 『우서』 저술. 지백원 『천기대요』 개정 간행. 괴팅겐대학 창립.

1740. 청 『대청율령』 『대청일통지』 완성. 모페르튀 『우주론』 저술.

부세「비너스의 승리」그림. 로코코 회화 보급. 프리드리히 2세 프로이센 왕에 즉위(~1786). 마리아 테레지아 제위 계승을 둘러싼 오스트리아 계승전쟁(~1748).

1744. 조선 교서관에서 사서와『사략』『소학』간행. 일본·중국으로부터 대당지(大唐紙) 수입. 간다에 천문대 건설. 영국과 프랑스, 북미대륙에서 조지 왕 전쟁(제2차 백년전쟁의 일환).

1747. 조선 정철『송강가사』간행. 청 외국인 선교사 거주 금지. 라메트리『인간기계론』저술. 러시아 페테르스부르크대학 설립.

1748. 조선 일본에 통신사 파견.『무원록』중간 배포. 몽테스키외『법의 정신』, 흄『인간오성론』지음. 아헨조약으로 오스트리아 계승전쟁 종결(마리아 테레지아 왕위계승 승인, 프로이센의 슐레지엔 영유 확인 받음.

1750. 조선 영조 홍화문에 나가 오부방민들로부터 양역변통에 대한 의견을 직접 들음. 균역법 실시. 영국, 코크스 고로(高爐)에서 선철(銑鐵) 제조 성공.

1751. 디드로와 달랑벨『백과사전』편찬(~1772).

1752. 조선 영조 수성윤음절목(守城綸音節目) 내림. 국조상례보편(國朝喪禮補編) 완성. 미국의 벤자민 프랭클린 피뢰침 발명. 프랑스 백과사전 발행 금지.

1753. 조선 이중환『택리지(擇里志)』저술. 선혜청 안에 균역청 가설. 네덜란드, 동인도회사가 자바섬 점령. 영국의 대영박물관 설립.

1754. 조선, 미성년자를 군역대상자로 등록하고 군포 징수. 영국, 기술제조장려협회 결성, 유한계급이 성장.

1755. 조선, 이세택이 이황의『성현도학연원』을 올림. 루소『인간불평등기원론』지음. 북미대륙에서 서쪽으로 영토를 확장하려는 영국과 남쪽으로 확장하려는 프랑스가 프렌치 앤드 인디언전쟁 일으킴(~1763)(대륙의 7년전쟁과 연관). 오스트리아,

하이든이 최초의 현악 4중주를 작곡함. 모스크바대학 창립.

1756. 7년전쟁 시작.

1757. 청, 외국무역을 광동 1개 항으로 제한. 영국, 인도를 통치하기 시작.

1758. 조선, 황해도와 강원도 지역에 천주교가 널리 보급되자 이를 금함. 프랑수아 케네『경제표』지음. 영국군 프랑스령 퀘백 점령.

1759. 조선 원손이 세손으로 책봉(정조). 볼테르『캉디드』지음.

1760. 조선,『일성록』기록 시작. 청, 광동무역체제 구축. 이 무렵 영국 산업혁명시대 돌입(~1830년경). 인클로저가 성행하고 중산 농민 몰락. 캐나다 지배 시작.

1761. 조선, 노비에 대한 상전의 사형 금지. 남부 6주(사우스캐롤라이나, 조지아, 플로리다, 앨라배마, 미시시피, 루이지애나)가 아메리카합중국에서 탈퇴, 아메리카연방을 세움(~1765). 버지니아에서 흑인노예제도 법제화. 이탈리아에서 해부병리학 성립.

1762. 조선, 왕세자 뒤주에 갇혀 죽음(사도세자). 프랑스 루이지애나를 스페인에 양도. 에카테리나 2세 러시아황제 즉위(~1796). 루소『사회계약론』,『에밀』지음.

1763. 조선, 김수장『해동가요』를 편찬. 조엄 일본에서 고구마 종자를 가져옴. 영·프 식민지전쟁 종결(파리조약 체결, 7년전쟁이 종결되고, 영국은 프랑스로부터 캐나다, 루이지애나, 스페인으로부터는 플로리다를 획득). 설탕조례로 미국 식민지에 압력을 가함.

1764. 조선,『표의록』간행. 프랑스인 센트루이스를 건설, 영국 제품 불매운동 시작. 예수회 해산. 보네『자연의 관조』지음. 볼테르『철학사전』저술. 폴란드에서 스타니슬라브 2세 포니아토프스키 즉위(~1795). 귀족국가가 끝나고 개혁과 계몽의 시

대로 돌입. 영국의 제임스 하그리브스 최초로 기계식 다중방적(多重紡績)을 실용화한 방적기 발명. 빙켈만『고대미술사』저술.

1765. 조선, 홍대용『연행록』편찬.『박통사신석언해』간행. 일본 동경 간다에 의학관 설립. 영국, 미국 주둔 군사비 염출을 위해 인지법(印紙法) 제정. 와트 개량한 증기기관 완성. 마리아 테레지아의 아들 요세프 2세 신성로마제국황제 되다(~1790). 베를린은행 설립. 버지니아 인지조례에 항의. 뉴욕 농민반란 일어남.

1766. 조선, 홍만선『산림경제』를 증보함. 청,『대청회전』중수. 영국 인지조례 폐지. 캐번디시 수소 발견.

1767. 맨체스터─리버풀 간 운하 개통. 타운센드 조례 제정. 프리스틀리『전기학의 역사와 현상』저술. 그리니치천문대 항해력 발간 시작. 루소『음악사전』저술.

1768. 영국 아크라이트 수력방적기 발명. 최초의『엔사이클로피디어 브리태니커』간행. 뉴욕에서 영국 제품 수입 반대 동맹 체결.

1769. 유형원의『반계수록』간행.『동국문헌비고』편찬. 청, 서양 선박의 유황 적재금지 해제. 인도에 대기근. 프랑스, 코르시카 병합(파스칼 파올린이 거느린 독립운동). 독일에서 슈트룸 운트 드랑 문예운동 시작. 영국의 제임스 와트 증기기관 개량. 웨지우드 도자기 공장 개설.

1770. 조선에 전염병 만연. 측우기 제작 설치.『동국문헌비고』완성. 신경준『도로고』편찬.『병자호란창의록』간행. 영국 오일러의『적분학 원리』발간. 보스턴 학살 사건 발생.

1771. 청 건륭제 그리스도교 금지. 일, 스기다 겐파구『인신내경도』번역. 산소와 불소 발견. 아메리카 식민지연결위원회 결성.

1772. 영조 서얼 등용 허락하여 통청의 길 엶. 개주 갑인자 만듦. 러더포드 질소 발견. 러시아, 오스트리아, 프로이센이 제1차

폴란드 분할.

1773. 조선 서얼들이 통청(通淸)운동 전개. 홍대용『의산문답』저술. 청『사고전서』편찬 시작. 러시아에서 농노제에 반대하여 푸가초프반란 일어남(~1775). 아메리카 보스턴 차 사건 일어남.

1774. 조선 서얼 상속권 인정. 신광수『관서악부』지음. 청 산동에서 백련교도의 난 일어남. 루이 15세 죽고 루이 16세 즉위(~1792). 튀르고 재무장관에 취임(곡물거래 자유, 길드의 폐지 등 자유주의 경제개혁 실시, ~1776). 마리아 테레지아의 딸 마리 앙투아네트 루이 16세의 왕비가 됨.

1775. 미국 독립전쟁 시작(~1783). 와트의 증기기관을 코크스재철에서 송풍용으로 이용. 프리스틀리 염산과 유산 발견.

1776. 조선 정조 즉위. 규장각 창립. 서명응『곡부합록』간행. 아담 스미스『국부론』간행. 최초로 노동조합 결성됨. 철제 레일 사용. 토머스 패인『상식론』출간. 제퍼슨이 기초한 미국『독립선언서』채택 서명.

1777. 라부아지에 공기 성분 분석 실험. 성조기 탄생. 프랑스 라파예트 의용군을 이끌고 식민지군 지원.

1778. 김고남 등『통문관지』지음. 안정복『동사강목』지음. 프랑스 미국 독립 승인, 동맹하여 영국과 교전(~1783). 오스트리아와 프로이센 바이에른 계승전쟁 벌임.

1779. 남한산성 수축. 크럼프턴 뮬 방적기 발명으로 양질 면사 대량 생산 가능. 셸레 글리세린 합성함. 잉겐호우스 식물의 광합성 작용 발견.

1780. 박지원『열하일기』지음. 청 폐지하였던 공행 다시 조직. 페스탈로치『은자의 해질녘』지음.

1781. 청 감숙에서 이슬람교도의 난 발생. 허셜 천왕성을 발견. 칸트『순수이성비판』저술. 요세프 2세 농노폐지령 발표. 미국

최초의 헌법이라 할 수 있는 '아메리카 연합규약'이 각 주에서
발효. 북미은행 설립. 와트 증기관 공장 동력으로 사용됨.

1782. 『문헌비고』 수정 착수. 강화도 외규장각 완성. 『국조보감』
완성. 청 『사고전서』 완성. 영국과 미국 파리가조약 체결.

1783. 프랑스에서 금융 공황. 칼론 재무장관 취임(~1787). 영국 파
리조약으로 미국 독립 승인. 러시아 크림반도 병합. 일 오스기
겐타쿠(大槻玄澤) 난학 입문서 『난학계제(蘭學階梯)』 간행.

1784. 이승훈 연경에서 천주교 관련 서적 가지고 귀국. 청 미국과
처음으로 통상함. 영국의 헨리 코트가 코크스에 의한 교련법
(攪鍊法) 발견. 헤르더 『인류역사 철학고』 지음. 미국 뉴욕은
행 설립. 청의 광동에서 처음으로 선박 무역함.

1785. 조선 천주교 신자 처형. 천주교 서적 금지. 『대전통편』 완성.
『태학지』 완성. 조선교회 창립. 머리 장식 사건으로 마리 앙
투아네트 곤경에 빠짐. 영국의 에드먼드 카트라이트 역직기
(力織機) 발명. 증기기관이 방적기에 응용됨. 허셜 대형반사
망원경 완성.

1786. 조선 정극인의 『불우헌집』 간행. 청 타이 복속. 영·프 통상
조약(이든조약)으로 양국간의 항해와 통상을 보장(영국 제품
의 유입으로 프랑스 타격 받음). 최초의 점자본 파리에서 출
간. 칸트 『자연과학의 형이상학적 기초』 저술. 모차르트 「피
가로의 결혼」 작곡.

1787. 프랑스 함대 페루즈 일행이 제주도 측량하고 울릉도에 접근.
라그랑주 『해석역학』 발간. 모차르트 「주피터 교향곡」 작곡
하고 「돈조반니」 연주. 미국 필라델피아에서 헌법제정회의
개최.

1788. 조선 서학을 금하고 천주교 서적 불태움. 영국 오스트레일리
아의 시드니에 식민지 건설. 기번 『로마제국 흥망사』 전6권
간행. 『더 타임스』 창간. 칸트 『실천이상비판』 저술. 아메리

카합중국헌법 발효. 존 피츠 증기선 발명.

1789. 베르사유궁전에서 3부회 개최. 제3신분에 의한 국민회의 성립 선언. 테니스코트의 맹세. 바스티유감옥 습격(프랑스혁명 발발). 봉건적 특권 유상적 폐지. 인권선언 채택. 베르사유 행진(국왕을 파리로 연행). 미국 아메리카 연방정부 성립.

1790. 이덕무 등이 『무예도보통지언해』 간행. 방효언 『몽어유해보편』 『몽어노걸대』 『첩해몽어』 『전운옥편』 간행. 청 안남과 미얀마 복속.

1791. 조선 금난전권 철폐(신해통공). 청 회성(回城)에 청문학교(淸文學校) 세움. 일본 관설 의학관을 세움. 발렌틴사건(루이 16세의 국외 탈출 실패). 8월 오스트리아와 프로이센이 프랑스 국왕의 지위 회복을 요구한 피르니츠 선언(프랑스혁명군에 간섭). 일 하야시 시헤이(林子平) 『해국병담(海國兵談)』 간행. 영국 런던통신협회 설립.

1792. 정약용 기중기 발명. 청 조설근 『홍루몽』 저술. 프랑스가 오스트리아에 선전(혁명전쟁 시작). 파리 민중 튜일리궁전 습격. 국민공회 성립. 공화국 선언. 러시아 흑해 연안 확보

1793. 청 백련교도 난 일어남. 루이 16세 처형. 프로이센과 러시아 제2차 폴란드 분할. 프랑스혁명의 파급과 나폴레옹 1세의 대륙 지배에 대하여 제1회 대프대동맹 성립(~1797). 서부 왕당파 농민에 의한 반디반란 시작(~1796). 5월 파리 민중의회로부터 지롱드당 추방(쟈코뱅당 독재 시작). 휘트니 조면기를 발명함.

1794. 조선 수원성을 쌓기 시작함. 『주서백선』 완성. 청 신부 주문모 밀입국. 테르미도르반동(쟈코뱅당의 로베스피에르가 처형되고 부르주아지 세력 회복).

1795. 공화국 제3년 헌법 성립. 10월 파리에 총재정부 수립으로 혁명 일단락. 폴란드 멸망.

1796. 조선 『사기영선(史記英選)』 간행. 나폴레옹 이탈리아 원정
      (~1797). 의사 제니 종두법 개발. 콩테 흑연연필을 고안. 라플
      라스 『우주체계론』 저술.
1797. 이긍익 『연려실기술』 지음. 나폴레옹 오스트리아를 이긴 후
      파리로 개선.
1798. 정약용 『마과회통』 저술. 청 묘족의 난 평정. 프랑스 아부키
      르만해전에서 영국의 넬슨에게 패배. 나폴레옹 이집트 원정
      (~1799). 11월 나폴레옹 브류메르 18일의 쿠데타로 통령정부
      수립, 독재에의 길 굳힘(나폴레옹-전쟁). 영국의 토마스 맬서스
      『인구론』 발간. 하이든 「천지창조」 「황제 미사곡」 작곡.
1799. 박지원 『과농소초』 『한민명전의』를 올림. 나폴레옹 군대 이
      집트에서 로제타석 발견. 노동자의 노동단체금지법 시행
      (~1825). 라플라스 『천체역학』을 저술.
1800. 조선 서얼 소통. 정조 사망. 일본 창평판학문소(昌平坂學問所;
      도쿄대학의 전신) 설립. 프랑스은행 설립. 5월 나폴레옹 제2
      차 이탈리아 원정(~1801). 이탈리아의 알레산드로 볼타 전지
      발명.
1801. 영국이 아일랜드를 병합, 대브리튼 아일랜드 연합왕국 성립.
1802. 3월 영국과 아미앵조약(제2회 대프대동맹 붕괴, 유럽에 평화
      회복). 최초로 공장법이 제정, 환기장치 설치, 야업(夜業) 금
      지, 독서를 할 수 있도록 요구.

# 찾아보기

■■■나

■■■다

■■■차

■■■카